时髦，优雅，众所周知的谨慎
欢迎来到嘉柏丽尔·香奈儿的秘密世界

香奈儿的故事始于一个被遗弃的孩子，一个在黑暗童话中迷失的女孩。本书作者贾斯迪妮·皮卡蒂揭示了嘉柏丽尔·香奈儿在修道院孤儿院的早年经历和她不寻常的成年生活中的惊人细节，探索了这位时尚偶像在神秘光鲜的外表下隐藏的秘密。

这本精美的传记不仅让大家看到可可·香奈儿是如何将自己塑造成最具影响力的人物的，还以崭新而敏锐的视角展现了她那激情澎湃、动荡不安的感情经历。作者根据个人观察和对香奈儿最后在世的朋友、员工和亲属的采访，揭开了香奈儿的密语和符号，并追溯了她的成长时期和其对她传奇风格的影响，让本书更具权威性。

备受时尚界人士敬畏和尊崇的可可·香奈儿女士在1971年去世，享年87岁，但她的遗产永存。借助前所未有的研究调查，贾斯迪妮·皮卡蒂将她迷人而神秘的主题解放出来，并揭示了香奈儿掩藏的重要真相，通过一个解密真正时尚核心的故事，打破了真相与神话之间的界限。

COCO CHANEL

THE LEGEND AND THE LIFE

可可·香奈儿的传奇一生

修订版

[英] 贾斯迪妮·皮卡蒂 著
郭昌京 张宏 邵志杰 李庆 陈阳 译
胡若玮 陈实 吴恳 校译

广西科学技术出版社

“我 是 如 此 热 爱 黑 色 ， 它 的 力 量

穿越时空，横扫万物。” 可可·香奈儿

目录

When Mademoiselle Chanel sketches her own bijoutries
50

Harper's Bazaar 1938年9月刊中为香奈儿绘制的插画。
（此图和序言中的图均来自*Harper's Bazaar* 英国版。）

尚·考克多在*Harper's Bazaar* 1939年6月刊中绘制的香奈儿裙子的插画。

尚·考克多在*Harper's Bazaar* 1937年6月刊中绘制的“无与伦比的可可·香奈儿女士”插画。

序言：香奈儿和我

我是在嘉柏丽尔·香奈儿的办公桌前撰写的这篇序言，就在她于1910年在康朋街创立的高级时装沙龙上方的私人公寓里。我是在1997年我妹妹露丝去世后不久，第一次来到这个地方。接下来要说的并非我妹妹的故事，但她是其中的一部分；还有我的母亲，她曾穿着一件按照香奈儿剪裁的小黑裙嫁给了我的父亲，8个月之后，我便出生了。当我到了可以作为年轻姑娘穿上那条裙子的年纪时，它好像有了一种护身符一样的特质。它仿佛在诉说着优雅，但同时也诉说着叛逆（因为穿黑衣服结婚就是打破禁忌的行为）。香奈儿在其他方面似乎也很有意义——因为，我之前和很多人一样，把她的名字和女人味联系在一起。我是通过母亲卧室里的那瓶香奈儿5号香水以及她的母亲，即我的外祖母，在我18岁的时候送给我的一小瓶香奈儿19号香水感受到的。于是，香奈儿就这样进入了我们的生活，但只是轻描淡写的一笔（就像香水的喷洒，像黑色缎子贴在裸露皮肤上的触感）。

后来，我亲爱的妹妹在33岁时死于乳腺癌，当时那对她渴望已久的双胞胎刚刚过完2岁生日。在那之后，我觉得我的心好像裂开了，也许再也不会愈合了。因为露丝是我最好的朋友，是我从小的伙伴，是我一直想要保护的女孩，是和我共度了最

珍贵的时间旅程的伴侣。

我发现悲伤有一种奇怪的共性（而且哀悼的形式也不仅仅是穿黑色的衣服）。这或许也解释了为什么第一次去香奈儿的公寓时，我就对她产生了一种意外的同情，因为它好像是一个一生经历了一连串的残酷事实的女人的内心密室。首先是她母亲的去世，当时嘉柏丽尔只有11岁；紧接着，她父亲抛弃了自己的5个孩子，不知所踪；然后是她两个姐妹的死亡（一个因为被所爱的男人拒绝而自杀了，另一个在经历了一段失败的婚姻后酗酒而亡）。这些都是我从公寓专业向导那里听来的，她是香奈儿档案馆中一名出色的女性员工；那天晚些时候，又从卡尔·拉格斐那里听说了这些事，这个男人自1983年起担任香奈儿的创意总监，知晓品牌创始人生活与工作的每一个细节。

但如果说，在我今天写这篇文章的地方，我可以感受到丧亲之痛的阴影，那么我同样感悟到了香奈儿为自己创造的生活。就在我面前，有一件她最喜欢的纪念品直视着我的眼睛——一张狮子的小画，在公寓的其他地方还有许多其他的纪念品。这些都是为了提醒人们，她是狮子座；但同时也提醒大家，在当时的法国，在妇女还没有投票权的情况下，她为争取独立所表现出的强烈精神。

人们常常认为时尚是肤浅的——的确，有些时候它确实显得很可笑，但是嘉柏丽尔·香奈儿给她的时尚理念带来了尊严，同时也提醒我们美丽的外表可能拥有隐藏的深度。她自己就隐瞒了她的许多过去——童年被遗弃的耻辱，在孤儿院度过的岁月的痛苦，失去所爱之人和孤独的痛苦。她成了时尚界最著名的女性——她的形象在今天仍然像一个世纪前一样影响深远。但尽管如此优雅，她仍然脆弱，即使她那剪裁完美的衣服为她提供了保护。

我花了一段时间才有足够的勇气开始写一本关于这位复杂而才华横溢的女性的书，尽管在我第一次造访康朋街后的几年里，我经常写关于她和她不朽遗产的文章。当我想到香奈儿的时候——我常常想到她，因为我在妹妹死后为*Vogue*杂志工作；后来为*Harper's Bazaar*执笔，我无法让我对它当前的化身——一个极其强大的全球时尚品牌的感情从我对加嘉柏丽尔·香奈儿本能的情感反应中脱离出来。她似乎什么都拥有，又什么都没有（但我在写下这些话的时候，也想过把它们删掉，避免引起误解)。她是一个悲剧的女英雄，还是另一个完全不同的人，一个任何人都无法完全了解的难以捉摸的人物?

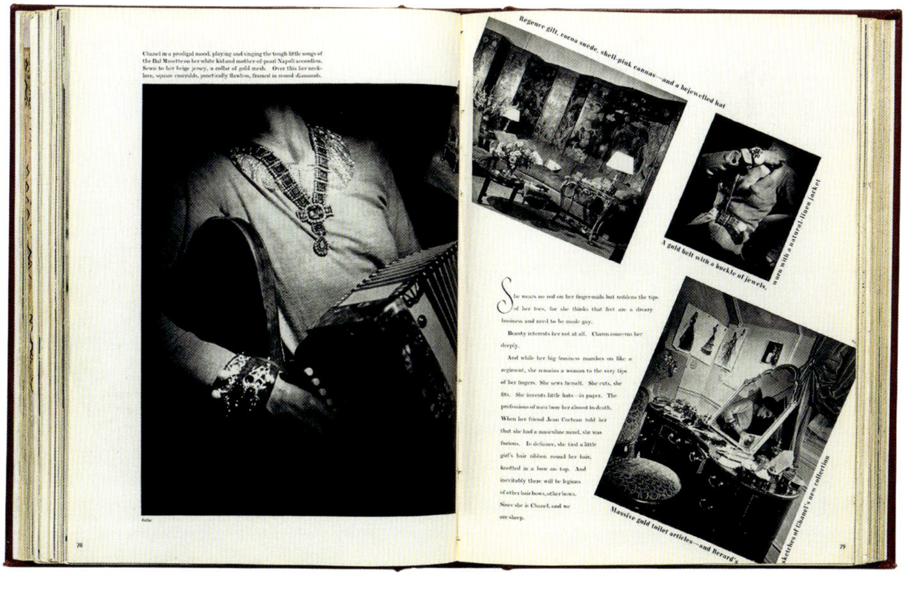
Chanel in a prodigal mood, playing and singing the tough little songs of the Bal Musette on her white kid and mother-of-pearl Napoli accordion. Sewn to her beige jersey, a collar of gold mesh. Over this her necklace, square emeralds, practically flawless, framed in round diamonds.

78

Regence gilt, cocoa suede, shell pink cannas—and a bejewelled hat

A gold belt with a buckle of jewels, worn with a natural-linen jacket

She wears no red on her finger-nails but reddens the tips of her toes, for she thinks that feet are a dreary business and need to be made gay.

Beauty interests her not at all. Charm concerns her deeply.

And while her big business marches on like a regiment, she remains a woman to the very tips of her fingers. She sews herself. She cuts, she fits. She invents little hats—in paper. The professions of men bore her almost to death. When her friend Jean Cocteau told her that she had a masculine mind, she was furious. In defiance, she tied a little girl's hair ribbon round her hair, knotted in a bow on top. And inevitably there will be legions of other hair bows, other bows. Since she is Chanel, and we are sheep.

Massive gold toilet articles—and Berard's sketches of Chanel's new collection

79

前页图和上图：香奈儿女士——“火焰、灵魂和才智的生物”，弗朗索瓦·克拉在丽兹酒店中香奈儿的房间里为*Harper's Bazaar* 1937年10月刊拍摄的照片。

马塞尔·弗迪斯在*Harper's Bazaar* 1939年5月刊中为香奈儿的裙子和衬衫绘制的插画。

但尽管心存诸多疑虑，我还是继续寻找有关香奈儿的线索，做笔记，慢慢地积累为她撰写传记的信心，承认自己这么做的野心。大门开始敞开——通往巴黎的香奈儿档案馆和很多其他地方（包括英格兰和苏格兰的一些私人档案馆，那里有关于香奈儿在20世纪20年代与西敏公爵的恋情以及她与温斯顿·丘吉尔的友谊等从未公开过的资料）。我还幸运地遇到了两位与香奈儿关系密切的女性：一位是香奈儿的朋友克劳德·德雷，她是一名作家和精神分析学家（因此她能敏锐地解读香奈儿复杂的情绪和梦境）；还有嘉柏丽尔·拉布吕尼，香奈儿的甥孙女，实际上可能是香奈儿的孙女。两位女士对我特别友好，慷慨地给予我时间并分享了她们的回忆。事实上，当我正为这本书做研究的时候，嘉柏丽尔·拉布吕尼甚至让我和她一起住在她位于巴黎郊外的乡间别墅里。

她们的友善也许和第一次见到她们时我脆弱的状态有关，因为那时正值我婚姻的结束。我当时的丈夫，也是我两个儿子的父亲，爱上了别人。事情就这么简单，也这么复杂。在我们分手后那段混乱而难受的日子里，我去了奥巴辛，那是一个偏远的西都会修道院，藏在法国科雷兹的农村地区。香奈儿和她的两个姐妹在母亲去世、父亲失踪后就生活在那里。我到那儿去的时候是冬天——我一直不太愿意去，渴望待在家里熟悉的避难所里，但同时也知道以后可能再也不会有机会去奥巴辛并且住在修道院里了。

我仍然记得那次旅行——我带着眼泪离开了伦敦，焦虑和即将到来的灾难的侵蚀感令我不堪重负。到了巴黎，我觉得无法支撑下去了。我赶上另一列火车去往布里夫-拉-加亚德镇，那是香奈儿母亲去世的地方。然后，我沿着她父亲带她和姐妹们走过的那条路，穿过一条曲折的山道，来到了奥巴辛，那里古老修道院的灰色石墙比我想象的还要令人生畏。19世纪后期，香奈儿住在那里的时候，修道院里挤满了孤儿和修女。但在我拜访时，孤儿院已经关闭了几十年，宗教社群也减少到只有寥寥几位修女。女修道院院长同意我住在那里，只要我遵循修女们的日常生活规律——黎明、正午、黄昏和夜晚做祈祷；除了吃饭，保持安静；尊重她们的宗教仪式和精神静修。

那是一个严冬，我对那些日子和漫漫长夜的记忆主要源自我住的那间小房子里的寒冷。我睡在一张狭窄的铁床上，上面是一个受难基督的木制十字架。我和修女们跪在一起祈祷的小教堂同样冰冷，石头地板同修道院花园的黑土一样冷。那里的树光秃秃的，植物都冻死了，正在腐烂。晚上独自一人的时候，我时而哭泣，时而写作。不过最终，我的注意力从自己的闷闷不乐中转移了，因为我变得更加专注于观察陌生的环境。白天，在修女们祈祷仪式之间短暂的几个小时里，我探索了整个修道院，最后开始深深地惊叹：不是因为突然的宗教皈依，而是因为香奈儿的标志——在她的设计中出现的交叉双C，黑色、白色、米色的内敛美学，她的珠宝和其他装饰上的标志性的星星和新月——在古老的奥巴辛随处可见。当我沿着香奈儿的足迹穿过走廊，来到她睡觉的宿舍时，我看到了马赛克五角星，那是中世纪时期生活在

10

Harper's Ba

Black and beige jersey gown and jersey two-piece in beige and navy.

CHANE

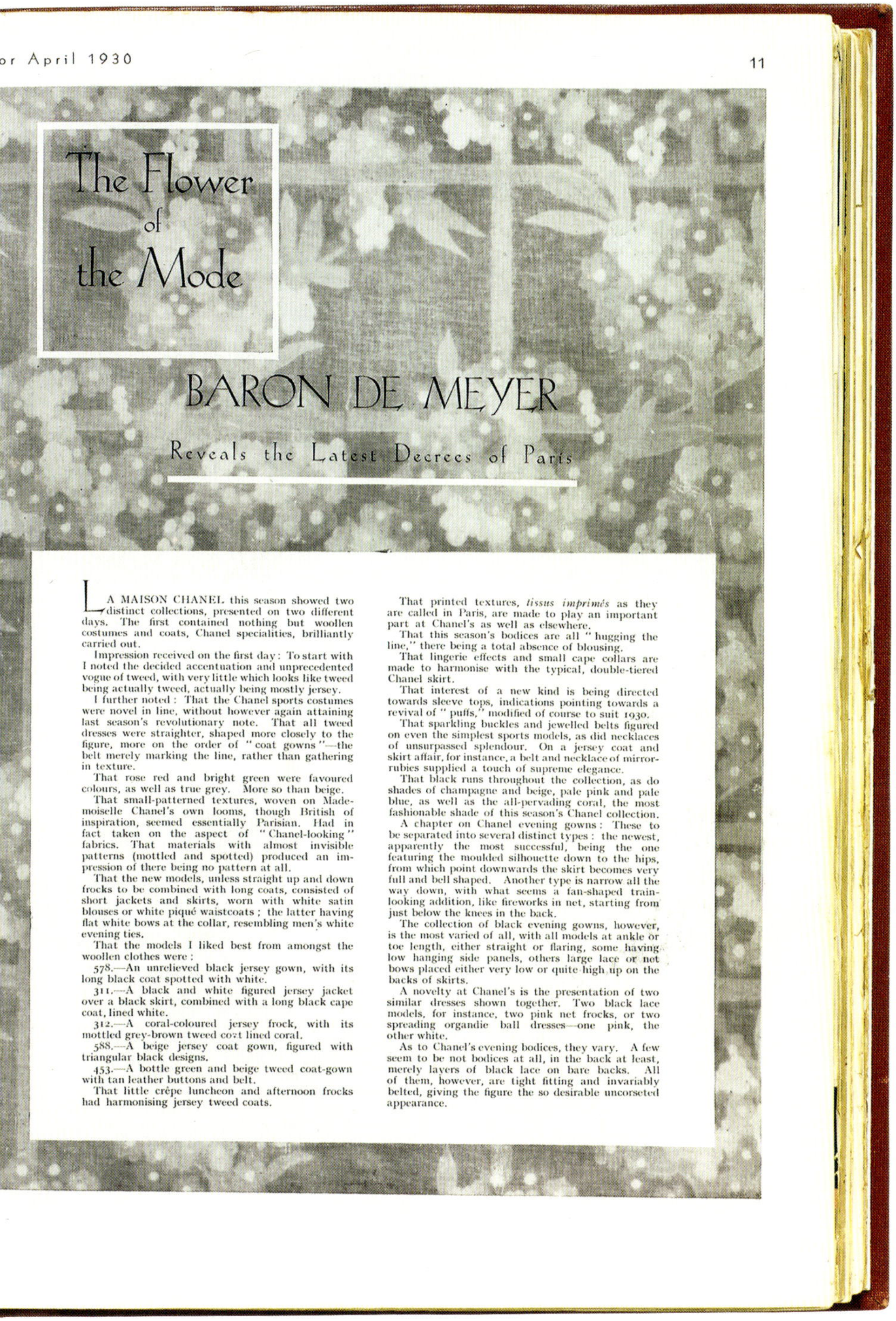

or April 1930 11

The Flower of the Mode

BARON DE MEYER

Reveals the Latest Decrees of Paris

LA MAISON CHANEL this season showed two distinct collections, presented on two different days. The first contained nothing but woollen costumes and coats, Chanel specialities, brilliantly carried out.

Impression received on the first day: To start with I noted the decided accentuation and unprecedented vogue of tweed, with very little which looks like tweed being actually tweed, actually being mostly jersey.

I further noted: That the Chanel sports costumes were novel in line, without however again attaining last season's revolutionary note. That all tweed dresses were straighter, shaped more closely to the figure, more on the order of "coat gowns"—the belt merely marking the line, rather than gathering in texture.

That rose red and bright green were favoured colours, as well as true grey. More so than beige.

That small-patterned textures, woven on Mademoiselle Chanel's own looms, though British of inspiration, seemed essentially Parisian. Had in fact taken on the aspect of "Chanel-looking" fabrics. That materials with almost invisible patterns (mottled and spotted) produced an impression of there being no pattern at all.

That the new models, unless straight up and down frocks to be combined with long coats, consisted of short jackets and skirts, worn with white satin blouses or white piqué waistcoats; the latter having flat white bows at the collar, resembling men's white evening ties.

That the models I liked best from amongst the woollen clothes were:

578.—An unrelieved black jersey gown, with its long black coat spotted with white.

311.—A black and white figured jersey jacket over a black skirt, combined with a long black cape coat, lined white.

312.—A coral-coloured jersey frock, with its mottled grey-brown tweed coat lined coral.

588.—A beige jersey coat gown, figured with triangular black designs.

453.—A bottle green and beige tweed coat-gown with tan leather buttons and belt.

That little crêpe luncheon and afternoon frocks had harmonising jersey tweed coats.

That printed textures, *tissus imprimés* as they are called in Paris, are made to play an important part at Chanel's as well as elsewhere.

That this season's bodices are all "hugging the line," there being a total absence of blousing.

That lingerie effects and small cape collars are made to harmonise with the typical, double-tiered Chanel skirt.

That interest of a new kind is being directed towards sleeve tops, indications pointing towards a revival of "puffs," modified of course to suit 1930.

That sparkling buckles and jewelled belts figured on even the simplest sports models, as did necklaces of unsurpassed splendour. On a jersey coat and skirt affair, for instance, a belt and necklace of mirror-rubies supplied a touch of supreme elegance.

That black runs throughout the collection, as do shades of champagne and beige, pale pink and pale blue, as well as the all-pervading coral, the most fashionable shade of this season's Chanel collection.

A chapter on Chanel evening gowns: These to be separated into several distinct types: the newest, apparently the most successful, being the one featuring the moulded silhouette down to the hips, from which point downwards the skirt becomes very full and bell shaped. Another type is narrow all the way down, with what seems a fan-shaped train-looking addition, like fireworks in net, starting from just below the knees in the back.

The collection of black evening gowns, however, is the most varied of all, with all models at ankle or toe length, either straight or flaring, some having low hanging side panels, others large lace or net bows placed either very low or quite high up on the backs of skirts.

A novelty at Chanel's is the presentation of two similar dresses shown together. Two black lace models, for instance, two pink net frocks, or two spreading organdie ball dresses—one pink, the other white.

As to Chanel's evening bodices, they vary. A few seem to be not bodices at all, in the back at least, merely layers of black lace on bare backs. All of them, however, are tight fitting and invariably belted, giving the figure the so desirable uncorseted appearance.

迈耶男爵“揭示巴黎的最新潮流趋势”：他为*Harper's Bazaar* 1930年4月刊拍摄的“黑色和米色针织长衫与米色和海军蓝针织两件套”配上了关于香奈儿最新款服装的详细描述。

乔治·霍宁根·休内为*Harper's Bazaar* 1938年4月刊拍摄的香奈儿晚礼服。

奥巴辛的西都会修士们用数千颗小石头制作而成的；而在昏暗的修道院内部，彩色玻璃窗的设计风格似乎反映出——或预示着——香奈儿的标志。修女们仍然穿着黑色的服装，袖口和领子都是白色的——再次让人想起香奈儿的黑白禁欲风格，她们的念珠看起来与她的珍珠项链和十字架惊人地相似。

在离开奥巴辛的时候，我还没有从婚姻破裂的痛苦中恢复过来，但我确实感到幸运：我被允许住在修道院，也可以自由地离开那里，而不像那些被锁在教堂铁门后的孤儿们。在返回巴黎之前，我又去见了嘉柏丽尔·拉布吕尼，和她说了我在奥巴辛的经历。就在那时，她把我领进了她房子里一间我从未进过的简单卧室，给我看了陈列着香奈儿品牌服装的衣柜。那些衣服大部分是奥巴辛的色调（白色的丝绸和亚麻布料，就像修道院的墙壁一样；米色粗花呢，让人想起修道院的砂岩地板；黑色雪纺，昏暗如笼罩在教堂的阴影）。那里也有一种我从小就熟悉的气味——香奈儿5号香水，这股女人的气味，直到今天仍然清晰可辨，就在嘉柏丽尔·香奈儿的寓所里……

嘉柏丽尔·拉布吕尼几年前去世了。在香奈儿的最新时装秀结束之后的第

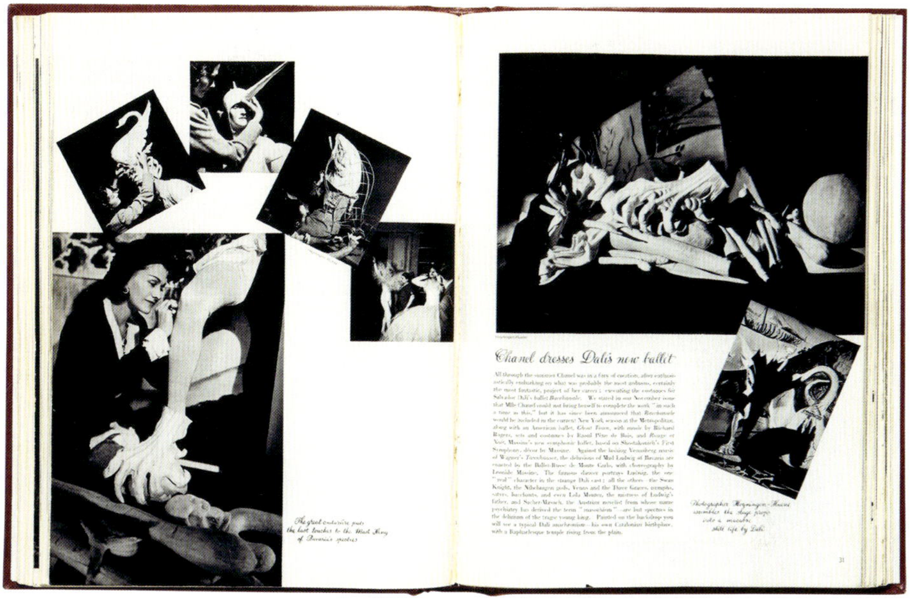

“香奈儿穿着达利的新芭蕾服”，乔治·霍宁根·休内为*Harper's Bazaar* 1940年1月刊拍摄的香奈儿女士身穿戏服为萨尔瓦多·达利的戏剧《百家乐》工作时的照片。

二天（这次是在丽兹酒店举办的，采用了轻松的舞蹈模特表演，模特穿着黑色的雪纺，搭配闪亮的珍珠和软花呢）。当我在一个冬天的早晨坐在这里，当苍白的阳光穿过半透明的窗帘时，我就能想起她的脸庞和她温柔的声音，她的怜悯和理解，她触碰我的手时温暖的感觉。公寓的镜面暗门虽然关闭着，但我能听到有人说话的声音，来自在下面时装沙龙工作的女人们。一阵笑声传来，我发现自己也在微笑。虽然香奈儿桌上的时钟停止了——永远停在了5点38分，但我知道，从我第一次来到这里，已经过去了多少时间，而在这些年里，我对自己以及嘉柏丽尔·香奈儿都有了全新的认识。

我不知道，如果嘉柏丽尔能与我对话，她现在会对我说什么。她会不会因

Man Ray

Chanel emphasises the tiny waist and spreading skirt of tulle, once in candy pink entirely pleated and bound with black faille ribbons; twice in vaporous black tulle and lace with a panel down the front of black faille. On the head a black paillette bird.

CHANEL

Edited by Lady Sibell Lygon

VANITY FAIR

THE grouse season in Scotland has not been too good this year, for the heavy rains in the spring destroyed many of the young birds. But stalking in most places has been well up to standard. The King has thoroughly enjoyed his well-earned holiday and rest, and he is in the best of health and spirits. Deeside was enchanted when the news came through that the Royal Family intended spending so long a vacation at Balmoral. It was a good plan too, for the bracing air of Scotland is just what is required for strained nerves.

The Duke and Duchess of Sutherland have had enormous family parties at Dunrobin. All the Duke and Duchess's schoolboy and schoolgirl relations are asked, and these children are given a thoroughly good time. They shoot, they fish, they ride and generally run wild. Chief among them is Miss Elizabeth Leveson-Gower, a most charming girl of sixteen, who is heiress to the Sutherland estate and will, perhaps, be Countess Sutherland in her own right. As both her parents are dead she makes her home with her aunt and uncle. Her great friends are Lord Dudley's two boys, who are her first cousins, and these three have many happy days together at Dunrobin, with all the aids of grouse moors, sea-bathing, deer-forests, beautiful gardens and a castle full of historical interest. The Duchess of Sutherland is much interested in the hand-woven tweeds made by the crofters up round Dunrobin. She has made a real business of it, and many of the leading French shops get their tweeds through her. It has been the greatest help to the crofters, as it has now become their chief industry.

Shooting parties are now being made up for October. The other day I listened to a very interesting discussion as to who were the best shots in England to-day. Of course, in the past, King George V was always considered second to none. Lord Lonsdale was also pre-eminent. Now, among this generation, Lord Dundonald, Mr. Harry Brown, Mr. Ivan Menzies, Lord Sefton and Mr. Ralph Cobbold take supreme honours. They are all comparatively young men. Quickness, a good eye, and judgment are the three important and essential qualities for a good shot. Of course there are many other men whom it would be hard to beat out shooting. Sir John Grey is one of these: he shoots with a very big gun, and I have seen him bring down some real beauties. Captain Richard Cotterell is another first-rate shot, and there is Lord Carnarvon, whose favourite sport it is, and the Duke of Marlborough, who is very high in the handicap. The Duchess of Marlborough is a very pretty shot, by the way, and can wipe the eye of most men. She surprised all the best shots at Highclere one day by her accuracy, and the Highclere shooting syndicate are very critical! Lady Rosebery and Lady Ancaster are two more women who more than hold their own out shooting. However, to return to the men, Captain Lionel Montague is another "giant." Sir Humphrey de Trafford is also particularly good, especially at partridges. Lord Rosebery, Mr. J. Clayton, Sir Hugo Cunliffe Owen, the Duke of Westminster, Sir Joseph Laycock, are but a few who come to mind when talking of good shots. Of the young boys, I hear that John Stanley, Lord Derby's eldest grandson, shows very great promise, and that Lord Porchester, at the early age of fourteen, is showing every sign of following in his father's footsteps.

(Continued on page 92)

57

曼·雷为*Harper's Bazaar* 1937年9月刊拍摄的香奈儿晚礼服。

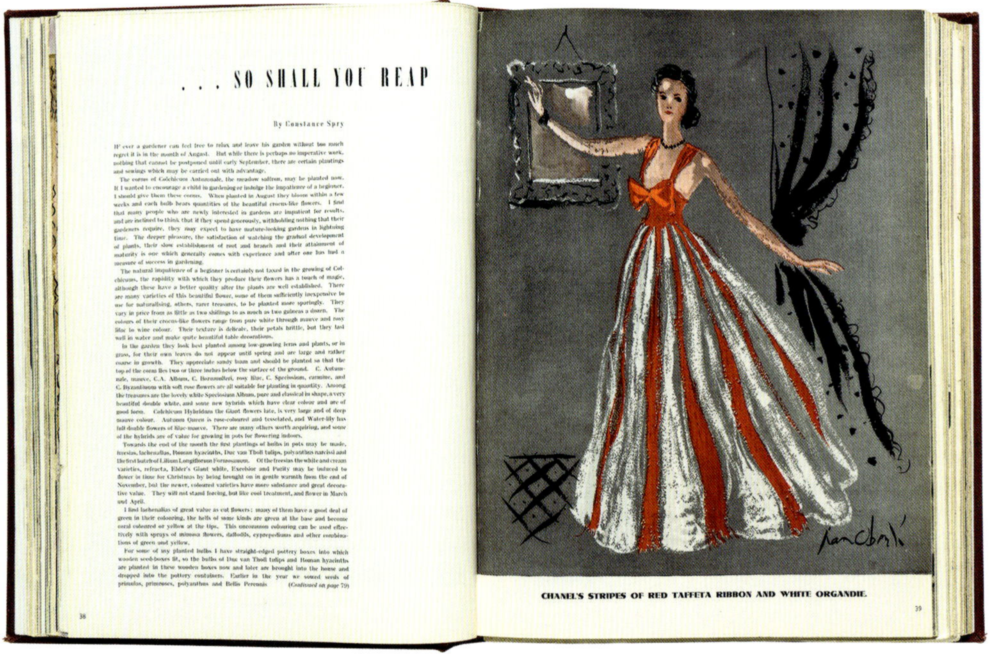

. . . SO SHALL YOU REAP

By Constance Spry

IF ever a gardener can feel free to relax and leave his garden without too much regret it is in the month of August. But while there is perhaps no imperative work, nothing that cannot be postponed until early September, there are certain plantings and sowings which may be carried out with advantage.

The corms of Colchicum Autumnale, the meadow saffron, may be planted now. If I wanted to encourage a child in gardening or indulge the impatience of a beginner, I should give them these corms. When planted in August they bloom within a few weeks and each bulb bears quantities of the beautiful crocus-like flowers. I find that many people who are newly interested in gardens are impatient for results, and are inclined to think that if they spend generously, withholding nothing that their gardeners require, they may expect to have mature-looking gardens in lightning time. The deeper pleasure, the satisfaction of watching the gradual development of plants, their slow establishment of root and branch and their attainment of maturity is one which generally comes with experience and after one has had a measure of success in gardening.

The natural impatience of a beginner is certainly not taxed in the growing of Colchicums, the rapidity with which they produce their flowers has a touch of magic, although these have a better quality after the plants are well established. There are many varieties of this beautiful flower, some of them sufficiently inexpensive to use for naturalising, others, rarer treasures, to be planted more sparingly. They vary in price from as little as two shillings to as much as two guineas a dozen. The colours of their crocus-like flowers range from pure white through mauve and rosy lilac to wine colour. Their texture is delicate, their petals brittle, but they last well in water and make quite beautiful table decorations.

In the garden they look best planted among low-growing ferns and plants, or in grass, for their own leaves do not appear until spring and are large and rather coarse in growth. They appreciate sandy loam and should be planted so that the top of the corm lies two or three inches below the surface of the ground. C. Autumnale, mauve, C.A. Album, C. Bornmulleri, rosy lilac, C. Speciosium, carmine, and C. Byzantinum with soft rose flowers are all suitable for planting in quantity. Among the treasures are the lovely white Speciosium Album, pure and classical in shape, a very beautiful double white, and some new hybrids which have clear colour and are of good form. Colchicum Hybridum the Giant flowers late, is very large and of deep mauve colour. Autumn Queen is rose-coloured and tesselated, and Water-lily has full double flowers of lilac-mauve. There are many others worth acquiring, and some of the hybrids are of value for growing in pots for flowering indoors.

Towards the end of the month the first plantings of bulbs in pots may be made, freesias, lachenalias, Roman hyacinths, Duc van Thol tulips, polyanthus narcissi and the first batch of Lilium Longiflorum Formosanum. Of the freesias the white and cream varieties, refracta, Elder's Giant white, Excelsior and Purity may be induced to flower in time for Christmas by being brought on in gentle warmth from the end of November, but the newer, coloured varieties have more substance and great decorative value. They will not stand forcing, but like cool treatment, and flower in March and April.

I find lachenalias of great value as cut flowers; many of them have a good deal of green in their colouring, the bells of some kinds are green at the base and become coral coloured or yellow at the tips. This uncommon colouring can be used effectively with sprays of mimosa flowers, daffodils, cypripediums and other combinations of green and yellow.

For some of my planted bulbs I have straight-edged pottery boxes into which wooden seed-boxes fit, so the bulbs of Duc van Thol tulips and Roman hyacinths are planted in these wooden boxes now and later are brought into the house and dropped into the pottery containers. Earlier in the year we sowed seeds of primulas, primroses, polyanthus and Bellis Perennis (Continued on page 79)

38

CHANEL'S STRIPES OF RED TAFFETA RIBBON AND WHITE ORGANDIE.

39

Harper's Bazaar 1939年8月刊中的“香奈儿红色塔夫绸丝带和白色蝉翼纱条纹”。

为我竟敢自认为可以理解她生活中的无穷奥秘而惩罚我？可能会，大概吧……但即便如此，我还是在安静的房间里大声对她说，谢谢你。谢谢你给我的一切。谢谢你让我比以前更勇敢。谢谢你让我知道女人可以，也应该成为独立的灵魂，同时也认识到是爱造就了我们。谢谢你给了我希望，让我相信第二次机会，并且相信即使似乎永远失去了一切，结束也意味着新的开始。如果没有香奈儿，我还会再次坠入爱河吗？也许吧，尽管我喜欢天马行空地幻想（我和香奈儿的一个共同点），让我相信她可能一路都在帮助我。毕竟，当我第一次见到现在的丈夫时，我们最初的对话是关于香奈儿的。事实上，由于那次意外的相遇，他带我去了香奈儿曾在苏格兰高地生活过的遥远地方，并打开了她在蔚蓝海岸的别墅La Pausa的门。6月的一天，我们在苏格兰结婚了，我的儿子和朋友都在身边，我穿着一件象牙色的香奈儿丝绸礼服……

当然，我所撰写的香奈儿只是她的传奇人生的一个版本。我们没有谁能够完全理解别人的经历，也没有人能够把它们像蝴蝶一样固定在玻璃盒子里，或者把它们保存在琥珀里。相反，我更愿意把香奈儿想象成一个迷人的、难以捉摸的“幽灵”——她可以无限接近你，却又总是差一点，在这个美丽的房间里，在互相反射的镜子之间飘忽不定。当我触摸她书桌的皮革表面时，我能摸到她的钢笔留下的痕迹，但在她尖锐的笔尖刻出的抽象图案中却没有任何文字，在她生活和工作的几十年里所刻出的迷宫般的线条中也没有明显的含义。我可以永远地研究这些让人费解的记号，永远不把它们变成文字。这就是香奈儿的天赋所在。这些神秘的线条美得不可思议……就像创造了这些线条的那个女人，永远迷人的嘉柏丽尔·香奈儿。

2016年12月8日于康朋街

香奈儿女士在寓所

当顾客们走进我这儿，她们期待跨入一个神奇的地方，这种满足感或许有些流于世俗，却令她们心醉神迷：她们也有幸成为这个传奇中不能缺少的角色。对她们来说，这比又添置一套套装还要喜悦得多。传奇色彩就是名望带来的光环。

——可可·香奈儿，1935年

页图：塞西尔·比顿为香奈儿女士所作的手绘速写，1969年，香奈儿女士寓所。
图：香奈儿女士斜倚在米色的沙发上，罗杰·夏尔摄于1938年。

坐落在康朋街31号的香奈儿总部，仿佛一个供奉着已离去的创始人的圣殿，早已化身为21世纪的时尚殿堂，迎接着来自世界各地的川流不息的朝圣者。屋外，巴黎的夜色悄然降临在一个阴沉的冬日下午。在细雨蒙蒙的薄暮中，毗邻的建筑物把巨大的阴影投射在狭窄的便道上。屋内，弥漫着温暖幽香的气息，店内一楼就像一个点缀着银色镜子的乳白色丝茧小巢。客人如蜂鸟般簇拥在光彩熠熠的唇膏展柜周围，或者扑向挂着丝质内衬斜纹软呢套装的衣架，目光流连于最新一季发布会的影片。她们比较着银幕上的作品和眼前的——也许正想象着自己穿上了一整套香奈儿。你也可以从镜子里看到折射的影像：面容白皙的模特骑在金白二色的旋转木马上。取代木马的是香奈儿那一个个举世闻名的象征：珍珠项链、山茶花以及与星条旗齐名于世的交织双C标志。镜中的影像随着银幕不断旋转，在某一瞬间，仿佛一切都悬浮着，转动不停。

正如你所想象，一个国际时尚品牌的总部和中心一定会随着销售季节系列而不断变化，但仍然会永远保有那些代表性的元素，能够立刻让你体会到香奈儿不变的传承和永恒的价值。这个矛盾对于香奈儿这样的品牌来说无法避免——在不断创新和不变特质之间的平衡。可可・香奈儿本人就曾犀利地如此总结时尚产业：“一件衣服不是一出悲剧、一幅画；它是动人却昙花一现的创作，却非永恒的艺术品。时尚必须逝去，而且转瞬即逝，这样商业才能存活……时尚越短暂就越完美。你不能去守护已经逝去的东西。”

然而香奈儿女士却仍然守护着她的名字，而它始终屹立常青。在精品店入口的旁边，身着深色制服的保安把守着另一道门，这里只对高级定制服装的客户开放，她们来量身时，会沿着镜梯拾级而上，来到二楼安静的沙龙。与口红鞘一样黝黑晶莹的黑色地面一尘不染，象牙白的四壁光洁无瑕，几乎可以举办典礼。来自最新系列的样衣被罩在白色袋子里挂在镀金架子上，如同见习修女穿着白罩衫。在这之上，镜梯继续盘旋向上，直通向香奈儿女士观看她自己的时装发布会的位置——由楼梯尽头自上而下第五级台阶，她悄悄坐在那儿，虽然处于观众席的后侧，却能将下方的一切尽收眼底。

在镜梯上站一会儿，会给你一种最最奇妙的体验。所有的镜面会从不同角度反射，你能从镜中看到自己身体的各个截面，无数脸和四肢叠加的裂片。你必须这样看着自己。当你登上三楼，来到一道没有任何标志的双扇镜门前，它正通往香奈儿女士的私人寓所。打开这扇门，她仿佛从未离开，因为自她1971年1月10日辞世至今，几十年的时间过去了，这座圣殿一直受到完美的保护。

也许“陵墓”这个词会闪现在你的脑海，但这里却一片生机，她在这些房间里仿佛无所不在，仍然与她的领地同在。门的另一边是门厅的入口，墙面上覆盖着18世纪初的中国乌木漆面屏风。东方风情的神秘图案显现在石榴红底色上：穿和服的女人乘白鸟飞翔，男人则骑着鱼或者乌龟。青山、白云、或隐或现的湖水、瀑布、庙宇和绝壁，这是另一个别有洞天的世界，就存在于巴黎这所房子的墙上。而所有城市的喧嚣都因厚实柔软的羊毛地毯而沉默，环绕四壁的落地镜隔绝了外间的世界，镜中隐隐映现中国乌木漆面屏风的图案。

客厅有种隐士般的封闭感。镶着镜子的走廊似乎没有尽头，也无路可出。一樽盛着成串金麦穗的银瓶，两边站着一对毕恭毕敬的驯鹿，走过它们，两尊真人大小的威尼斯摩尔人雕像在招呼你前行。这两尊雕像指示着客厅的入口，可是着色的眼睛和伸出的手，在一连串镜子中无穷地反射，扭曲了透视。另一扇门从客厅通向餐厅，餐厅的弧形拱顶令人想到中世纪的罗曼式教堂。女士就在这儿接待宾客：六把米色麂皮椅子围绕着一张胡桃木桌子，桌子突起的平台上有一对狮子。房间的凹陷处，几个壁龛庇护着镜架上镶嵌着水晶的两面金灿灿的镜子。里间是面积稍小些的第二客厅，墙面上装饰着更多的中国乌木漆面屏风。一座圣母圣婴像似在庇佑此处，圣母目光低垂，幼年的耶稣看着门的方向。寓所里没有卧室，因为女士在对面，在丽兹酒店顶层的一个可以俯瞰康朋街的套房就寝。她那套酒店套房没有装饰——白色的棉织床单，白色的墙壁——就像养育过她的那所孤儿院一样简朴。和她下榻之处形成强烈对比的是，这套寓所的装潢保留着她生前的繁复。墙上贴有金色的壁纸，但是因为满墙的书籍、屏风和镜子，我们几乎看不到。人们对这些东西的细心维护不亚于维护耶路撒冷神殿中的至圣所，或者一位古埃及女王的陵墓。

如果说镜梯是整个香奈儿总部的脊梁，那么寓所三个房间中最大的客厅，则是这里深藏的心脏。多亏这些高窗，客厅没有与世隔绝。高窗正朝着康朋街，还能看到对面的学校和二层的教室，至今，那里仍和香奈儿女士在世时一样，走过一代又一代学生。她有时也会看看这些学生，又端详室内的珍宝吗？这些入口也同样被中国屏风遮掩着（香奈儿讨厌看到门，她说门让她想起已经离她而去的人，或者某天必将离她而去的人）。走近来看，你会沉浸在图案繁复细致的笔画中：一幅有桥有舟的风景画中，优雅的女性跪在水畔；蛇与龙飞过麒麟和大象的乐园，那儿的树木长着白色花边般的叶子，山茶花正在怒放。

你可以在这个房间流连数日不想离去，因为它就是一座宝库。占据了两面墙的书柜里摆满了精装的书籍：普鲁塔克、欧里庇得斯、荷马的珍本；卡萨诺瓦的《回忆录》、蒙田的《随笔录》、圣·奥古斯丁的《忏悔录》、柏拉图的《对话集》、莫泊桑和莫里哀的全集、莎士比亚和雪莱的英文版全集；还有一套两卷版的庄严的《圣经》，是高德公司出善款在伦敦出版的。（如果你正巧从书架上取下了《雪莱全集》的第三卷，这卷书被翻开在被反复阅读的那一页——作者为《朱利恩和马达洛》草拟的序言："至于此诗中的那个疯子，我没有任何有关他的情况可提供。他本人的叙述让人猜想到他感受到了某种爱情的幻灭。显然在神志清醒时，他是一个有教养且和气的男人。他的故事，在总体上，可能很像同类型的其他故事；他的极度苦闷的断续惊呼就像是对每句肺腑之言的充分的注解。"）

在一面藏书柜的前面，摆放着香奈儿女士的有活动桌面的书桌，她的乳白色的信纸和信封仍保存在小隔间里。镀金镜框中有一幅狮子画像，代表着她的星座，狮子座——她生于8月19日。显然，她不愿意提及自己的生年——1883年，她会随着心境的变化更改它，甚至涂抹护照。"我的年龄取决于日子和身边的人。"1959年，76岁的她对一个年轻的美国记者说："当我无聊时，我感觉自己很老，因为您让我非常无聊，再过5分钟我马上就一千岁了。”在狮子旁边，有一个花瓶，插着水晶山茶花。在皮革桌面上，放着她的玳瑁扇，上面刻着星形图案，正是她在珠宝设计中反复运用的主题。桌上还有一副眼镜。戴上眼镜试试，房间就消失在金红色的雾中，赶快摘下来吧，免得四壁危险地压过来。

香奈儿站在古老的乌木漆面屏风旁，屏风上饰有白色的凤鸟和山茶花。
鲍里斯·李尼兹基摄于1937年。

5
22
19

书桌的抽屉没有上锁，两个抽屉空空如也——这个房间的很多东西都丢失了。女士辞世的那个晚上，镜梯上暗影幢幢，忙碌的神秘客提着包走了，搬空了许多值钱的东西和大部分的首饰（无法估价的珍珠项链、红宝石和祖母绿宝石的项链，还有璀璨耀目的钻石戒指和手镯）。右手边的抽屉里还有几件她的私人用品：软皮眼镜匣里的一副太阳镜；第二把扇子，这比头一把更易损坏，是镂空的木扇；以及一摞她的照片。第一张照片里是1937年的她：优雅，身着白色外套，佩戴珍珠项链，站在玄关处的中国乌木漆面屏风边上。她的眼睛没有看镜头，而是望向别的地方，似乎盯着屏风之外，白色凤鸟或山茶花之外的什么人或者什么东西。

抽屉里还有其他的照片：年轻的香奈儿，骑在一匹白马上，头朝着镜头高高地扬起，双眸却躲在宽边帽下的影子里。她身边的那个男人，她的情人亚瑟·卡柏正在轻抚她踏在马镫里的脚。他们的骑马服几乎一模一样，香奈儿只是在白衬衫和紧身马裤之外佩戴了一条男孩风的领带。20年过去了，卡柏已经离去。香奈儿坐在她的朋友塞尔吉·里法的肩膀上，他是一位帅气的芭蕾舞者，像她一样有一头乌黑发亮的头发。她穿了一条白裤子，一件黑色毛线衣，戴着她的珍珠项链，在蔚蓝海岸的晨曦中微笑。在另一幅照片上，我们看见更年轻的她，面庞也沐浴在阳光下，在一条乡间公路上，站在她的汽车边上。她随意地穿了一件水手衫，一条深蓝色的水手裤。这幅照片展现了她生命中的其他阶段，远离康朋街，在她南法的海滨别墅里。我们看到1920年的她，沉浸在她的情人狄米崔大公的目光里。他是沙皇的堂弟，是刺杀拉斯普京①的刺客之一。他比电影明星还要英俊；她比她的任何一个模特都要漂亮，利落的短发，白色丝裙和彩虹光泽的珍珠项链映衬着她的阳光肌肤，在他的眼中熠熠生辉。

但在大部分的照片里，香奈儿都是孤身一人：靠着壁炉，或躺在客厅的那张米色麂皮长沙发上，聚精会神地看书，一只手轻抚一幅谜一般的印度版画。在这些照片里你无法读出一个寂寞女人的情绪，优雅冷凝的脸部线条，弯弯的眉毛，手里点着一根烟，袅袅升起的烟像一个充满诱惑的谜语。

页图：信纸、信封、眼镜、玳瑁扇、照片和一摞塔罗牌，一切都像原来一样放在香奈儿的书桌上。

①拉斯普京（约1864—1916），沙皇尼古拉二世和皇后亚历山德拉宫廷中的宠臣。

于是你又转回来审视房间，想要解开这个谜语，寻找那些线索来诠释它们主人脸上的谜。大理石壁炉的两旁都摆设着干麦穗，两束镀金的木雕麦穗装饰着炉台，它们都象征着幸运与丰盛。一头金色的狮子把爪子伸向一个希腊面具——女人的面孔，有着与香奈儿同样深邃的眼睛。一尊公元一世纪的阿佛洛狄忒[①]半身像摆在壁炉台的中央，反射出大理石曲线的镜子让人以为那是一对儿。壁炉上的这面巴洛克风格的镜子大得惊人，几乎顶到了天花板；两根雕有小天使和葡萄串的壁柱上装饰着镜框。它映射出的镜像又映在长沙发上方的另一面镜中，这是一面茶色玻璃镜。一尊耶稣受难像，靠着失去光泽的包金框（双梁十字架具有旧时圣殿骑士团的西班牙城堡——圣城卡拉瓦卡[②]的特征）。在耶稣受难像旁边，我们注意到萨尔瓦多·达利的一幅画，他是香奈儿女士朋友圈中众多艺术家中的一位，画作描绘了一株麦穗。

我们可以长时间地继续寻找隐藏的含义，例如，注意到长沙发的靠垫（菱格纹的车线，一如那著名的香奈儿手袋），追逐这些狮子或者清点成双的动物。在壁炉的脚下，是两头几乎与实物一样大小的铜鹿，一公一母，目光专注，分开的蹄子软软地陷在地毯里。另外一对金属彩漆的微型小鹿驮着插着粉色花朵的花

左图：香奈儿正在读一本她的情人亚瑟·卡柏赠送给她的关于印度图画的书。尚·莫罗摄于1937年。
右图：一个占卜水晶球，和西敏公爵赠送给香奈儿的礼物——梳妆台上的两个金质首饰盒。

左图：香奈儿设计的，在她寓所客厅里的吊灯。她的标志性图案藏在金属支架和水晶吊坠中——G是她的名字首字母，双C代表可可·香奈儿，还有为她带来幸运的数字5。
右图：香奈儿的餐厅里的华丽吊灯。

瓶，摆在长沙发边上。在一张小桌上，我们又发现了两头骆驼；另外还有两只青蛙（一只是玻璃的，另一只是铜的）；还有两只珍珠斑鸠，在镶有宝石的微型鸟笼里；两匹瓷马摆在茶色玻璃镜子两边；两个黄铜柴架放在壁炉的炉膛里……搜寻似乎没有穷尽，成双成对的东西比比皆是。第二个希腊面具审视着对面的孪生兄弟，两个埃及的斯芬克斯也专注地对视着。另外，在书柜里有两棵陶制的树（其中一棵含有一片打碎的水晶玻璃）。这是两座钟，一座放在书桌上，停在某月的11日3时23分；另一座有惊无险地挂在两扇窗之间的镜面墙壁上，钟的指针指着1时18分。凸起于钟面上的一个死亡天使拿着长柄镰刀，一副报仇的样子。

一系列具有象征性的物品被隐藏在房间里：一幅天主教圣像、带有一束玫瑰花的佛像、摆在一个神秘的怪物（人、狮、犬的混合物，卡列班[③]的痛苦的面容）旁边的另一尊佛像、一个水晶十字架、一件航海器具、贾科梅蒂[④]的一只铜手、一副塔罗牌（牌盒上的那张描绘了根系裸露的一棵绿树的牌上是香奈儿的幸运数字5）。如果说财富的兆头颇多，或许爱情的标记也同样感人。

人们认为香奈儿是在与她的第一个，也是最爱的情人，英国人亚瑟·卡柏—

希腊神话中的爱情女神。
西班牙穆尔西亚地区穆尔西亚省城市。
莎士比亚剧本《暴风雨》中野性而丑怪的奴隶。
贾科梅蒂（1901—1966），瑞士画家和雕刻家。20世纪杰出艺术家之一。

香奈儿在她的寓所里。亨利·卡迪尔–布瑞松摄于1964年。

起生活的时候喜欢上了中国乌木漆面屏风，卡柏还把她引进文学和灵修的大门。我们也注意到带有西敏公爵纹章的沉甸甸的纯金匣子，西敏公爵在他们结缘的十年间送给她大量的首饰。寓所没有保留他们这段情缘的任何痕迹，只有加盖公爵的藏书章的一部大仲马的小说。这个空匣子放在长沙发对面的矮桌上，伴着两颗晶莹的球：第一颗白水晶球摸起来是凉的，第二颗金光闪烁的树脂球在手掌里发出异乎寻常的温热。望进水晶球里，里面并没有预示什么征兆，仅隐隐约约映出天花板吊灯的倒影。这是香奈儿设计的吊灯，锻铁的黑色灯架装饰着水晶挂坠，有山茶花形的、星形的和葡萄形的。稍加留意，我们就能分辨出吊灯的顶部有香奈儿的教名嘉柏丽尔的首字母G；交织的双C，是可可・香奈儿的缩写，她就是以这个名字闻名世界的；还有数字5，得益于至今仍是全球最畅销的那款香水，这个数字给她带来了财富。

如果你走回到书桌旁，不嫌冒昧地坐到女士的那把鹿皮椅子上，用手指抚摸留有墨迹的书桌的皮面，那皮面上还留着因为过于用力的笔触或者因为狂怒地修改手稿留下的印迹。时钟的指针永远停住了，房间静谧，没有一丝微风撩动亚麻窗帘。你俯身书桌，手握钢笔，只看到在镀金镜框里盯着你的狮子和威尼斯摩尔人的手越过半掩的房门。你会陡然感到一阵冲动：如果碰巧突然转身，镜墙上会不会现出一个身影？

我第一次参观时，向导对我透露说：“有时当精品店关门后，我们就感觉她出现了。”向导不断投出不安的目光，犹如在窥伺细微的门响或者最微小的楼梯的嘎吱声。“晚上，即使打开灯，我们还是会以为在镜子里看到了她的身影，或者听到了她的走动声，一种轻轻的，不易察觉的，快到我们追不上的脚步声……”

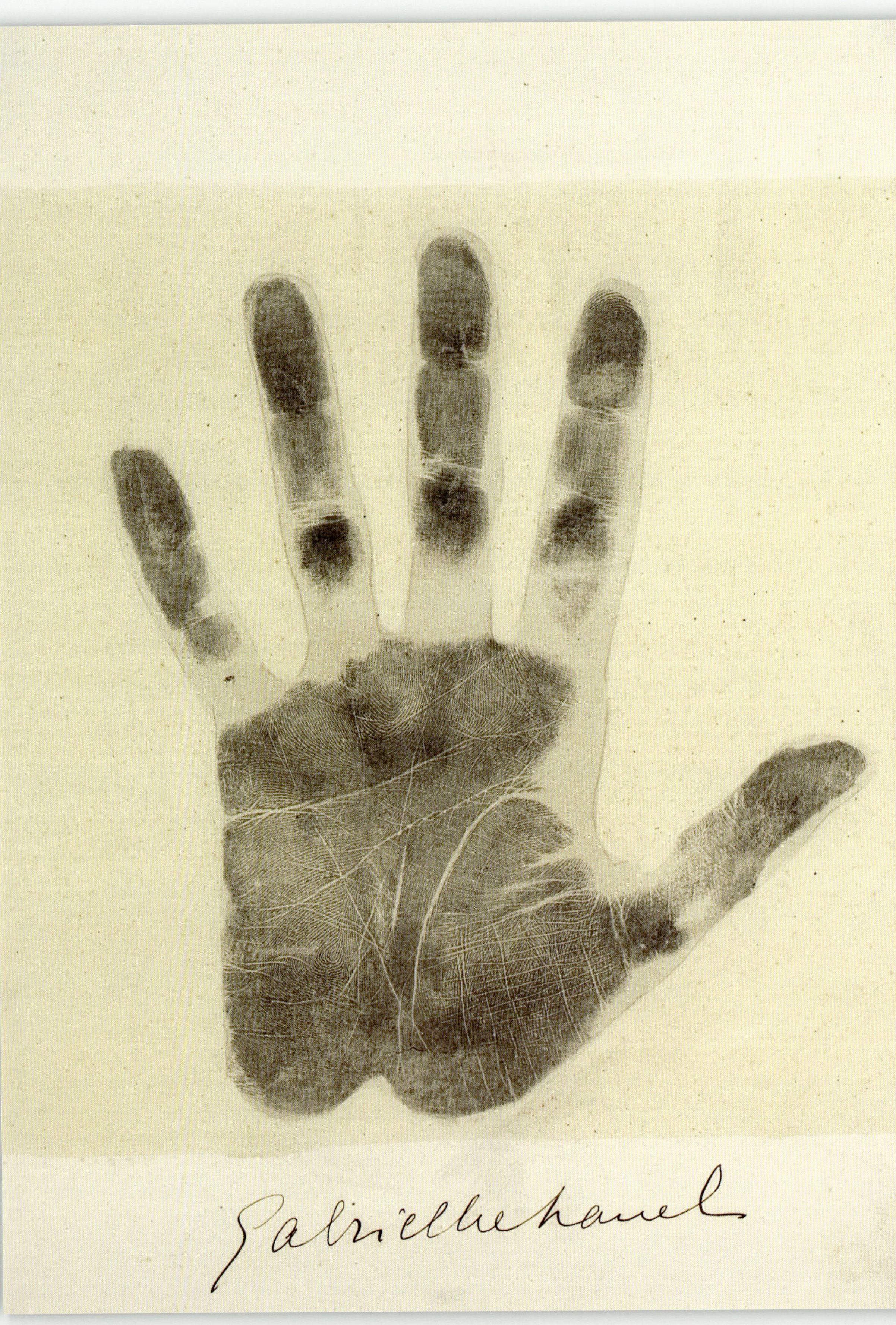
Gabrielle Chanel

嘉柏丽尔

一天，可可·香奈儿对她的朋友保罗·莫杭宣布："身上承载着传奇的人物，本身就是传奇。"她尝试过对许多作家讲述她的一生，却都不了了之。保罗·莫杭就是其中一个。她在辞世前不久对另一位朋友克劳德·德雷说："人的一生是个谜。"那时，女士的面貌对世人来说已是一个成形的面具，而她的神话显然也已经无从道破。德雷是一位著名的法国精神科医生的女儿，当时还很年轻的她后来成为著名的精神分析师，现在她是香奈儿为搅浑自己的过去而建造的这座秘密和谎言的迷宫里的一位无与伦比的向导。可是并不是说抓住一条线索就可以把香奈儿的一生带回到无歧义的真实中。尤其是香奈儿，她所创造的事业恰恰就是赋予女人再造自我的方法。这也许正是为什么她为自己编织了那么多不同的故事，正如在她每一个版本的往事中，都会有些新东西渐渐浮现。

在她生命的最后十年里，她们有过一些断断续续的谈话，在其中的一次交谈中，她对德雷说："我不喜欢家庭。我们出生在一个家庭中，我们不是与家庭一起生的。我再不知道还有比家庭更可怕的……"她总是回到这个话题，总是兜圈子，就像她修改外套的袖子一般修改着往事，拆开它的接缝，剪断它的丝线，然后再将它重新缝合。"童年，人们在非常疲倦的时候会谈论它，因为那是人们抱有希望，有所期待的时光。……我

页图：香奈儿的手印及签名，1939年。

对自己的童年刻骨铭心。”

如果说她的记忆确实封存得完好无缺，那她就是在竭力对人们掩饰着她的过去，将粗糙的毛边磨光，重新组织那些痛心的往事。甚至连她的出生证都有着误导性：她的父姓，也就是她本人的姓，因笔误而被错拼成了夏斯奈儿（Chasnel）。但是她不可能隐瞒一切：她的母亲未嫁时的名字是欧仁妮·让娜·德沃勒，尽管香奈儿在后来曾试图抹掉日期，可是官方的户籍证明她的母亲1883年8月19日在卢瓦尔河畔的索缪①济贫院生下了嘉柏丽尔。欧仁妮（人称让娜）时年20岁，亨利-阿尔贝（人称阿尔贝）28岁。在嘉柏丽尔的出生证上，“父亲职业”一栏写明为商人。二人未婚，但已经有了一个女儿朱莉娅，是将近一年前——1882年9月11日生的。

就一名美国记者向她提出的确切的出生地问题，香奈儿回答说：“我出生在旅途中。”尽管这是回避真相的技巧（她生在修女主持的一家济贫院里），可是她的父母经常在路上至少是真实的。他们是兜售针头线脑和针织品的流动商贩，也在乡镇间走集串市出售围裙和罩衫，就像嘉柏丽尔的祖父母一样。她的父亲也

法国曼恩-卢瓦尔省的市集。香奈儿于1883年8月19日在这座小镇出生，是售卖纽扣和日常服饰用品的流动市场小贩的私生女。

出生在一家济贫院（1856年生于尼姆[②]），出生证上的姓也被弄错了，被写成了夏尔内（Charnet），直到20多年后的1878年，经法院判决，“夏尔内”才得以更正为“香奈儿”。“这才是真正的姓。”

她告诉了另一位记者马塞尔·黑德里希（*Marie Claire* 杂志的总编，他曾与香奈儿共度很多时光，一直以她真正的朋友自居。他以他们的谈话为素材写了一部传记，该书在香奈儿女士去世后不久出版）说：“我父亲当时不在。我母亲，这个可怜的女人不得不四处找他。这是个伤心的故事，而且令人心烦——我都听过多少遍了。”

对故事的开头她一边假装不在乎，一边擅自篡改：其实并不是心烦的问题，而是要讲出事实来实在太过痛苦。嘉柏丽尔出生时她的父亲并不在场，而这会成为日后一再上演的套路，他似乎故意逃离家庭，当让娜怀上第一个孩子时，他就跑了。大家在他们的女儿朱莉娅出生前一个月找到了他，可他拒绝娶让娜。这样一来，两个女儿都成了私生女。直到嘉柏丽尔15个月大时她父母才补办了结婚手续，并于1884年11月举行了婚礼。不久后，在去奥弗涅[③]的路上，让娜再次怀孕。让娜是奥弗涅人，生在库尔皮埃尔的一个庄户人家。可是她却不打算在那里找到安身之处；在她遇见她那个飘忽不定的未来丈夫时，她的父母都已去世。尽管她的兄弟在她第一次怀孕时曾经尽了最大的努力维护她的利益，可是生下两个私生女使当地人对她的谴责无从缓和。一个男孩，教名阿方斯，生于1885年；一个女儿安托瓦妮特，生于1887年；又一个儿子名叫吕西安，生于1889年；最小的儿子奥古斯丁，夭折于婴儿时期，生于1891年。

香奈儿几乎绝口不提她出生时的情形，可是她也曾偶尔提及在她出生前，母亲有一次坐火车去找那个东躲西藏的阿尔贝。香奈儿以惯用的含糊暧昧、拐弯抹角的口气对黑德里希解释说：“因为那时候的穿着，我猜没有人看得出来这个女人就要生产了。有人帮助她——他们非常友善：他们把她带回家并派人去找医生。我母亲不想留下。

“‘您可以明天搭另一趟火车，’他们这样安慰她，‘您明天会找到丈夫

[①] 法国城镇，位于曼恩-卢瓦尔省。
[②] 法国城市，位于加尔省。
[③] 法国旧省名，今法国大区。

香奈儿标志性的纽扣均饰以各种有象征意义的主题图案。在左图和后页图中这个全部由香奈儿女士设计的系列中，就有狮子，有扣在一起的双C标志，有山茶花、星星和金属链。

的。’但医生发现我母亲根本没有生病，他宣布说：‘这位夫人没有生病，她要生孩子了。’这时，这些和善的人都震怒了，想把她扔出门去。但医生坚持叫他们照顾她。人们把她带到一家医院，我就在那儿出生了。一个医护修女成了我的教母。”

据香奈儿说，这个修女的名字是嘉柏丽尔·博纳尔。“于是我受洗时被取名叫嘉柏丽尔·博纳尔·香奈儿。有很长一段时间我都对这个一无所知，从没想过去查看我的洗礼证明书。战争期间，我托人去找我所有的档案，因为人总是害怕出现最坏的事情……”事实上，“博纳尔”这个名字并没有出现在她的洗礼证明书上，但或许在后来的人生中，嘉柏丽尔觉得她有权将它据为己有，以表示拥有这个名字的意义——幸福。

香奈儿对朋友安德烈-路易·杜布瓦讲过有关自己出生的另一套说法，她再

次提到了火车，并暗示她的母亲在途中感到了最初的阵痛。香奈儿去世后不久，杜布瓦向一位法国记者回忆道："她不断地提到火车，有时甚至声称她生在车厢里。为什么有这种火车情结？"一个可能的答案是她有一个叔父曾是铁路雇员，然而即使如此，火车对于香奈儿来说应该有着更深重的意义：仿佛它连接着不断前行的过往，而沿着确定的轨道，依然会到达她自己选定的终点。

不管她和火车旅行有什么样的关联，她也还是救济院的孩子，平凡的嘉柏丽尔·夏斯奈儿。而在她的整个童年里，她一直是嘉柏丽尔——可可是后来创造的名字。尽管她虚构出了一个故事，它的虚假正透露着某些真相："我父亲曾经管我叫'小可可'，一直到有更好的名字出现。"她对黑德里希说："他一点儿都不喜欢'嘉柏丽尔'（这个名字），那不是他取的。而他是对的。很快那个'小'就慢慢没有了，我就叫可可。"或许其实是她父亲在抱怨说他不喜欢嘉柏丽尔本人，他也并不想要孩子；因为不久他就不再安于婚姻和父亲的身份而离开了他们，永远在张望更好的东西。

有几次，嘉柏丽尔也说过可可是个"糟糕"的名字；然而她为它在全世界所得到的认同而骄傲，尽管从未从她父亲那里得到过承认和赏识，但它印证着她无可争辩的存在。不过它毕竟是个生造的名字，一个她父亲从来不认识的名字，哪怕她声称并非如此。"如果在战前有人告诉我说我将会是举世闻名的可可·香奈儿，我会发笑的，"她对黑德里希说，"香奈儿女士有四千个雇员，还有英格兰最富有的男人在爱她。而现在，我就是可可·香奈儿！然而，它不是我的名字……人们在街上拦着我：'你真的是可可·香奈儿吗？'在我签名的时候，我签'Coco Chanel'。两周前在一列去卢塞恩的火车上，整个车厢的人都排队走过来看我。在我自己的地盘上，我被称作'女士'，那是不用说的规矩。我肯定不想在香奈儿精品店里被叫作'可可'。"（这些看起来不连贯的句子是黑德里希记录下的采访原话；那些一笔带过提到她的名字和那火车的，都是他录下的原话。）

说实话，没有人确切知道在嘉柏丽尔的童年人们怎样称呼她，也无法知道"可可"的别名到底是从哪儿来的。香奈儿在晚年告诉克劳德·德雷：她父亲会说英语，在外省被认为是“异端”的表现。这个说法似乎非常不可能，但却有可能与她成年后爱过的两个英国男人在头脑里有某种联系（卡柏男孩和西敏公爵，这两个人都被证实对她不忠）。她还对德雷说，她父亲在多次外出游历中有一次为她带回一件礼物：一个跖骨做的笔架，一面描勒了巴黎圣母院，另一面则是埃菲尔铁塔。她曾在一个墓地里给这块加工过的骨头挖了个坑，把这份礼物埋了起来，上供给死者。

如果香奈儿自己的说法可被采信，6岁的时候她总是在一个墓园里流连忘返。“每个孩子都有自己的隐秘空间，可以躲在那里玩耍和做梦，”她对保罗·莫杭（他把她的这些回忆写进《香奈儿的态度》一书中）说，“而我的隐秘空间在奥弗涅的一处墓地。那里我一个人都不认识，连那些死去的人也没有我认识的。”然而对她来说，埋在那儿的那些死去的人好像又有了生气，哪怕他们像他们的坟墓一样寂静无声。“我是这个秘密花园的女皇。我喜欢它的地下居民。‘只要有人想念他，那么死者就没有死去。’我会这样告诉自己。”

她对两座无名氏的墓尤为依恋。她用丽春花、雏菊和野矢车菊装饰那两座

香奈儿的10号塔罗牌——她在康朋街寓所中众多麦穗象征中的一个。上面写着“镰刀总在身边/将使你警惕危险/你永远不能逃离/无论你走向何处”。

墓。她把自己最喜欢的东西——布头娃娃带到墓园，因为那是她为自己亲手缝制的。她告诉保罗·莫杭：“我想要确定有人会喜欢我，然而和我生活在一起的，却是些冷酷无情的人。我喜欢独自说话而不去听别人说什么，这或许是因为最初令我敞开心扉的是那些死去的人。”

在嘉柏丽尔的记忆中，母亲的形象只是一团虚弱、模糊的影子；然而在香奈儿错乱的讲述中，点点的暗红色血渍就像溅染在白纸上挥之不去——她的故事中，生病的女人咳在白色手绢上的鲜血；还有一个室内为红色调的房间，与简·爱小时候被囚禁的不祥房间颇为相似。香奈儿后来成为勃朗特姐妹的书迷，反复阅读《简·爱》和《呼啸山庄》（关于几近乱伦的激情故事，关于禁闭的门和狂想的故事）。但是她对红房间的描述也让人想起19世纪的另一部小说——夏洛蒂·柏金斯·吉尔曼的《黄色壁纸》，那部小说的女主角生下孩子后就疯了，撕掉了关禁着她的那个房间里的彩色壁纸。在香奈儿的故事里（就像她对保罗·莫杭讲的），墙纸是红色的。她当时5岁，她的母亲已经病重，她和她的两个姐妹被一起带到一个上了年纪的叔叔家暂住。“我们被关在一间贴满红墙纸的

左图：香奈儿寓所壁炉台上的一个镀金麦穗木雕，旁边是一只金狮和一尊石灰岩雕塑。
右图：一张法国在一战时期的海报。“种小麦吧，它是法国的金子。”

布里夫-拉-加亚德火车站。在这座市集小镇，香奈儿的母亲就死于附近，她的父亲正游荡在外。

房间。我们开始很乖，然后我们发现红色的壁纸被潮气浸湿后便会从墙上脱落下来。”女孩们开始只是小片小片地揭，后来爬到椅子上拽下整张壁纸，直到只剩裸露的粉色墙灰：“简直快乐至极！”而她们的母亲走了进来，默默地看着这场灾难，一言不发，开始无声啜泣。

香奈儿后来断言她的母亲死于结核病，但是这个判断并不一定准确：贫困、反复怀孕、慢性肺炎都有可能是死因。根据她对克劳德·德雷讲述的回忆（后来发表在《孤独的香奈儿》一书里），她们家住在可以把孩子和母亲隔离开的一栋相当大的房子里。其实，在市集小镇布里夫-拉-加亚德，孩子们和母亲就挤在一个房间里，而父亲弃她们不顾游荡在外。可是香奈儿对德雷说的故事中，却有父亲的存在，在她和姐姐朱莉娅吃饭的时候吻她们的额头（她没有提到其他的孩子）。“他讨厌头发的气味并总是问我们多久没洗头了。”在母亲卧病在床，父亲杳无踪影时，谁知道香奈儿家的孩子们能多久洗一次头；可是在香奈儿的记忆里，她会回答父亲说她的头发很干净：“三天前刚用黄香皂洗过。”

她还想象自己是父亲最喜欢的孩子。她对德雷承认：“我希望别人爱我胜过我爱别人。”“所以我爱我父亲，因为他爱我胜过爱我的姐姐。我不能忍受他同等地爱我们俩。”可是她也声称她有一个对手，一个她确信在给她下毒的女仆。“我知道她和我父亲睡觉——其实我不知道，我对这类事情一无所知，可是我隐约感觉到了，而且吓唬她说要告诉我母亲。”还是在这个悲观的幻想中，一天她的父母一同出去了，嘉柏丽尔和她的姐姐出去找他们，以躲开恶毒的女仆。当她们最终找到父母后，嘉柏丽尔在她父亲的肩膀上睡着了，而第二天，他就给嘉柏丽尔买了一条蓝色的裙子。

在对德雷的另一次告白中（在这些叙述里，或许可以虚中见实，又或许无从分辨），香奈儿泄露了她小时候害怕幽灵和藏在床下的东西。她带到墓园的祭品不足以保护她，比起她大白天的墓地游戏，鬼魂们似乎在夜里更加可怕。可是在她讲的这个故事里——一连串的情节设计与其说是讲给聆听者，不如说更多是讲给她自己——她的父亲来到身旁，来安抚她的恐惧。“别害怕，”他对她说，就像每个好父亲会做的那样，“没有人会伤害你。”尽管如此，她还是害怕有个男人躲在床底下，朝她扔麦子。“麦子是好东西啊。”她的父亲把她搂在怀里说。她对德雷解释说，从那时起，她总是在身边放一束麦子：在丽兹酒店的卧房里，在康朋街寓所的每个房间里。

然而无论小麦有多么神奇，都没能拯救她的母亲。嘉柏丽尔总是称她6岁丧母，其实她那年11岁。1895年2月的一个刺骨的早晨，人们发现让娜在布里夫家中冰冷的床上去世了。嘉柏丽尔的父亲一如既往地缺席，而在离家出游的路上。这段历史没有提到嘉柏丽尔是否亲眼看着她母亲离去，也没有讲她和她的兄弟姐妹们独自守着尸体多久；而香奈儿女士也从未透露过实情。

萨尔瓦多·达利的画作，单独的一株麦穗，挂在香奈儿的寓所里。

十字架的阴影下

布里夫-拉-加亚德是一个传统的铁路小镇，是连接巴黎与图卢兹的铁路干线上的一个枢纽，在法国广阔的心脏地带中处于核心位置。对于寻找香奈儿足迹的朝圣者来说，这里是再好不过的起点。从火车站出发一路向东，铁路穿过小镇的中心，然后沿着河流的曲线贯穿平原，直达遥远处丛林密布的山脉。几英里之后有一个急弯转离了主线，蜿蜒着向上盘旋，兜着圈绕着陡峭的弯向上爬升。最终这条路通向奥巴辛，一个中世纪的村庄，俯瞰着村庄的是一座巨大而阴沉的12世纪建筑，那是1135年由圣埃蒂安创立的西都会修道院和教堂。

在嘉柏丽尔的母亲死后不久，她的父亲就用一辆拉货车将她和她的两个姐妹——朱莉娅和安托瓦妮特送到了这里。男孩们则被寄养在一户农民家里，被当作免费童工；而这三个女孩从此后就生活在玛丽亚圣心会修道院的孤儿院里。孩子们的父亲很快就消失了。嘉柏丽尔后来声称他是去了美国，远离那座他遗弃女儿们的苦行修道院，去新大陆的乐土上寻找财富了。

但嘉柏丽尔从不曾把这段过往说成是遗弃，并且她也没有用到过“孤儿院”这样的字眼。相反，她讲了许多虚构的故事，说她被留在了她的“阿姨”们那里，而她的一个姐妹（至于是哪一

页图：奥巴辛修道院通向孤儿院的台阶，香奈儿11岁时被遗弃于此。

个，她说得很含糊）则被送到了修道院。在她的各种叙述中有过两个“阿姨”：全身穿着黑衣服、眼神冰冷、严厉，并且她总是不提名字。“其实，她们不是我的阿姨，而是我母亲的表姐妹。”她有次跟马塞尔·黑德里希这样说道，并且还说她和她们一起住在“奥弗涅那个最偏远的角落里。我的阿姨们是好人，但是一点儿都不温柔。我在她们家里没有被宠爱过，我得不到关爱。这种事会让小孩子很受折磨”。

后来，她在一次更详尽的叙述中纵情宣泄，她的否认也算得上是某一种告白，透露出了一些她曾感受过的痛苦：“人们说我是个奥弗涅人。我身体里没有任何奥弗涅人的东西——没有，没有。我母亲算是一个。但在世界的那个角落里，我完全不快乐。我饱尝悲伤和恐惧，我想自杀都不知道多少次了。‘那可怜的让娜。’——我已经无法忍受听到别人这样谈论我的母亲。跟所有的小孩一样，我会隔着房门偷听。我了解到我的父亲把我母亲给毁了——‘可怜的让娜’。尽管这样，她也嫁给了一个她爱的男人。还有就是不得不忍受人们叫我孤儿！他们可怜我。我没有什么要可怜的——我有一个父亲。这些都是很屈辱的，我意识到没有人爱我，还有我是因为同情而被收养的。还有客人来——很多的访客。我听见有人问我的阿姨们：‘那小不点儿的父亲还有送钱来吗？’”

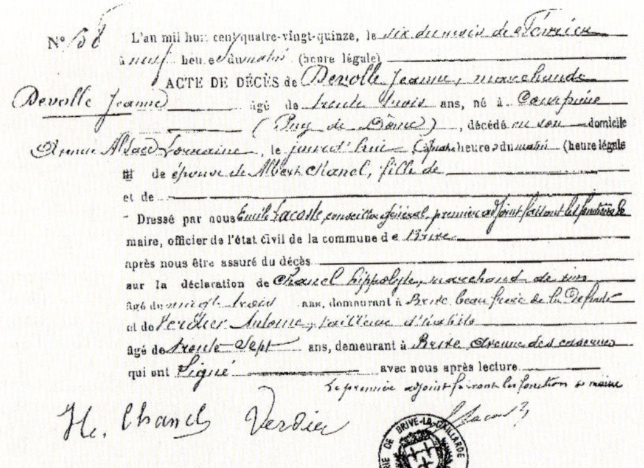
N° 58 L'an mil huit cent quatre-vingt-quinze, le
à neuf heure du matin (heure légale)
ACTE DE DÉCÈS de Devolle Jeanne, marchande
Devolle Jeanne âgé de trente trois ans, né à
(Puy de Dôme), décédé en son domicile
, le (heure légale)
de épouse de Albert Chanel, fille de
et de
Dressé par nous Emile Lacoste,
maire, officier de l'état civil de la commune de Brive
après nous être assuré du décès
sur la déclaration de Chanel Hippolyte, marchand de vins
âgé de ans, demeurant à Brive
et de Verdier Antoine, tailleur d'habits
âgé de trente sept ans, demeurant à Brive
qui ont signé avec nous après lecture
H. Chanel Verdier
MAIRIE DE BRIVE-LA-GAILLARDE 20312

自左图至右图：香奈儿母亲的死亡证明，奥巴辛山上的耶稣受难十字架，法国加尔默罗修会的修女在祈祷中，奥巴辛的修道院建筑。

但其实当时并没有人来探望，也没有人送钱来，更没有严厉的阿姨。嘉柏丽尔是在孤儿院里度过了7年，直到她18岁。她父亲从没有回来看过她和她的兄弟姐妹们，尽管她向马塞尔·黑德里希杜撰出一个版本说他曾经来探望过她；但就算在幻想中，他也没有拯救过她。“我父亲来看望的时候，我的阿姨们为了他而打扮起来。他非常有魅力，并且会讲很多故事。‘别听我阿姨的，’我跟他说，‘我很不开心——带我走吧……’”

嘉柏丽尔也像她的父亲一样，讲很多的故事，并且自欺欺人地把她自己跟父亲而不是她那个病恹恹的母亲想到一起去。仿佛她觉得她的父亲抛妻弃子是对的，并且设法将他的逃避责任描绘成一个年轻有魄力的举动。在她这个版本的往事中，嘉柏丽尔把他捏造成了一个年轻得多的男人——“还不到30岁。”——以及一个只有两个女儿的父亲，而不是一个行将40岁并且抛下了五个孩子和亡妻的男人。“他创造了新生活，”她对黑德里希说，“我理解这件事。他建立了新的家庭，他的两个女儿得到了好的照顾，她们被抚养长大，他生了更多的孩子。他是对的。换了我也会这么做。哪个不到30岁的人碰到那种状况都会不知所措。想象一下，一个鳏夫带着两个女儿！他真的爱我。我代表着美好的日子，开心，幸福，快乐……”

而事实上，在孤儿院里，既没有多少快乐，也没有多少爱。嘉柏丽尔·香奈儿的母亲在1895年2月死去，此后不久她就被送去了奥巴辛居住；恍若隔世之后的某一年，在同一个时节——就在寒冬仍然抓着这个山区不放的时候，我亲身来到这儿，待在这个修道院里。这里在过去的一个世纪中并没有什么改变，只是孤儿们都不在了。但你仍然能在毗邻大教堂的原始修道院建筑里看见他们的卧室，那些简陋的铁床靠在粉刷过的墙边，墙上挂着耶稣受难像。每一个房间的门上都有一个圣徒的名字，打开木质的百叶窗会看到围绕在奥巴辛周围的树林。在树林之外离这儿很远的地方，是那条从布里夫连通过来的铁路，但你从这里看不到它的轨迹，只看到栗子树林和苍白冰冷的薄雾笼罩在这些山上。

访客很少在冬天到来，而数量越来越少的修女们大部分的生活都在清寂无声中度过：无声地默祷，无声地用餐，无声地冥想着上帝。如果说有一个地方能够让人感觉离上帝更近的话，应该就是这里，在高山上，靠近天空的地方；不过有时候，包围着修道院的墙似乎成了当中的阻隔。教堂里一片阴暗，石块地板和那些不加修饰的墙壁一样冰冷，一股寒意从地面冒上来，仿佛圣埃蒂安从这里走过时它就已经结成了冰。几束光透过暗淡的灰色和珍珠白窗户刺穿了黑暗；在这座西都会教堂的窗户上没有画上具体的形象，但那些教堂窗玻璃线条组成了各种几何形状，那些相互交织的弧线和圆环，看起来与后来香奈儿标志性的双C图案竟惊人地相似。

嘉柏丽尔是否曾经透过这些窗户向外凝望？她是否曾经在她本该低头看着地面祈祷的时候却抬头盯着窗户看？在生命最后的日子里，香奈儿提起过她跟其他小孩一起坐在教堂的长凳上的事情。一个修女拿杆子捅了她一下，因为她唱《万福玛丽亚》唱得太响；这个时候，另一张凳子上有一个驼背的人单独坐在那儿。“我真希望能坐到他旁边抚摸他的驼背，”她对克劳德·德雷说，“并且告诉他不要紧，他还是能够得到爱。”

当我从这些长凳中间走过时，教堂空荡荡的，寂静中只有我的脚步声。祭坛的右边是圣埃蒂安的石墓，一个保存着他神圣遗骸的圣坛；在左边，是一尊圣母与缺了头的圣婴的雕像。顺着墙边有一排木质的支架，修道士在守夜时可以靠在上面休息，支架的末端雕刻了奇特的类似狮子的动物（从它们的脸，你仿佛可以看到香奈儿的客厅壁炉上方那只守望着整座宅子的狮子）。在教堂的远端，一个昏暗得让人的眼睛要花点时间才能适应并看清楚细节的地方，是一道通往一扇古老木门的石阶，历经了几个世纪后，木门已经变得沉重而且发黑。就是在这条石阶上，香奈儿每天上上下下，在祈祷前到来，又在祈祷后离去；在孤儿院与教堂之间，在晨祷钟与晚祷钟之间，在晦涩的清晨与深沉的黑夜之间，走过这36级台阶，周而复始，岁岁年年。

爬上那道楼梯，推开那道黑色的门，是修道院二楼一条长长的走廊：一边是一扇扇的门，里面是修女们清修的卧室和办公室；另一边则是高高的长窗，窗框刷成了米色，窗外可以看到由围墙围起来的中心庭院和正中央的喷泉，那是圣埃蒂安的信徒们用一块巨大的石头雕刻出来的。走廊铺着排列得错综复杂的马赛克，数以千计的卵石组合出的图案，有无数星辰和一个月亮，有一顶主教冠和一枚马耳他十字，有每朵8片花瓣的花；还有一个更神秘的图案（由圆圈和三角形组成的圆环和正方形），是现在驻守在修道院里的人不能破译的。但是给我当向导的这个修女就相信它是上帝旨意的神圣象征，一个将人引领给造物主的作品。“我们所知道的只是它跟这里其他所有东西一样，是由那些修道士制作的，”她说，“并且它有着特殊的含义。”

“是什么？”我问她。

“是数字的语言，三位一体的奥秘，”她说，“上帝的真意，我们不一定能明白，但我们却知道那是真理。”她没能告诉我更多关于这些马赛克的逻辑和魔力，而现在已经又到了祈祷的时间，于是我跟着她从另一条已被无数虔诚的脚步磨得坑洼不平的石阶走下去，走到一层的祈祷室，修女们在这里聚在一起进行六点钟的祈祷式。她们看起来正沉浸在祷告当中——夜幕降临，她们的眼睛紧闭着；尽管周围像冰一样冷，她们仍然在寂静中跪在那里一动不动，而我则尝试着集中精神想想三位一体的奥秘。可是我的思绪和眼睛都在游移，数着窗户的数目，搜索石块上的几何形状，发现每一扇窗户上的圆拱各有12块石头。（它们是代表十二门徒，还是以色列的十二部族？还是我正在这些随意排列的石块中间寻找着并不存在的图样和含义？）

前页图：奥巴辛修道院一条走廊的马赛克地板上的星星图案之一。
上图：走廊上交织的图案出现在香奈儿的很多设计中。这里，香奈儿礼服上的绣线和珠饰，还有总是出现在她的钻石珠宝中的星形图案，都体现出那些马赛克图案的影响。上图右下角是杰罗姆·史罗莫夫的摄影作品。

这里就是嘉柏丽尔祈祷过的地方，也是她做针线活和睡觉的地方；这里是一个被高墙禁锢起来的世界，时光被分割成一个个的祈祷式。处在这些牢不可破的围困约束当中，而她的父亲不知在哪个遥不可及的地方，她是什么样的感受？在星期天，这些孤女们会走到可俯视奥巴辛山上的一座十字架圣像的地方。她们从那道将她们和村庄分隔开的大门里走出来，那道门在其余时间里都被锁着并闩上；然后顺着教堂后面的小路，沿着那条曾经给圣埃蒂安的信徒们提供水源的小河，徒步走上去。穿过栗子树林和松树林的小路很是陡峭；而这里也依然是清寂无声，脚步都淹没在落叶和湿泥当中，只有偶尔的鸟叫声打破寂静。在林中一片空旷地上，你可以从山间俯瞰修道院，它从这个角度看起来会显得小一些，但还是很宏伟，在整个视野中所占据的位置跟那丛林密布的山腰一样大。

这是嘉柏丽尔走过的地方，几十年后，当她在康朋街那个奢华的客厅里回顾奥巴辛的往事时，这片风景的轮廓在她的想象里依然清晰。她跟她的朋友克劳德·德雷讲述她从阿姨家里逃出来跑进那片林子里的事：她在清晨很早的时候逃到那里去，有时候走路，有时候骑马，盼着吉卜赛人把她拐走。在她的故事里，那些马性子很烈，没有钉铁蹄，并且会在那些每年一次来看望她阿姨的骑兵军官到来时用后腿直立起来。阿姨们做梦都没想到她会骑马，也不知道她跟一个红发的农家男孩在一起。她编织出了一个浪漫的故事，跟德雷说她其中一个表哥曾送给她一块玫瑰香味的香皂做礼物。那香味让他们俩既陶醉又兴奋：“我表哥热烈地吻我，我让他吻了。那种荒郊野外的激情……我之后三个月都没再见到他。”

嘉柏丽尔真是在奥巴辛成了妇人吗？就像她的姐妹们一样，直到18岁之前她都生活在这里。其中姐姐朱莉娅不明不白地怀孕了，并且找了一个名义上的父亲给了这个男婴一个姓氏——在他的出生证明上注册的名字是安德烈·帕拉斯。不过在1910年朱莉娅死去之后，这个孩子成了孤儿。香奈儿很少提及她的姐姐；在她偶尔提起的时候，她的说法又时常自相矛盾。“她只爱修道院，”她这样告诉德雷，但又声称朱莉娅很爱自己的丈夫，当发现他有一个情妇的时候就割腕自杀了。

不管安德烈的出生和他母亲的死去是怎么一回事，香奈儿如同己出地抚养了6岁的外甥——她的爱人卡柏男孩做了这个男孩的教父——可是她没有把这个男孩带到巴黎与自己一起生活，而是把他送进了一家英国的寄宿学校。人们一直揣测安德烈的身世，从未停止，如今依然如此。与修道院相隔一条街的房子里住着一位老妇人，她和她的母亲、祖母都在这里出生，如果你去跟她聊天，你或许会听到另一种说法：那个小孩是嘉柏丽尔的，不是朱莉娅的。“我是这么听说的，”老太太说，“但谁知道这是不是真的呢？”她肯定的是，香奈儿女士确实经常回奥巴辛，即使在她功成名就后。“她坐着黑色大轿车来到这儿，我们曾经见过她，但她总是很低调，很私密。香奈儿女士会特别拜访某一个仍然住在修道院里的修女，而我就好奇，是不是只要她伤心的时候就会来找这个修女？她曾给这些修女们送过钱，她会留下来跟她们聊一会儿，但她从来不在这里过夜。不，她再也不会在修道院的高墙内留宿了……”

香奈儿女士从未向朋友们提过奥巴辛，甚至对与她很亲密的甥孙女——安德烈·帕拉斯的女儿嘉柏丽尔·拉布吕尼都绝口不提。“我连做梦都没想过要去询问她的过往，”当我向拉布吕尼女士问及有关奥巴辛的事时，她这么说道，“就算我问了，她也会告诉我那不关我的事。她总是说她对将来的事更感兴趣，而不是那些已经过去的事情。”

左图：双横杠镀金青铜十字架，香奈儿收藏于寓所内。
右图：教堂二楼走廊的马赛克地面，布满了圆弧线条、十字架、星星和月亮等图案。

奥巴辛的西都会修道院的彩绘玻璃窗上没有描绘人物形象，却构成了几何图形。那些相互扣在一起的圆环图案，看起来与香奈儿标志性的那两个C如此惊人地相像。
右页摄影作品为弗雷德里克·阿斯提尔所摄。

不过香奈儿还是透露了一些往事。对克劳德·德雷，她曾说起过她的阿姨们教她缝纫、锁边，一针一线地缝制她的嫁妆；还说到过她怎样穿着白色的连衣裙洗浴，因为看见自己的身体是一种罪过。她说她在睡袍上刺十字绣，好让它看起来有俄罗斯风格。有时候她会在夜里揉鼻子揉到出血，血滴在她的白色睡衣上，而当她大声喊人来床边的时候，一个修女就会出现。一抹抹的红色也出现在了她讲述的其他故事中：她在初次领圣餐前偷吃过两颗樱桃，之后又惊惶不安地要去求神父赦免她的罪恶；还有她进入发育期时睡衣上的血迹，当时她不知道自己出了什么事，但相信她是把自己给弄伤了；还有阿姨们打得她皮肤发红。“我记得她们曾经拉下我的短裤抽我的屁股。那首先是一种羞辱，又让你非常不舒服，你的屁股是血红血红的。”

她生动细致地谈论她童年记忆中的衣服和亚麻织物，这些详尽的故事或许包含着一个真实的内核，哪怕它们可能是来自她在青春期阅读的连载爱情小说（“我在阿姨的阁楼上找到了它们”）。她的阿姨有个橱柜，里面的搁板上满是刚洗好的散发着美人樱和紫檀香味的白色亚麻布。当去望弥撒时，阿姨们会戴着玉十字架，脸上覆着面纱，白色高领与黑色的衣袍形成对比。嘉柏丽尔说当她看到孤儿院一群穿着黑衣的孤儿走过时，她就躲到一边去为她们哭泣；她为她们穿着黑色围裙而感到难过。

但嘉柏丽尔坚持说她不是个孤儿，也不像那些孤儿那样需要同情。为了她的初领圣餐，她的父亲从美国寄来一条白裙子。她告诉德雷，上面全是褶边和蕾丝，此外还有层层叠叠的薄纱衬里和长长的面纱，两串念珠，一串珍珠，还有一双丝袜。嘉柏丽尔小时候很喜欢这套衣服，但在晚年时却断言那肯定是由她父亲的女伴——一个品味低俗的妓女给挑选的。而她跟保罗·莫杭所说的又是不同的版本：“在我父亲去美国之后不久，他给我买了一套首次领圣餐穿的礼服，还有一顶玫瑰花冠。为了要惩罚我的得意，我阿姨对我说：‘你不要戴玫瑰花冠了，你戴帽子去好了。’这是怎样的一种折磨！痛苦更胜其他所有事，诸如向神父承认我偷了两颗樱桃这样丢脸的事情！不许戴花冠！”

然而这个故事的另一个版本（是对马塞尔·黑德里希说的），既没提到美国寄来的白裙子，也没有她的父亲。相反，这次是阿姨们想要她像一个农家女孩一样，在初领圣餐时戴一顶便帽，但嘉柏丽尔坚持想要不一样的东西，而最后她如愿以偿，戴上了一顶饰有人造玫瑰花的白色纸荆冠。

可是这样的胜利为数不多。就像她向黑德里希所描述的，她更多的时候是被阿姨们打压。她讲的那些细枝末节，可能会让你觉得是在听一个早年做裁缝和制帽商的女人说话。跟修道院里那些穿统一黑色院童服的孤女们不同，她声称她有过一套小小的黑色羊驼毛定制套装，她的阿姨们每年春天都会给她一套新的。“我本想要一件粉红色的衣服，或者是天蓝色的，”她满怀向往地说，“我成天都像穿着丧服，那些农家女孩穿蓝色和粉色的时候，我很羡慕她们。”在夏天，阿姨们给她“一顶难看的草帽”，那些细节依然挥之不去。“帽檐上有一小片丝绒和一朵玫瑰。”在冬天，她被规定戴一顶钟形帽。“非常硬，上面有根什么羽毛。我被告知说那是一根鹰的羽毛，但我知道那是火鸡的，用糨糊糊得硬邦邦。后面还有一根细的橡皮筋可以绕到头发下面，风大时用来固定帽子。我觉得这东西太难看了。”

终于，在15岁时，嘉柏丽尔获准可以不听阿姨们说三道四，自己定做一条连衣裙了。而她选择了一款“紧身的紫色呢绒裙”，但她的身体还像一个小孩，“紧身也没什么线条。裁缝在底部加了一点塔夫绸的荷叶边装饰。内里是紫罗兰色！”“一本小说”启发了她做荷叶边裙子的想法——而在嘉柏丽尔叙说的那个缺少关爱、终日迷失在虚构小说中的少女的故事里，或许这已是她所能承认的最接近真相的一件事情。“我觉得帕尔马紫罗兰很令人陶醉，我的女主人公帽子上就有。裁缝手头没有那个了，于是她在我的帽子上弄了一小枝紫藤。”但当那个等候已久的早晨来临，嘉柏丽尔终于可以第一次穿这件衣服，在星期日去做弥撒时，她的阿姨却叫她把它脱了，然后她们把它和那顶有紫藤装饰的帽子一起送回到裁缝那里去。

从爱情小说的书页里获得灵感的嘉柏丽尔，到底有没有看见过自己穿那件紫罗兰色衣服时的样子？她阿姨的房子里没有镜子，她没有地方可以照照自己的模样；哪里都不能看见她自己。如果自那以后，她就一直编故事的话，你也应该能理解为什么，因为嘉柏丽尔要从这些零碎的线索中，塑造出自己的形象来。

香奈儿早年的一张照片，摄于1909年。

可可

嘉柏丽尔18岁时离开了奥巴辛修道院，因为过了这个年龄，修道院只会收留那些有意愿继续做修女的女孩儿。虽然她那时已经无家可归，父亲也杳无音信，但她也并非孤身一人。她的父亲有18个兄弟姐妹，她的祖父母也还健在，她最小的姑姑阿德里安娜只不过比她大一岁。尽管父亲那边的亲戚们在早年、在她母亲去世后以及她被送进孤儿院时似乎从来没有过问过她，但好在此时，他们中的某些人出现了，其中就包括了她的两位姑姑，这两个人后来着实让那些为香奈儿写传记的人疑惑不已（香奈儿后来每每提及她这段童年生活的时候都异常混乱）。无论如何，我们知道在奥巴辛孤儿院的最后一段时期，嘉柏丽尔开始不时地去祖父母家度假，并与她视为姐姐的阿德里安娜小姑姑变得很亲密。她有时也在露易丝姑姑家住。露易丝姑姑嫁给了一个叫保罗·科斯捷的铁路职工。露易丝和保罗没有子女，阿德里安娜和嘉柏丽尔常去他们在维希和穆朗城之间的小城——阿列河畔瓦雷讷的家里玩，保罗是那儿的火车站站长。嘉柏丽尔18岁时被送进穆朗城的教会学校，这是由享有教俸的修女们开办的，阿德里安娜在这之前已经是这所学校的学生了。

我们不确定嘉柏丽尔的姐姐朱莉娅和妹妹安托瓦妮特是否也随她去了穆朗城。如果根据香奈儿后来对克劳德·德雷所说的，朱莉娅应该是在16岁时就离开了那所孤儿院并结了婚。但是香奈儿也对德雷提到过，她和姐姐曾一起在科雷兹的一家修道院度假。照她的话说，食物“难以下咽”，修女们只是一些打三羽球的没有头脑的村姑，与她那个令人生畏的阿姨的家区别很大。在这座古怪的修道院里，嘉柏丽尔唱歌、弹奏管风琴，颇得修女们的仰慕，她们惊叹嘉柏丽尔的才华，就像她们曾为朱莉娅的钢琴演奏天赋所倾倒。“当我姐姐奏完一段曲子，她们就冲上去看姐姐的手指，并查看她的指尖上能有什么东西。小村姑！”

相反，在教会学校，嘉柏丽尔没给任何人留下深刻印象。她属于慈善救济学生，人家对待这些孩子与对待家里交钱上学的孩子自然有所区别。在这儿，嘉柏丽尔倒成了一个被人家蔑视的小村姑——不给上钢琴课，穿穷人的无特色的制服和旧鞋，而不像那些有钱人家的孩子，可以穿昂贵的制服。她在这儿完善了曾是奥巴辛基础教育部分的缝纫训练。既然她不会成为修女，她就必须和其他孤儿一样自食其力，而女缝纫工总是不缺工作。在和露易丝姑姑一起度假时，小嘉柏丽尔继续做缝纫。姑姑会一起教她怎样装饰和美化帽子。阿德里安娜也来陪伴她。除了织织补补，两位姑娘还用白布的边角料缝制领子和袖口，用以修饰修道院朴素的黑制服。晚上，她们俩一起读露易丝姑姑小心地从报纸上剪下来的连载言情小说。露易丝把这些剪报手工装订成册藏在阁楼里。后来当她与德雷回忆起这些让还是少女的她心醉的小说时说道：“你不知道这间破旧的阁楼给我们带来了多少的想象。”那时她最喜欢看皮埃尔·德库尔塞勒的言情小说，这个多产的作家同时还在为《晨报》和《日报》写文章。香奈儿向克劳德·德雷描述了这位作家，说他是“一个多愁善感的傻瓜”，但她也提到他是她的“导师”之一。同时，她对马塞尔·黑德里希承认，她的“姑姑们”让她学会了什么是真正的井井有条：“所有东西都各就各位，柜子里物品都被码放得整整齐齐并散发着好闻的香味，地板擦得锃亮。”

就这样，在修女们教给她整洁的同时，皮埃尔·德库尔塞勒让她发现了禁忌的滋味。她对马塞尔·黑德里希承认，她喜欢沉迷在那些故事里，沉迷在一种不现实、浪漫主义的“通俗文艺”小说里。她渴望过小说里的那种生活，而非阿姨家这种无聊的日子。

“我觉得一切都很糟糕，因为在我的小说里只有丝质的枕头和漆成纯白色的家具。我希望一切都被漆成白色。我讨厌睡在嵌在壁橱里的床上，这让我觉得很丢人。我会去刻意搞破坏，比如弄掉一小块木头，心里暗想这是什么破家具。真想不到一个孩子的头脑里会有这些东西。……我甚至想自杀。”

香奈儿不止一次地提到过她幼年时有过结束生命的念头，犹如她对于逃跑的渴望，她憧憬的浪漫故事只能在自杀中实现。她对保罗·莫杭透露：“那时我经常想到死亡；想到由此可以引发巨大的混乱，可以让阿姨们惊惶失措，让她们的恶毒暴露在众人面前。我幻想烧掉谷仓。”

她认为如果能通过她的这些恶行把其他人的恶行暴露出来，那么可能死亡是能让她获得公正对待的方法。随着年龄的增长，她逐渐意识到她不是真的想自杀，这只不过是某种宣泄（对别人来说根本是无稽之谈），她确实需要扼杀部分的自我以求得解脱。她感受不到爱，无论是“阿姨们”的爱，还是把她丢给修女们照顾的那个家庭的爱，或是缺席的父亲的爱。可是她所阅读的那些故事却教给她爱具有征服一切的伟大力量，她渴望男女间的激情。由此产生的冲突流露在她的叙述中，她在这些叙述中提到被爱，或更多提到的是被剥夺的爱。她极少谈到家庭的细节，有的只是所谓的“阿姨们”。但这些偶尔提及的“阿姨们”其实只是被她美化了的孤儿院修女，而连穆朗城的教会学校也很可能是虚构的。鉴于此，她偶尔流露出的只言片语就更加意味深长了。她向克劳德·德雷提到过她的姑父，那个做站长的保罗·科斯捷给过她一张头等车厢的火车票。（“因为我拒绝乘坐二等车厢——让人讨厌！”）在另外一个版本的叙述中，香奈儿详述了与阿德里安娜一起逃离瓦雷讷她姑姑家的未遂行动。她们的钱只够买二等车厢的车票，可是嘉柏丽尔执意上头等车厢，这让她们付出一笔罚金。两个离家出走的姑娘穷得不能在巴黎生活，不得不很快回到瓦雷讷。

嘉柏丽尔无论在哪儿——在奥巴辛，在教会学校或在她姑姑的家——都没有在家的感觉。她对德雷说，她去保罗和露易丝的家时，姑父很亲切，可是姑姑却冰冷而疏远。晚上，保罗到她的房间道晚安时说：“你会多住些日子，对吧？”可是嘉柏丽尔感觉姑姑不喜欢她，次日就离开了。据克劳德·德雷说，50多年后，香奈儿仍感觉得到“被遗弃的冰冷”。

就连上帝也抛弃了她，至少她对德雷是这么说的，在父亲从美国寄给她那条无从考证的裙子以后，在奥巴辛她的初领圣餐仪式时，嘉柏丽尔失去了宗教信仰。根据她的讲述，我们不能确定她是否真的穿了那条不怎么适宜在教堂穿着的裙子。她常回忆起她对一名赤脚的圣方济会修士的蛊惑。他宣讲初领圣餐前的三日避静，这是个穿棕色粗毛呢长袍，腰系绳子的男人（对这个人的描写让人联想到圣埃蒂安）。“当我在那儿的时候，这位教士以及他赤裸的双脚还有他的布道——都让我觉得这就是我曾期待的生活。在教堂里，这就像是神迹。5点，天黑了。蜡烛已经点起来。我听见周围在半昏暗中昏昏欲睡的男孩、女孩的呼吸。在告解时，我承认这个场景唤起了我心中世俗的情感。”

告解神父让她当着女伴们的面默祷基督受难历程作为补赎。嘉柏丽尔拒绝了，推说她将在床上默祷。她对德雷说：“天主教对我来说灭亡了。我明白我有属于我自己的生活，而这种生活不依靠告解。”面对德雷这位当时还是少妇，后来成为心理分析师的人，她没有再多说什么。

她对保罗·莫杭谈到马。她的阿姨曾养马卖给军队。“我成天骑着没有鞍子的光背马在农场里疯跑（到16岁我都还没见过马鞍子）”，那时如“野孩子”般的嘉柏丽尔描述道，“我总是盯着我家（偶尔也有其他人的）最好的马骑，抓着马的鬃毛或者尾巴。我把家里所有的胡萝卜偷去喂马。”（这并非关于她儿时偷食物的唯一的逸事，香奈儿还描述了她如何瞒着阿姨切下大片大片的面包以便到“书斋”里享用。不巧这事被厨子逮到并吓唬她说：“你会把自己切成两半的。”）

接下来她谈到去她“阿姨”家买马的军人了。“他们是漂亮的轻骑兵或者佩戴黑胸饰和天蓝色肋状盘花纽，肩披短披风的追击兵。他们每年乘坐装备精美的四轮马车来；他们掰开马嘴看马龄，敲击马的关节查看有没有炎症并拍拍马的侧腹部。这是重大的节日，混杂着我的颇多不安的节日：他们会不会夺走我最喜欢的那些马呢？”有人质疑香奈儿对莫杭讲述她16岁这段故事的意图，这些是真实发生在她身上的故事，抑或她只是在拿莫杭消遣？

但不管她意图何在，有意或无意，总之她随后沉下脸来，语调也变得有些凶狠。军官们是不可能选走她喜欢的那些马的；嘉柏丽尔说她对此有完全的把握，因为在这之前她已经做了准备，她让没有钉马掌的马在硬地上跑以伤害马蹄。可是有一名军官识破了她的伎俩。在谈论那些最好的马时他说：“这些马的蹄子快

与艾提安·巴勒松住在霍亚里越宅邸时的香奈儿。

成牛蹄子了，蹄子底磨掉了，蹄叉都烂了！”“我不敢再看他的眼睛，他已经看穿了我；当阿姨背过身时，他悄悄对我说：‘小淘气，不钉马掌跑过吧。’”

在奥巴辛孤儿院修女照管的时期，香奈儿连军官的影子都不大可能见到；但是，当她离开教会学校来到穆朗城之后可是遇到过不少军官。穆朗城受控于军队，有不少军团驻扎在那里，包括第十轻骑兵团。骑兵团的人穿着鲜红的马裤，戴漂亮的大檐帽。教会学校的校长为嘉柏丽尔和阿德里安娜找了份工作，在大钟街一家针织品商店当店员兼缝纫工。当地的贵族们会到这里来购置嫁衣和丧服，

《谁见过可可》的乐谱封面，香奈儿由此得到了“可可”这个昵称。

还有新生婴儿的全套衣服。两个年轻女孩合住在商店的顶楼，周末还为附近的一位裁缝工作，裁缝让她们给骑兵军官缝补裤子。在那儿她们引起超过半打军官的注意，军官们开始邀请她俩去参加晚上在穆朗城的一个小公园搭建的帐篷里专为驻军举办的音乐会。这里兼具音乐沙龙与士兵俱乐部的功能，嘉柏丽尔决心要登台表演，并最终得到一个小节目，先和她的姑姑阿德里安娜一起，然后独自登台。她的全部节目只有两首歌：《喔喔喔》和《谁见过可可》—— 一曲描写丢了狗的少妇的活泼小调。观众们随即用模仿公鸡打鸣的方式来欢迎她，并用那条丢失的小狗的名字称呼她。就这样，嘉柏丽尔变成了可可。说她从此获得自由新生，不如说她放任自流，但是，无论如何它标志着一个传奇的诞生。

香奈儿从来没有对朋友提及这段经历，哪怕用谨慎的措辞。她对保罗・莫杭也矢口否认这段让她觉得很傻的传奇，以及关于她这个名字的其他杜撰：“（人们说）我是从随便什么地方——音乐小酒馆、歌剧院或者妓院出来的，我对此感到遗憾，可这个说法就更滑稽了。”她是这么说的，并且她同时还提到一个军官的名字——艾提安・巴勒松，这人后来成为她的情人，她还说是他的那些马导致了她的离开。她向保罗・莫杭称“她的生活好像都被马主宰着”。她还讲了她的阿姨送她去奥弗涅的温泉小镇维希，并与在那里负责看管温泉的祖父共度夏天的故事。“我很高兴逃脱……黑暗的家、针线活、我的嫁妆；为了一个靠不住的新婚之夜，在我未来的家的毛巾上绣上姓名的缩写，在睡衣上用俄罗斯针法绣上十字架，这些都让我感到恶心，我把狂怒发泄到嫁妆上。”在这个版本里，她让自己小了5岁，没有为穆朗城的富人们缝制嫁妆，而是勉强地为自己缝制。她也强调了摆脱阿姨，摆脱她们的监护的欲望。“我16岁时已经变得非常漂亮了。一头浓密乌黑的及地长发后掩藏着拳头大的小脸。”而维希，以其赌场和咖啡馆、“美好时代”歌剧院、为拿破仑三世建造的林荫大道和花园，成为香奈儿冒险的舞台：“维希是一方乐土，是一个可怕的乐园，对看什么都新鲜的人来说它是美妙的……维希是我第一次旅程。维希将教会我生活。”

她说，在维希的一个茶会上，她“认识了一位年轻的巴勒松先生，他拥有一群赛马”。他们相约次日去距阿列河不远的放牧马匹的草场。在哗哗的河水声中，巴勒松请她随他一起去贡比涅的宅邸。她同意了并和他一起跑了。“我祖父以为我回去了，而我的阿姨以为我在祖父家。”

香奈儿给贝蒂娜·巴拉德讲过一个很类似的故事。（香奈儿在20世纪30年代与当时还是 *Vogue* 杂志小编辑的巴拉德建立了友谊。）可是在巴拉德的版本里，她的岁数更小，据巴拉德说：“她逃离阿姨家的时候还不到16岁。她去维希的祖父家，可是不得不回阿姨家的前景让她深感忧虑，以至她在公园里拦下一名年轻漂亮的军官并请他带她走——他也照办了。他把她带到他父亲的豪华大宅：他就是艾提安·巴勒松。”

关于在茶会上与艾提安·巴勒松的结识，香奈儿向克劳德·德雷讲过一个更华丽的版本：这一次是她的姑姑阿德里安娜带她去的，阿德里安娜当时与内克松男爵交往频繁（这段交往是真实的，尽管男爵的父母强烈反对儿子与一个缝纫女工交往，他们最终还是在几年后结了婚，这段经历可与嘉柏丽尔和阿德里安娜小时候阅读的那些连载小说相媲美）。在这个版本里，香奈儿对巴勒松说，自打母亲去世，父亲去美国之后她就厄运缠身，并向他宣布她就要去自杀：“整个童年我都希望被爱。每天我都在想怎么自杀。要不，从高架铁路跳下去吧……”她的这段描述激起了巴勒松想要保护她的欲望，以至给她提供了另一条出路：邀请她去参观他的赛马和原为修道院的霍亚里越的宅邸。

就这样，可可上路了，跟着他去了那里。她把嘉柏丽尔和过去的一切抛到身后，把自己隔绝在一个幽暗的地方，没有人找得到她，她那些往事残存的碎片，也都无法再影响她了。

亚里越宅邸以及门房。

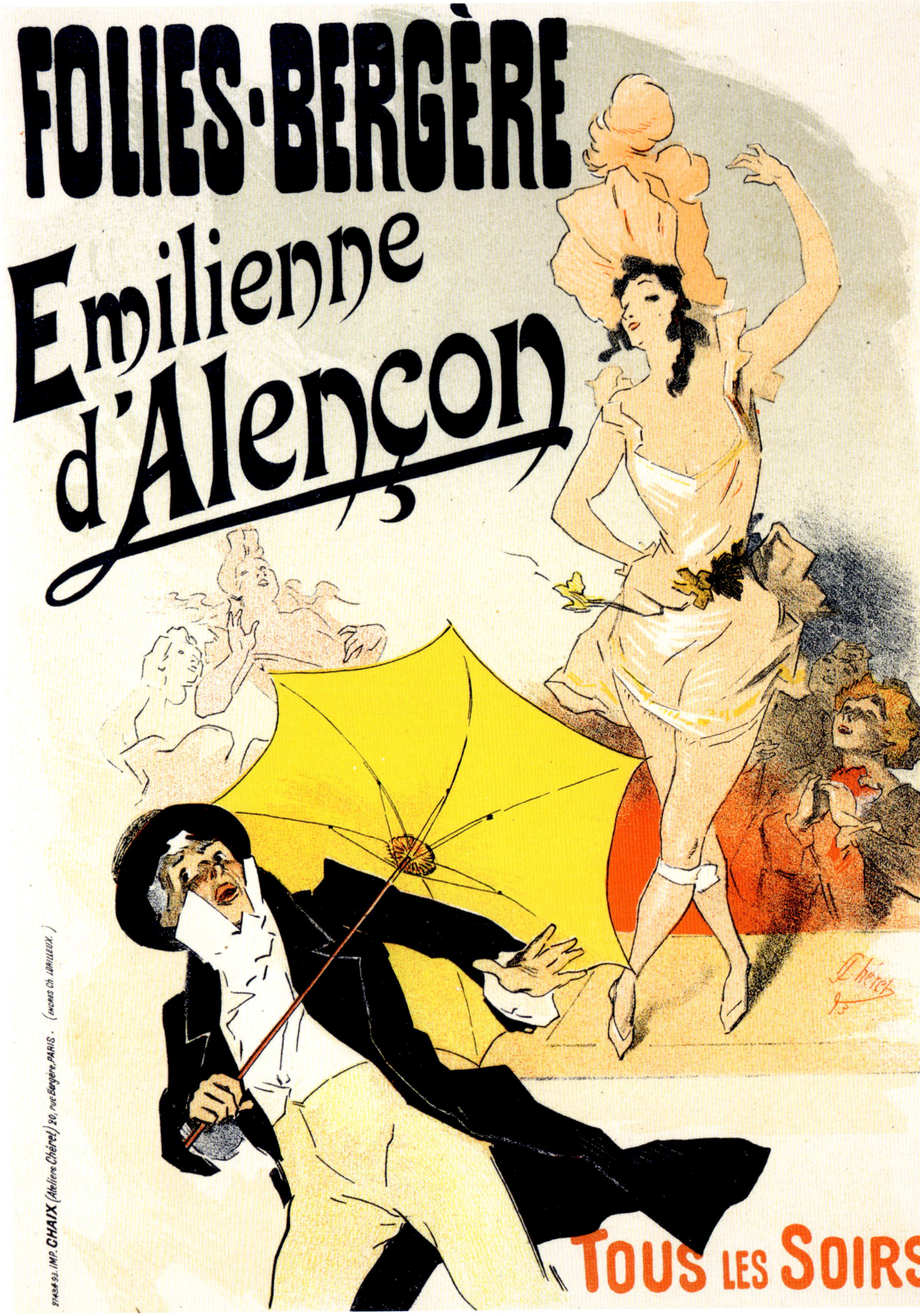
FOLIES-BERGÈRE
Emilienne
d'Alençon
TOUS LES SOIRS
Chéret
9743A.93. IMP. CHAIX (Ateliers Chéret) 20, rue Bergère, PARIS. (ENCRES Ch. LORILLEUX.)

交际花与山茶花

我还没到可以去创造故事的年龄，我只能去讲述故事。因此我敦请读者确信这个故事的真实性。

——《茶花女》，小仲马

可可·香奈儿的一生隐藏着不少秘密，可是没有哪些秘密比她和艾提安·巴勒松一起在霍亚里越的那段时光更让人感到好奇。后来，香奈儿的名气超过了巴勒松，人们盯着他问东问西，但艾提安·巴勒松始终没有透露过可可的秘密。她极富戏剧性的人生传奇，一半出于她自己的创造，一半是别人的添油加醋。巴勒松扮演的是个多金花花公子的角色。这个纨绔子弟，把孤苦伶仃的小缝纫女工带进美好年代的颓废世界，又在没什么感情基础的情况下，让她失去了童贞。这一描写或许包含部分实情，可是香奈儿并不像她自己说的那么天真，而她确实在情人身边获得了自信，并以此作为从穆朗到巴黎的跳板。他们终生保持着友谊，直至巴勒松1953年去世。尽管他不是一个忠贞的情人，但是他后来仍然是香奈儿忠诚的朋友。他终生未娶，也乐于单身，而且对他的感情世界始终保持低调。

巴勒松18岁丧父，几年后母亲也去世了，家族世代经营的纺织业，让他和两个哥哥共同继承了一笔巨大的遗产。建立在

页图：海报《游乐的女神——埃米莉安娜·达朗松》，朱尔斯·谢雷特绘于1893年。

法国中部毛纺城沙托鲁的巴勒松家族工厂已经坚实地屹立了一个世纪之久，它们为法国军队供应军装。在布尔战争期间，巴勒松家族也为英国军队制备军服。少年巴勒松被送进英国的一个寄宿学校，他带了一只狗，后来又添了两只猎犬。在英国，他除了骑马打猎之外，对其他事情都没有什么兴趣。他把大部分时间用于狩猎，而不是去学校上课。

父母去世后，他明确地告诉两个哥哥，雅克和罗伯特，他毫无兴趣和他们一起经营家族企业。（两个哥哥后来和前辈一样成功地经营着家族事业。雅克在第一次世界大战期间，还作为歼击机驾驶员立下卓越战功，他1921年娶了马尔伯勒公爵的前妻孔苏埃洛·范德比尔特。）艾提安去了阿尔及利亚，在非洲轻骑兵旅服役。他的侄子，弗朗索瓦·巴勒松，在私人印发的一部家族史中提供了一段逸事：一天，艾提安在执勤的时候睡着了，恰巧被阿尔及尔军区司令本人撞上，因而被判处关禁闭。在此期间，骑兵旅的马患了一种奇怪的皮肤病。巴勒松与上级交涉，表示愿意以找到一种药来换取解除对他的惩罚。巴勒松会使用一种特效

埃米莉安娜·达朗松，著名女演员和交际花，曾在霍亚里越生活过一段时间。

药（他在英国时得到了这个药方），让他颇感欣慰的是，他最终被从阿尔及尔送回了穆朗。

1904年末，在他24岁的时候（嘉柏丽尔21岁），他以骑兵军官的军阶退伍，并决定为赛马运动贡献一生。在距巴黎东北70公里的皮卡第省的贡比涅，他找到合意的地产。这个地区最早只是一片广袤的森林，从中世纪起历代国王都在这里狩猎。森林依然辽阔，这里也变成赛马训练师与纯种赛马聚集的地方，因此，成了巴勒松购置府邸的绝佳之地。1303年始建的霍亚里越庄园最初是一座修道院，后来被改造为王室打猎的行宫。17世纪，这里成为本笃会修道院。法国大革命将修女们全部驱离，可是在巴勒松搬来的时候，首任修道院院长嘉柏丽尔·德·洛贝琵娜的肖像还挂在楼梯间的墙上。这幅肖像犹在，默默见证了大宅里的朝代更替，在新朝代下，霍亚里越被用来供奉马匹、娱乐和美女。

嘉柏丽尔于1905年在形势尚不大明朗的情况下来到这里。我们知道她在穆朗遇到巴勒松之后，两人成了情人，可是巴勒松已经有一位著名交际花情妇，名叫埃米莉安娜·达朗松，也住在霍亚里越。她比可可大14岁，尽管已经过了花样年华，人们却也一直把她看作是当时的一大美女。可是当香奈儿跟马塞尔·黑德里希说起她的时候，香奈儿把她描述得像是相差了好几代人似的。“艾提安·巴勒松喜欢老女人，”她有些粗鲁地对他说，“他迷恋埃米莉安娜·达朗松。美丽啊，青春啊，他都不考虑。他迷恋那骚货，与那个女的在一起，更令家族蒙羞。”

可是事情不像她说的这么简单。埃米莉安娜习惯随意出入霍亚里越，有段时间，她甚至有个新情夫，一个叫亚历克·卡特的著名英国骑师。巴勒松呢，与别的姑娘寻欢作乐，其中一些也暂住霍亚里越。没人知道这种奇怪的事是怎么发生的，不知道他们如何能相安无事，也不知道嘉柏丽尔处在什么地位。多位作者，包括马塞尔·黑德里希，也采用了一些说法。根据这些传言，可可最初是与下人们一起在配餐室吃饭，特别是当巴勒松接待家人或上流社会的朋友时。香奈儿对这个说得不多，甚至也不对克劳德·德雷说，她只是把埃米莉安娜描述为“穿笨重的裙子，戴圆点蕾丝面纱”的一个老古董。可可则相反，像风一样自由，“既不打扮成贵妇，也不装扮成女仆”，倒像个假小子，并整天骑着马在周围森林里跑。她接着说：“我不认识人，我认识马。”就像为了驱除那个孤独的幽灵的侵袭，和排遣她在这个宅门里地位尴尬（既非女仆也非女主人，不上不下）的郁闷。她在为自己身份未明的窘境中寻找定位的时候，选择适合的衣着至关重要。不同于埃米莉安娜，可可穿的是附近一个裁缝为她缝制的上装和马裤，这正是她让自己与众不同的方法。即使她还不是举世无双的可可·香奈儿，可是在巴勒松的后宫里，她已经不是一个没有身份的风月场女人。

可是，尽管在霍亚里越充斥着为所欲为的自由（在这里，社会习俗似乎不再通行，交际花和贵族共饮香槟酒，男人可以自由地拥有好几个女人），这里仍是某种牢笼。在莫杭面前，香奈儿把自己描绘为一个悄悄离家出走且想家的未成年姑娘。她半真半假地对这位作家说：“我不停地哭。我对他讲了一大通童年受虐的凄惨故事，说了许多许多次。我哭了一年。唯有在森林里骑在马上的时光是美好的。我学习骑马，因为刚开始的时候，我对骑术还一无所知。我从没学过骑马，我甚至还不会侧骑。童话故事结束了。我只是一个不知所措的孩子。我不敢给任何人写信。巴勒松先生害怕警察。他的朋友们对他说：‘可可太小了，把她送回家去吧。’巴勒松先生倒是愿意看到我离开，可是我已经没有家了。”

香奈儿继续吐露心声，在提到巴勒松对当局的恐惧时，也把自己描述成一个无力自卫、掌握不了命运的小姑娘。“巴先生害怕警察；而我呢，我害怕仆人。我骗了巴先生。我对他隐瞒了年龄，告诉他我20多岁：事实上，我才16岁。”其实，她到达霍亚里越时已经21岁，而且她一直在那儿生活到将近30岁。

围绕这一段时期的最大秘密是可可是否怀孕了。她的好几个朋友都相信她怀上了巴勒松的孩子：一些人进一步说她做过一次人工流产，导致了她后来的不孕；有人说她生了一个孩子，然后把这个孩子说成是自己的外甥。巴勒松后来与香奈儿的外甥安德烈和安德烈的两个女儿嘉柏丽尔和埃莱娜住得很近，而且，谁也不能否认她与外甥一家至为亲近。然而我们不大能再进一步了，也不能确认这一流言是否成立。香奈儿对德雷说，她的姐姐朱莉娅16岁结婚，有一个男孩；还说丈夫的不忠导致了姐姐后来的自杀。假定这个说法是对她自己母亲的经历的某种影射，这些日期也与她其他叙述里的时间不符。朱莉娅1882年9月出生，因此在她儿子出生的1904年她应该22岁，比嘉柏丽尔大一岁，此时嘉柏丽尔已经和巴勒松过从甚密。无论如何，这幅16岁惊恐女孩的自画像，应该符合根植于香奈儿内心中的一种感觉。她在莫杭那里也把自己描述为16岁的姑娘，冒险观看贡比涅的赛马，当时她寄居在巴勒松的家里（巴勒松被说成是因为家里住着未成年女孩，为了不让警察发现，他就像一个战战兢兢的蓝胡子，必须把她藏起来）。“我戴了一顶压得很低的窄边草帽，穿着乡下姑娘的衣服，用望远镜全神贯注地观看比赛。我确信没有人注意我，这说明我对这里是多么无知。其实，那个穿着突兀，梳了三条粗辫子，系了一根发带的滑稽野丫头引起了所有人的好奇。”

也许这正是在可可觉得没有人——既没有警察，也没有家人，没有任何什么人——关心她的命运的时候，编出来自我安慰的故事：在人们冷漠表面的后面，难道她不是所有目光的焦点吗？如果我们相信香奈儿对克劳德·德雷说的话，那么埃米莉安娜·达朗松至少表现出对可可的某种关心：“埃米莉安娜·达朗松问我：‘那么，你幸福吗？’我回答她说：‘我既不幸福也不痛苦——我只是躲在这里。在这儿就像在家一样，比自家更好。’”

可是她非常痛苦地写信给姑姑阿德里安娜（她一直还是内克松男爵的情人，苦苦等待着某天成为他的妻子），请姑姑给她寄买火车票的钱。当对德雷提到这封“信”的时候，香奈儿没有细说是买到哪儿的火车票。无论如何，阿德里安娜给她回信说，她不应该离开霍亚里越。“尤其要把自己藏好，否则你会被送进教养所。”可是谁有可能把她关起来呢？除非是像她不断对德雷强调的，她还只是一个少女，幼稚到有时会在饭桌上睡着，或是号啕大哭，这个说法才有道理，因为在阿姨家至少她早就上床睡觉了。可是在这个版本里，蓝胡子变成了一位完美的绅士。巴勒松安慰她说：“我要把你送回你家。我会对他们说我把你完璧无瑕地送回家了，你仍是个小姑娘。”

“小姑娘”——她一直用这个字眼来描述自己，可是看杜鲁门·卡波特1959年对她的描述，我们也意识到她很会玩弄这种天真加老到的独特手法，这也应该是她在高级时装界功成名就的一大窍门吧。“香奈儿，像绿啄木鸟那样饶舌，是个活泼、娇嫩、可人的小不点。一天，香奈儿在一次没完没了的滔滔独白之中，说到这几十年来，她以孤女形象设计出贵得吓人的服装时，她说：‘用我的脑袋担保，我现在就是13岁。’然而，她的脑袋一直牢牢地粘在她的脖子上。当一位既富有又殷勤的绅士（在他之后又有很多富于善心的多金男士也慷慨资助了她）问小可可，那个学会了帮助爸爸钉马掌的巴斯克马蹄铁匠的女儿，‘喜欢黑珍珠项链还是白珍珠项链’的时候，她这颗脑袋就牢牢地钉在13岁的年纪上，有时甚至把自己说得稍微大一点。”

杜鲁门·卡波特在《蒂芙尼早餐》出版整整一年后，发表了这篇有关香奈儿的文章。《蒂芙尼早餐》以生花妙笔描绘了一位迷人女子就是靠男人供养过活的，而作家显然注意到了这种“现代神话”存在的可能。但是如果说因为香奈儿老是以烟雾迷离的故事惑人耳目，就否定她曾经承受过的痛苦也是不公平的。（她编造的故事，像所有的故事一样，是为了引出一个幸福的结局；而且让那些被唬得团团转的听众，对说故事的人产生同情和理解。）

可怜的小可可（《谁见过可可》），置身于贡比涅森林中的一家新的修道院里。此地没有修女的清规戒律，占据首席的是一位交际花，著名的埃米莉安娜·达朗松。她曾是比利时国王利奥波德二世的情妇，一个备受青睐的“尤物”。利奥波德二世甚至还把她介绍给了英王爱德华七世。她对爱德华七世说，只有法国贵族懂得如何向女人献殷勤。珍宝钻石、爱慕情愫堆得如山一般高，埃米莉安娜让无数男人失魂落魄、千金买笑。当然了，有些人算盘打得比较精到，例如马术俱乐部有八个男人，为了能在美人面前固定地“轮值”，而凑钱建立了共同基金。

可可处在一种半参与、半旁观的状态。她没有钱，没有父母，还像是在学校时那个穷孤女一样可怜巴巴，同时还怀着处在那种境遇中的茫然和自卑。如果说奥巴辛岁月教会了嘉柏丽尔缝纫女工的部分技能，那么霍亚里越的日子则教会她打造一种个性。她在那儿过了6年——看上去游手好闲的一段时期，参加化装舞会、骑马闲逛、烦闷或放荡的时光，尽力设法让自己不同于相继入住豪宅的交际花们。与此同时，她也不能否认，那些懂得猎取男人心的美人们，对她也颇具“启发性”。除了埃米莉安娜，可可在霍亚里越还见到了另一位华丽转身成为演员的风月场女子嘉柏丽尔·多兹亚，一个叫作玛尔特·达韦利的迷人年轻歌手，或者还有巴勒松的朋友富瓦男爵的情妇苏珊·奥兰迪。可可观察着、等候着自己的好时机。她目睹了埃米莉安娜如何不再做巴勒松的情妇，但两人依然保持友好关系。她听过这位灰姑娘出身的女演员，讲述自己的生平和名利双收的发迹故事（埃米莉安娜是蒙马特一个公寓管理员的女儿，十几岁的时候就靠在夏季马戏团穿着衣不蔽体的服装跳舞起家）。香奈儿后来对黑德里希说：“我在这段时期只见到一个正经人，她就是埃米莉安娜·达朗松。”这位女演员也写一些诗，并且是马塞尔·普鲁斯特的灵感来源之一（据说她是《追忆逝水年华》中那位独占了圣卢的心灵与财富的高级交际花瑞秋的原型）。

几年后，可可发现，与上流社会的势利女人相比，她更喜欢交际花。至少，埃米莉安娜是“干干净净的”，不同于她口中那些“道貌岸然的家庭主妇和母亲，她们闻起来很臭”。她对黑德里希吐露：“这些风月场上的女人，我觉得她们很漂亮，戴着宽大的帽子，浓妆艳抹。她们很美，很诱人！”并不是她希望像她们那样着装：她的种种努力都向着相反的方向，以塑造一个中性的“街头顽童”的形象，这个角色的朴实，与有衬架支撑的蓬裙、鲸鱼骨架的紧身褡、羽毛装饰、蕾丝花边和栗鼠皮大衣形成鲜明对照。她打着松松的学生式领带，穿着彼得潘一样的简单白衬衫，戴窄边平顶草帽，与修道院的制服同样简朴。

“美好时代”风潮下，由弗希涅-吕桑吉亲王和甘兹堡男爵举办的华尔兹舞会，Studio Lipnitzki，1934年拍摄。

由艾提安·德·波蒙伯爵举办的舞会，Studio Lipnitzki, 1935年拍摄。

香奈儿没有放弃对浪漫故事的喜好。小仲马的小说《茶花女》，以及后来改编为舞台剧之后，由萨拉·贝纳尔所饰演的女主角玛格丽特，都使她感同身受、激动不已。玛格丽特是一个交际花，尽管如此，她仍是纯洁的化身。她出淤泥而不染，最后死于肺结核，悲剧收场。她对德雷说："《茶花女》就是我的一生，就是我这辈子读的所有言情小说的综合。"德雷从香奈儿描绘母亲临终时的场面——沾有吐出血迹的白床单和白手绢——认出了那其实是茶花女玛格丽特垂死的一幕。可是在那段叙述中，香奈儿把自己说成是一个和阿姨一起去巴黎的剧院看戏的13岁乡下小姑娘。她对德雷说，在整场演出中，她从头哭到尾，抽泣声很大，引来观众的怒斥。"我穿一身黑衣，与我的白领子很搭配，在我们乡下，丧服要一直穿到你不再哀恸为止！人家对我阿姨说：'她得再添条裙子了。''她是孤女，您知道。到她16岁的时候再看吧。'"

巴黎，文艺复兴剧院，由萨拉·贝纳尔出演的《茶花女》海报。

可是香奈儿也确认过她和姑姑阿德里安娜以及内克松男爵一起去看《茶花女》的时候，她已经住在霍亚里越了。但是她的说辞在"鄙视"和"感伤"之间摇摆不定。有时是她哭得太厉害引来观众的嘘声；有时她说她厌恶贝纳尔的表演，说贝纳尔好像"老丑角"般滑稽。憎恶和倾慕这两种矛盾感受一直并存于香奈儿的内心。1923年萨拉·贝纳尔去世的时候，她加入了向这位女演员遗体告别的行列，并承认她为舞台上玛格丽特死时的凄美和眼前残酷现实之间的巨大落差，深感不安。她对德雷说：“多可怕啊！大家排着队。贝纳尔死了，我看到一具没有生气的、消沉的、可怜的小小遗体，脸上蒙着纱。……我像死人那样苍白。这一切的龌龊不洁……”

在德雷感同身受的解读中，香奈儿对于“茶花女”的种种矛盾表现，是因为她自己对现实也感到无所适从，而非故意曲解事实。对气绝身亡的母亲的回忆，一具蜡白的遗体，旁边围绕着哀哀无告的孩子，等着父亲回来……这悲惨的回忆一定渗入了她对《茶花女》的反应，她应该也知道这个场景对于一个人的刺激是如何深刻。

后来，许多年之后，香奈儿从一个被包养的女子，转而成为一个功成名就的商界女性，自信取代了她曾经的畏缩，而白色的山茶花也出现在她的作品里：在印花织物上，在珍珠镶钻的首饰里，雕刻在纽扣上，或佩在衣服前襟上。在她的客厅里，晶莹剔透的山茶花在水晶吊灯上绽放着光芒，也在她的乌木漆面屏风上怒放。这些山茶花艺术品在某种意义上是忠于现实的，因为艺术表现的山茶花没有香味，而自然界的山茶花恰恰是一种没有香味的花。山茶花既不会在盛放时散发出甜丝丝的花香，也不会在凋萎时发出腐败的恶臭。或许这就是舞台上所表现的死亡的最佳象征，是一个交际花，或者一个被遗弃的女人的死亡最温柔敦厚的版本：凄凉，却又需要观众。无香的山茶花，似乎把死亡带来的内心痛苦和恐惧，连同动物性的腐臭一并消除。

香奈儿告诉德雷：母亲去世后，人家教她亲吻没有生命的躯体，亲吻死人的嘴唇。她的嗅觉自此就一直非常灵敏，以至一丁点不洁的气味都会让她恶心。她说，交际花“让人觉得干净”，上流社会的女人则很肮脏。而她自己，总是特意保持干净。

双C

他名叫亚瑟·卡柏，可他的朋友都叫他“男孩”，因为爱德华时代的英伦绅士们，即使已经从男孩成长为男人，也仍然能够自由享受自己过不完的青春期。关于他的出身围绕着各种传闻：他初到巴黎的时候，悄悄流传着他与埃塞克斯伯爵的后代卡柏家族有着某种的神秘联系，因而与大不列颠的贵族沾亲带故；还有传说他是一个法国富豪的，也许是个犹太金融家的私生子。可是没有任何确凿的证据支撑这些传闻。剩下一个较少诗意的版本——他自己的版本——有可能是最正确的版本：他是亚瑟和伯莎·卡柏的儿子，他和两个姐妹在一个富有的天主教家庭长大，家族财富来自英格兰北部的煤矿。他生于1881年，先在温莎附近的博蒙特的一个耶稣会学校上学，然后进了萨默塞特郡的一家本笃会修道院的天主教寄宿学校——唐塞德。完成学业后，卡柏投身于家族事业，他精力充沛，行事果敢，父亲传下的资产在他手中不断增长。

虽然卡柏拥有严谨的天主教教育背景，同时又是一个工作狂，却并不妨碍他做一个风流倜傥的浊世贵公子，以及成为优秀的马球玩家，时时与他的朋友艾提安·巴勒松分享对赛马和女人的喜爱。正是在霍亚里越，香奈儿邂逅了卡柏，“男孩”、巴勒松和这个年轻姑娘之间形成了一种令人好奇的三角关系——她不是属于他们任何一个的情人。按照香奈儿的说

页图：骑在马背上的香奈儿，卡柏男孩在她的身旁。

香奈儿和打马球的卡柏男孩——亚瑟·卡柏。塞姆绘于1913年。

法，这其实是一个冗长而纠结的故事，归结于从霍亚里越出发的一段旅途中突然迸发的一见钟情。“巴先生带我去波城，”她回忆道，并为保罗·莫杭唤起一幕生动的舞台布景，蔚蓝苍穹笼罩下的比利牛斯群山白雪皑皑，“层峦叠嶂，一望千里，延绵至平原地带；无垠的草场四季常青；……雨中的红衣，以及全欧洲最好的猎狐区……”

在这幅重峦叠翠的风景画中——一片存在于香奈儿半虚构的过往的沃土——有一座有六个塔楼的梦幻城堡，石板路上响起飞驰而过的马蹄声。在这个壮丽的故事场景中，当然还有卡柏男孩。她对莫杭这样说道：“在波城，我遇到一个英国人。我们在一次策马远足中相识，我们都生活在马背上。”他们一起喝葡萄酒；酒是“新酿的，醉人的，风味尤绝”——就像那个英国男人。“这个年轻的男人英俊帅气，晒成古铜肤色，非常迷人。他不仅英俊，更出类拔萃。我陶醉于他的那种潇洒淡然，和他那绿色的眼睛。他骑着健壮的骏马。我爱上了他。我从没有爱过巴先生。”然而一开始，她和卡柏一句话也没说。“这个英国男人和我没有任何交流。一天，我听说他要离开波城。”她于是径直问他会几点出发去巴黎，仅此一句，没有别的废话。“第二天，我去了火车站。我登上了火车。”

那是在1909年，香奈儿那时26岁，只比卡柏小两岁；可是她却告诉克劳德·德雷，当她对卡柏宣布她为他离开了巴勒松的时候，卡柏叫她“我亲爱的小家伙”。她写了一封信给巴勒松，解释她的决定：“我亲爱的艾提安，我永远也无法回报您给予我的慷慨和仁慈。”在这个香奈儿常常复述的故事中（当然总有不同的情节），“男孩”什么也不想听，也不允许她离开；而她却义无反顾地跟随他拎着箱子跳上了火车。三天后，巴勒松也追着她，从波城来到了巴黎：嫉妒让他明白，归根结底，他是爱她的。

这是她与卡柏之间的爱情韵事——可可所有爱情故事中最浪漫的一段，也是她一生中决定性的一步。从此，那个还不能称为女人的小女孩，就留在了她的身

左图：卡柏在马勒塞尔布大道的公寓里。
右图：卡柏在马背上，摩洛哥。

香奈儿和卡柏男孩在圣-让-德-鲁兹（Saint-Jean-de-Luz）的海滩上，1917年。

后。实际上，她暗示她那时还是个处女，甚至在享受她与“男孩”的爱情之前，需要向医生寻求帮助。她还向德雷说道，那时巴勒松自我放逐到阿根廷，去治愈他破碎的心；而卡柏则请了一名巴黎的医生来治疗她。当说起这一点时，她的叙述方式突然变得不同寻常，仿佛在心血来潮即兴创作一段罗曼史。卡柏身边的女人就和赛场上的马一样多，他的情妇们不断问他什么时候才会离开“小可可”，然而他的回答总是一成不变：“我宁愿砍掉自己的腿。”

她接着说，就在这段时间，她向一个叫谢吕的巴黎时装设计师，定制了一条蓝白相间的紧身罗缎礼服。“我看起来就像圣母玛利亚。”可是当她穿着这条裙子和“男孩”去巴黎咖啡馆吃饭时，不得不请他帮忙把它解开，因为腰部实在勒得太紧了。餐后，她没法再系上它——于是可可只能在公共场所衣衫不整，而且她也没穿能遮掩一下的晚装外套！在那一刻，她发誓再也不穿这些紧身衣。

在香奈儿对莫杭的描述中，她与卡柏男孩之间的相处，总是重复着相同的顽强对抗，如自由和征服，解放和强制。他们在巴黎共同生活，而他对她意味着一切：“他是父亲，是兄长，是我完整的家庭。”他教化着她，仿佛她是他的孩子。“我们的房子里满是鲜花，但在这个奢华的环境里，卡柏男孩仍然保持着严谨的眼光，依然保持着他的道德性，一种英国绅士式的良好教养。他在培养我时，从不纵容我；他会评论我的举止：‘你做得不好……你撒谎……你错了。’他有一种温柔的男性权威，这种权威只属于那些非常了解女人，又包容地爱着她们的男人。”

但他的这种包容的爱，却导致他处处留情，无法忠于一人；然而香奈儿仿佛接受了这头“伦敦社交界的猛狮”享有对她不忠的各种特权。她向莫杭强调，卡柏爱她就像她爱卡柏一样多，说他是个完美的绅士。“他举止优雅，在社交界取得了耀眼的成功。”可是他仍然“只享受那个乡下野孩子的陪伴，只喜欢这个追随他而来的不听话的孩子。我们从不一起出门（那时巴黎仍有着一些舆论约束）。我们要把公开爱情的快乐留到以后，直到我们结婚的时候”。而“男孩”那边，继续享受着别的女人对他的宠爱。可可说她并不介意——至少她对莫杭如此宣称——然而她对卡柏的回忆却透露出某种失落和不平衡，夹杂着恼怒和妥协；然后又再次重复他（说不定是她自己的？）那句关于“截掉大腿”的口头禅。“卡柏男孩那些漂亮的女朋友们总是气急败坏地对他说‘甩掉那个女人’。我一点也不吃醋，反而把他推进她们的怀抱；这令她们更加挫败，不断唠叨‘甩掉那个女人’。他完全发自内心地回答：‘不。你不如让我砍掉自己一条腿。’他不能没有我。”

可是她也需要他——在资金方面，以及其他一切方面。她意识到他能够随时离开她，只要他想那么做，就像她父亲抛弃她和母亲一样。或许可可也曾有过非常生气，气得想砍掉爱人“一条腿”的时候。作为报复，她冲着他的衣服抄起了剪子。她偷偷拿走这些衣服，把它们剪得没法再穿。就这样，她把这些男式衣服转变成一些新的东西，一些独属于她的创造，最后建立了她的时尚帝国。她的创作令所有女人都梦寐以求；从此，占据女人们视线的是她，可可·香奈儿，而不

before world war N°1
hat by Chanel 1912
a young Coco
in one of her early
"sport wear" looks 1913

香奈儿，卡尔·拉格斐绘。

左图：香奈儿身着自己的作品，杜维埃，1913年。
右图：香奈儿在杜维埃她的服饰店前，1913年。

是卡柏男孩。

可在当时她还没有走到那一步。最早，她的计划是卖帽子，尽管该由谁来投资她的业务、她将在哪儿生活，始终都是问题；还有，她是否已经彻底放弃了巴勒松。多年之后，她告诉马塞尔·黑德里希：离开霍亚里越之后她仍然与他见面，而他也总是向她表白爱情。“我们会一起进午餐或晚餐——艾提安、‘男孩’和我。艾提安偶尔会说他想自杀。我对自己说：‘你得让他们俩解脱。你去投塞纳河吧！’”

另一个情节不那么激烈的版本，更侧重于卡柏和巴勒松之间关于该由谁及如何资助香奈儿的谈判。对莫杭，香奈儿是这么说的：巴勒松从阿根廷回来时带了一袋子已经变质的柠檬，送给她当礼物。这件事意味不明，不知是巴勒松想以这种不按常理出牌的方式表达某种象征意义，还是香奈儿自己虚构了像是一个隐喻的坏了的柠檬，抑或她不过平铺直叙地说了一次真话。从她对莫杭的叙述中，唯一可能确认的状况是，他们三个人的关系仍然混乱不清："有眼泪，有争吵。'男孩'是英国人，他理解不了这些。全都乱了套。而他却很有道德感。"

面对黑德里希，香奈儿把自己描述为三个人中最不知所措的那个，一个不懂得大哥哥们博弈的小女孩。"我只是个小姑娘，"她总是坚持她是与卡柏一起庆祝18岁生日的，那时她已经和他一起到了巴黎，"我身无分文。我住在丽兹酒店，每件东西都付过钱了。这是一种难以置信的情况。巴黎社交圈都在议论。我完全不了解巴黎的社交圈。它太过复杂。只有'妓女'才会被包养。我知道这个，人家教过我这个。我对自己说：'你准备像她们一样吗？一个被包养的女人？这多么可怕！'我可不愿意。"

她愿意的是由自己来赢取她的人生。经过冗长的谈判，巴勒松和卡柏最终达成一致，分摊可可的启动资金，支持她的帽子生意，而在此之前，她已经为自己和朋友们（以及朋友的朋友们）做过帽子。在她的首批客户里，有埃米莉安娜·达朗松、苏珊娜·奥兰迪和嘉柏丽尔·多兹亚，这些后来成为女演员的交际花们开始在舞台上、杂志上展示香奈儿的设计。卡柏承担经营成本；巴勒松也贡献出他在巴黎的落脚点——位于马勒谢伯大道的单身公寓。她告诉黑德里希："他们决定给我一个地方让我做帽子，就像给我一件玩具似的。他们想：'我们随她玩儿，等着瞧吧。'他们不明白这对我有多重要。他们是大富翁，是玩马球

香奈儿在杜维埃的服饰店开张，门前熙来攘往。香奈儿靠在门边与人交谈。

的人。他们完全不理解走进他们生活的这个小姑娘将要做什么。而这个小姑娘，也完全不知道在自己身上将发生什么。”

看上去可可那时很有可能已经清楚地意识到了自己的处境，或至少她开始按部就班地部署自己的计划；她那时其实已经将近30岁，但她却一直强调她的年轻和天真，也许这更证明了她内心的迷茫不安，而非某种自欺欺人。毕竟，在这两个说爱她，对她却像对宠物的男人身边，她的地位并不清晰稳固，令人担忧的问题始终存在。他们对她的真实感情是什么？能够持久不变吗？如果没有他们，她还能自食其力吗？又该让哪一个伤心离去呢？

她唯一坚定的信念就是投身时尚。就像在霍亚里越时，可可仍打扮得像一个年轻的修道院姑娘或是学童，她做的帽子摘除了所有让她觉得妨碍她灵敏思维，甚至仿佛要压垮女人的赘饰，没有无用的褶边，也没有艳俗的装饰。她的作品并非完全原创：她先在老佛爷百货商场选购式样简洁的平顶草帽，然后再自己点缀上丝带，这些作品非常别致。“没有什么东西比烦琐、累赘、故作气派的装束更让一个女人显老了，”她在晚年曾对克劳德·德雷如是说，依然戴着年轻时的那种小草帽，“我一直那么穿着，像一个还在上学的女孩。”

就这样，香奈儿开辟了自己的道路，成为瞩目的焦点，她让那些对手和竞争者们感到被人掣肘般的狼狈，无论是上流社会的贵妇、交际花，还是时装设计师，无一例外。（当时名噪一时，人称“时尚之王”的保罗·普瓦雷，后来谈到

置身于两位男士间的香奈儿，左为卡柏，右为巴勒松，香奈儿服饰店入口。

香奈儿首度公开发布的肖像，戴着她自己设计的帽子，载于戏剧杂志《戏剧画报》，1910年10月。

作为女帽设计师出现的早期的香奈儿时说："我们当初真应该小心提防那个男孩头。她已准备好给我们带来各种冲击和创作，变戏法般地从她那顶魔术师的小帽子里掏出礼服、头饰、珠宝还有各种精品。"）她对莫杭说，时机已到，她觉得现在可以要求卡柏在杜维埃的赌场里与她共进晚餐，而不是丢下她狂欢。"所有的视线都落在我们身上：我羞怯的亮相，我笨拙的脚步，与一袭简洁而美妙的白裙形成了鲜明的对比，引起了所有人的注意。当时的那些美人们都感到惴惴不安，她们嗅到了某种未知的威胁。"

不知是嫉妒还是不安，又或者仅仅只是好奇，驱使这些美人争相购买她设计的帽子。她的生意如此成功，很快，巴勒松的公寓就无法匹配它的规模了。在卡柏的支持下——他自己的资产也在不断扩增——1910年1月1日，她在康朋街21号开了新店。她对保罗·莫杭说："我依然保留着它。在门上，写有'香奈儿，时尚'的字样。"她找来妹妹安托瓦妮特和小姑姑阿德里安娜帮忙——两个人都非常美丽动人，又是富有技巧的裁缝师；阿德里安娜还是内克松男爵的女伴。

她和她们一起工作，也一起外出到处展示，她们正是她最好的模特。她对莫杭说："在看台上，人们开始谈论我那令人吃惊、与众不同的帽子，那么简洁、优雅……顾客们来了，开始是出于好奇。一天我接待了这样一位女客，她直截了当地对我说：'我来，是要看看你。'我是一头稀有动物，头戴小草帽，肩膀上顶着脑袋的小个子女人。"

可是，她依然觉得危险无处不在。后来，她告诉黑德里希，她第一次去马克西姆餐厅，不啻一次冒险，还有三个人同行护驾（"其中有一个英国人，从进门的第一刻起，就决定对所有一切保持冷淡疏离。"）。那还是在1913年，体面的女性是不会抛头露面去餐厅就餐的，但可可却很高兴能和卡柏及他的朋友去那儿。她强调说："人家告诉我只有风尘女子会去马克西姆。我喜欢风月场女子，她们干净。"然而就像在奥巴辛修道院一样，即使在纯净中，也依然有着血腥。

一对男女坐到邻桌，另一个女人也随之闯进来，要那个男人和她一起出去。可可亲眼看见那个男人摇了摇头，这个动作让女人如火山爆发般狂怒。"她打碎一只酒杯，然后开始捏着杯脚划那个男人的脸。血流得到处都是。我马上就逃走了，我爬上楼梯，那个狭小的旋转楼梯。我跑进一个房间，躲到一张铺着桌布的桌子下。我不想再看那争吵、流血的一幕。真可怕！我哭了，因为陪着我的那三个男人什么也没做，只是因为他们怕自己身上溅到血。"

"男孩"，那个她为自己设定的保护神，就这样任她毫无庇护；而她能倚仗的不过是一块桌布。她把她的心交给了卡柏，这个男人却向她证明了自己能有多么无情，至少可以随便地出轨。60年后，她却对黑德里希说："他真的了解我，他把我当成一个孩子。他对我说：'可可，只要你别再说谎！你难道就不能像别人一样说话吗？你到哪儿去找这些你想象出来的东西？'"然而他与别的女人的私情却不是她想象出来的，尽管她装作不在乎（这么做，也许是自己骗自己）。她对黑德里希说："我最不在乎的就是他不忠。我的确觉得这事脏，有点令人恶心，可在我们之间，这无关紧要。"她对莫杭宣称，她和卡柏在一起非常开心，其他事情一概无足轻重。"'告诉我你和谁睡了，这对我是个好消遣。'我会这

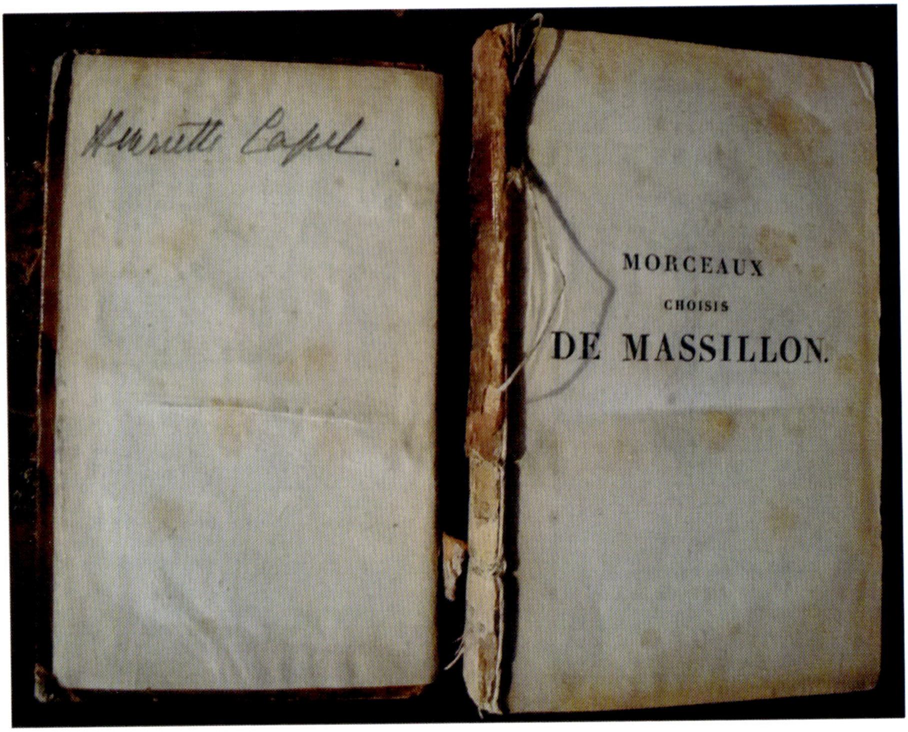

卷首插图，由尚-巴蒂斯特·马西隆选编，藏于香奈儿寓所中，
卡柏男孩的妹妹亨妮特·卡柏亲笔签名。

么问他。”卡柏男孩会哈哈大笑，她说。可在其他的说法里，对这件事，她绝对不像他那么有兴致，也无法像她说的那么淡定。

是的，在外界看来，他们是光芒四射又极为成功的一对。香奈儿的生意越做越大，除了帽子，她也开始出售服装。一如既往，她只做适合她自己的设计——男孩子气的针织衣，从卡柏的运动服装那儿借取的灵感；而他以自己的财力来鼓励她的品味。但似乎她就此放下了年轻女孩的浪漫幻想——放弃了她还是小女孩时曾那么渴望的紫色裙子，好似也坦然接受了蕾丝婚纱永远不会属于她。“我曾经幻想穿上无比华丽的裙子，就像那些小说里的女主人公会穿的裙子，但那日子已经一去不返，”她对莫杭吐露，“我甚至都没有那些修道院制服，在童年时我曾为之自豪和雀跃，披肩上点缀着圣灵或者圣母圣童徽饰的丝带；我不再想着花边；我知道所有浮华的东西都不适合我。我只留着我的山羊皮大衣和那些简洁的衣着。”

“卡柏对我说：‘既然你那么爱穿这些衣服，我会找一个英国裁缝来，为你把你一直穿着的这些衣服，精致地复制一遍。’在康朋街的所有一切就是这么来的。”

她取得了成功——也对外界展现出无可挑剔的外表，可是内心却受着煎熬。她告诉黑德里希，有一天她在赛马场接连三次失去知觉：“我很容易晕倒。我有太多欲望，受到太多刺激，我生活得太过紧张。我的神经承受不了这些。一切瞬间袭来……我站在一位绅士身旁，他的马正在飞驰。突然，我有一种感觉，他离我越来越远，一下子。多么可怕的感觉！我倒在地上，想着，这就是结局，一切都结束了。”

她没有说出这位离她而去的绅士的名字；其实她或许从不曾摆脱会失去卡柏的恐惧（这个爱人对她来说是父亲，是兄长，是完整的家庭），这恐惧甚至会压倒她的一切雄心壮志。“好几次，我毫无意识地被带回家，不是那种女人常有的歇斯底里的眩晕。我倒下，双眼一黑……我好像要死掉了。”香奈儿在和黑德里希的谈话中不断地回到这个话题。“他们对我谈起，这是一种神经紊乱，”她说（但没说他们是谁），“在两年的时间里，我不敢过马路，不敢再去教堂。我也不再去望弥撒……”无论这些紊乱的根源是什么，她始终相信卡柏能神奇地治好她。“卡柏男孩治好了我，用他无比的耐心，他只是不断地安慰我：‘如果你觉得要晕了就倒下吧。’他把我带到人多的地方。‘我就在这儿，你不会有事的。你晕倒时我就在这儿。’”

可是他并不可能永远都在；他来了又去，出现又消失。她说，她在工作的时候恢复了健康，尽管她从不承认，但自己的事业才能给她安全感——一种可以在世间真正独立的踏实感，比从卡柏男孩那儿得到的更多。因此，才会有这个她常常说起的故事，但她发现卡柏为她的生意和透支额度向银行做了抵押担保，她以为自己挣了钱，其实连还银行的贷款都不够。他告诉她这件事的那个晚上，他们正在去圣日耳曼吃晚饭的路上。她坚持马上回他们在巴黎同居的公寓。她告诉莫杭："我觉得非常难受。根本没胃口吃什么……我们回到加百利大道的公寓。我看着我原以为是用我自己的钱买来的那些漂亮东西。可是这一切都是用他的钱买的！我靠他的施舍生活！……我开始恨这个为我付钱的很有教养的男人。我把手袋砸在他脸上，然后夺门而出。"

她在街上狂奔，外面正是狂风暴雨，而她胸中也燃着同样猛烈的怒火，漫无目的地跑着。卡柏在后面紧追着她，在康朋街的街角追上了她，并把她带回一直由他支付的那套公寓。

她对莫杭说，次日，她在黎明时分就去了店里。她对她的首席裁缝师说："安热勒，我不是来这儿找乐子的，也不是来这儿花钱似流水。我到这儿是来创造财富的。"一年后，香奈儿就挣了足够多的钱，不再需要卡柏做任何资金担保，独立让她非常开心。她的服装看上去非常朴素——简洁流畅，为了除下紧身衣随意穿着而设计。她有时给人这样的印象，她成功的设计师生涯就开始于轻便休闲的开襟衫。也许正是她的审美观颠覆了过度塑造人体自然曲线的陈旧观念（不管香奈儿耍了什么花腔来扭曲她的经历，她确实改变了现代时尚的轨迹，那就是自然的线条无须扭曲）。"时尚，就像一道风景，呈现出心灵的状态，我的时尚正呈现了我的心灵状态。"她对莫杭如此宣称。她的优雅看似毫不刻意，然而她的这种随性所占领的疆域却需要强大的计划和意志。她的服装，她的事业，回报她的，是终于使她从别的种种压力下解脱了。"我是自己的主人，我只依靠自己，"她告诉莫杭，"卡柏男孩意识到他不能主宰我。'我以为我给了你一个玩具，而我给你的是自由。'他曾忧郁地说过。"

可是香奈儿的名号依然把他们联系在一起；心照不宣地，他们成了一对搭档。他们之间没有一份正式的合同，正如他们也没有一纸结婚证书，而这个品牌的名字却把他们结合在了一起，就像那个双C的标志所暗示的：香奈儿和卡柏，交织在一起，然而背靠背。

这种紧密交织，又互相影响的关系，从两个人在安德烈·帕拉斯的抚育方香奈儿在比亚利兹的沙滩上，1920年。

面所扮演的角色，也能体现出来。在承担起抚养外甥的责任时，香奈儿也得到了卡柏的支持；尽管她没对德雷透露多少安德烈的童年景况，可是她还是说过卡柏把安德烈称作儿子，且每次小男孩看见有运煤船从塞纳河上经过的时候，他就会说：“看，那是我们的！”（卡柏已经把他的业务扩展到煤炭运输业）香奈儿则告诉他：“那不是我们的，是‘男孩’的。”她又笑着告诉德雷，安德烈回答她的话：“可是他告诉我你们要结婚了。”

他们没有举行婚礼，可可把安德烈送到博蒙特的一家英格兰寄宿学校，就是“男孩”读过的那所学校。小男孩在这儿学会了一口纯正的英语和不列颠式的谨言慎行；甚至对他的姨妈（一说是母亲）香奈儿也敬而远之，对她的爱人——把他称作儿子的“男孩”也一样。安德烈的一个女儿，也叫嘉柏丽尔，于1926年

1915—1919年间香奈儿的部分作品，卡尔·拉格斐绘。

波头，身着缎子衬衫，戴着白色珍珠项链的香奈儿，约为1920年。

出生，对她的童年有着很清晰的记忆，她早早就学会了永远不向她的父亲或者姑婆（她一直叫香奈儿“可可姑婆”）提任何有关家族历史的问题。嘉柏丽尔对她父亲的童年遭遇从容接受，也坦然面对可可更有可能是她的奶奶而不是姑婆这件事。“好几个与她过从甚密的人都认为情况确实如此。” 可她也承认，她永远也不会知道真相。“她编了那么多的事情——她编了个与真相完全不沾边的神话故事，甚至她自己就生活在一个神话中，从孤儿院到康朋街的这段经历本身就是一个真实的神话。可是真相让她太痛苦——她掩盖真相来保护自己，她找到了逃避这些残酷过往的方法。”

安德烈在英格兰生活期间，尽管在一战阴影的笼罩下，香奈儿的事业仍然一派兴隆。1913年她在杜维埃开了第一家店；第二年夏天，战争爆发后，卡柏（那时他已是一名驻法英国陆军上尉）建议她撤离巴黎，去更安全的海滨度假胜地。在那儿，据她为保罗·莫杭所讲的故事，“男孩”“为他的小马驹们租了一座乡间别墅”。随着马球球手们的到来，那一年，那些时髦女人也成群结队地涌向了杜维埃。她们全都需要新衣服。尽管香奈儿只带过去几个帽子匠而非裁缝师，但她很快就适应了战争时期的窘迫，并让员工们开工。她对莫杭解释说：“原料紧缺，我用一种jersey针织面料为她们设计服装，这种面料通常用于制作马童的球衫，我自己设计的运动休闲服也采用这种面料。在战争的第一个夏天结束时，我已经赚了20万金法郎！”

一个较少浪漫味道的版本说，针织面料是她从面料商那儿，唯一能够买足货量的布料。无论如何，她在动荡中灵活地抓住了出现的机遇，就算那是整个法国都在沉沦的时候。霍亚里越一度被德军占领，又被法国夺回并改造为战地医院。安托瓦妮特和阿德里安娜像成千上万的女人一样，逃离了巴黎，到杜维埃投奔可可。与此同时，可可收到了弟弟阿方斯的一封信，告诉她他和弟弟吕西安参了军，而且会合了，他是坦克技师，吕西安是步兵。可可给阿方斯回信鼓励他们，还寄了钱。但从她信中的措辞上看，他好像受了伤或者生了病。“我很高兴，知道你有一个月的休养期。好好休息并保重自己。我事情多得要命，忙到没有一刻自己的时间。我会给你的妻子写信——不要太担心，也许这一切比我们预想的结束得更快。”

尽管笼罩在战争前线的恐怖下，无论在巴黎，在杜维埃，还是1915年在比利亚兹开的新店，她的产品销量持续增长。因为香奈儿简约的针织外套、直筒裙和素净的水手衫越来越像是在阴郁压抑的战争年代，唯一合乎时宜的时尚装束。它们别致，但毫不张扬；纯色，契合时代氛围；穿着这些衣服，人们可以去开救护车或者军车，既适合战争期间要求女人们完成的工作，也适合在海边漫步。香奈儿后来对莫杭总结道："时尚应该诠释地点、时间。”尽管这个说法有些事后诸葛亮，但香奈儿无疑懂得在旧的时代将让出道路时，牢牢抓住自己的时机。"我目睹了奢华的消亡，19世纪的沉沦，一个时代的终结。”

她毫无惋惜地看着它们逝去，知道属于她的时代即将来临，那些曾经的强者很快就会被她摧毁，在他们自己毫无节制的铺张中窒息。香奈儿从一个无比辉煌也开始腐烂的时代中走来，用她的话说："辉煌的时代，但也是衰退的时代，一种巴洛克风格的余晖。在巴洛克风格中，装饰抹杀了线条，过度窒息了人体，就像热带雨林的寄生虫窒息了树木。女人不过是炫耀财富、貂皮、毛丝鼠皮以及一切过于奢侈的材质的摆设。烦琐的图案，层层叠叠、令人喘不过来气的蕾丝、刺绣、薄纱、荷叶边，已经使女人沦为悼念那已经过时的浮华艺术的纪念碑。裙摆扫起灰尘，七彩虹霓能折射出的千般光彩，都被杂糅在一起，反而失去动人的颜色。”

但可可将改变所有一切，香奈儿将凭黑色征服世界。

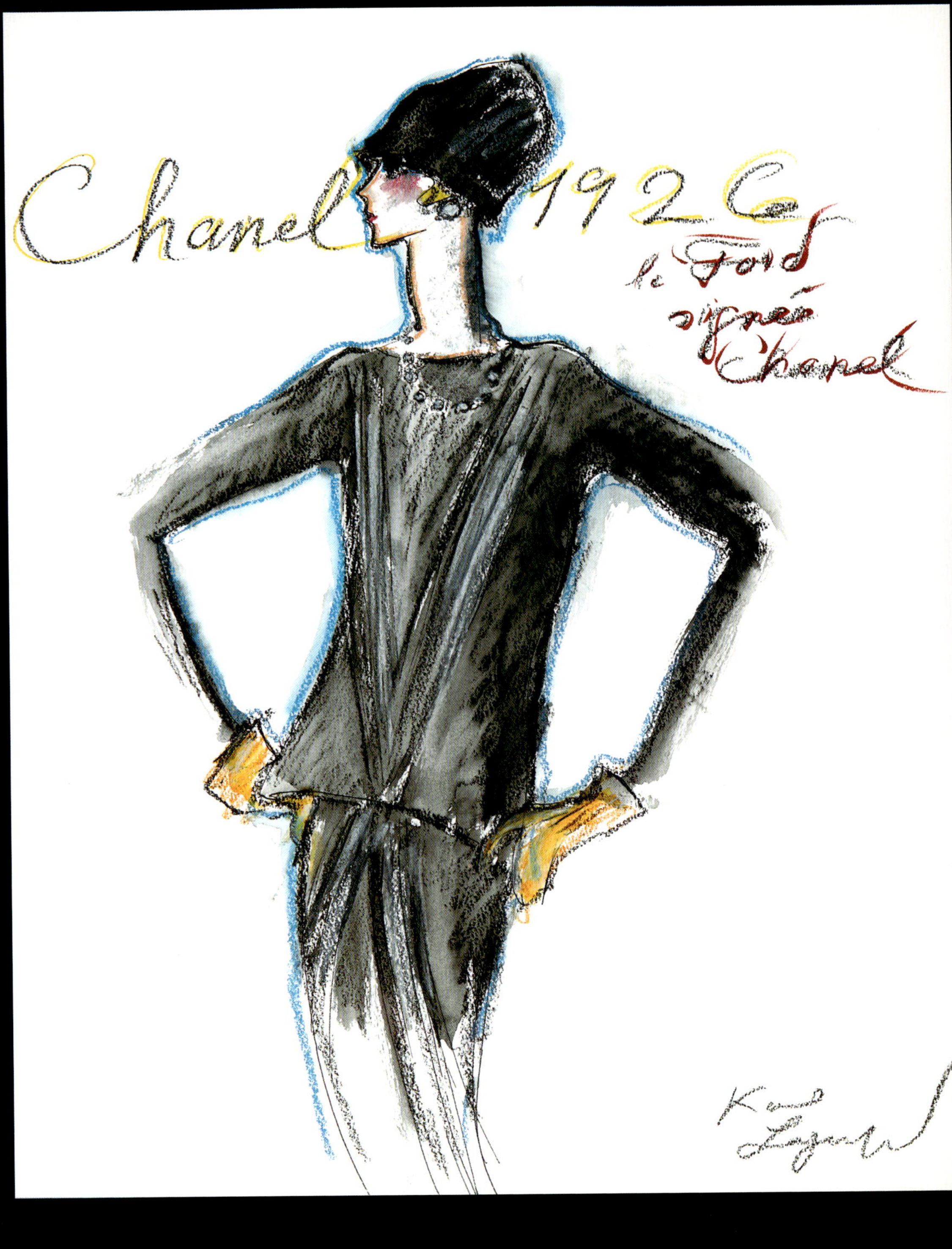
Chanel 1926
le Ford
signée
Chanel

小黑裙

1918年7月，一个名叫黛安娜·温德姆的美丽英国贵族女子，从苏格兰的博福特堡给她的朋友达夫·库珀写了一封信。她正在探望姐姐劳拉，度过了一段在“风铃草、荆豆和金雀花的海洋里”的幸福时光。黛安娜·温德姆是里布尔斯达尔四世勋爵（曾任政府要职及上议院党鞭）最小的女儿，身处英国上流社交界的核心。约翰·辛格·萨金特为她父亲画的肖像充分表现出他身上令爱德华七世极为推崇的皇家贵胄气度（爱德华七世称里布尔斯达尔为“老祖宗”，因为他给人一种仿佛直接从画里走下来的感觉）。黛安娜25岁，比可可·香奈儿小10岁；她1913年结婚，可是第二年就成了寡妇。她的第一任丈夫珀西·温德姆经常被描述成伦敦最英俊的男人之一，是西敏公爵同母异父的弟弟。他们结婚时，他是皇家禁卫军步兵二团的军官，1914年9月14日在法国的一次军事行动中阵亡了；不到一年，黛安娜的哥哥也去世了。

“最最亲爱的达夫，”信中的达夫，和她一样出身名门贵族，从伊顿公学和牛津大学毕业后，起先在外交部任职，此时正在皇家禁卫军步兵一团服役，“自从上次见面，发生了那么多的事情——我病了一场，我们差点输掉了战争，还有我想我终于要嫁给卡柏了。因此，我们下次再见时，你将成为我在杜布瓦道的豪华公寓的座上宾。”

页图：香奈儿1926年的“福特裙”，经典的香奈儿款式。卡尔·拉格斐绘。

黛安娜和达夫·库珀在三个月前有过一段短暂的感情游戏，无须赘言信中提及的那些家庭成员的显赫背景：她的姐姐劳拉嫁给了洛瓦特十四世勋爵西蒙·弗雷泽，她的姑姑玛高·阿斯奎斯是前首相的夫人。她主要是向库珀解释，在遭到玛高·阿斯奎斯和另一个姑姑百般阻挠之后，她执意嫁给卡柏男孩的决定。黛安娜在法国十分接近前线的地方遇见了帅气的上尉，她正在那儿为红十字会开救护车。他们的炽烈关系应该达到了香奈儿无法接受的程度。即使黛安娜在给达夫·库珀写信的时候还没怀上卡柏的孩子，这事也拖不了多久，因为她的第一个孩子出生于次年的4月。

令她意外怀孕还不是姑姑们反对黛安娜嫁给卡柏的主要理由，他还有更多缺点令人不看好这桩婚事。就像黛安娜在给库珀的信中接下来写到的："我给露西和玛高姑姑写了信，向她们宣布这个消息，而我今天收到了她们的大作——露西姑姑的回信比绝交晚餐还要糟糕，她告诉我自从收到我的信她一直很沮丧，说巴黎显然是个伤风败俗的地方，说我结婚离开父亲是自私；又说（卡柏）是半个法国人，不会很喜欢乡村生活。玛高姑姑的（信）半斤八两，还说他（卡柏）被任命为凡尔赛会议委员会的政务秘书。"

可是，正如达夫·库珀所知道的，"男孩"的前途不可限量。战争期间他靠煤炭发了财，把业务扩展到了航运业，而且在与各式各样的情妇周旋之余还抽空写了一本颇受好评的书《胜利的反思》，提出了一个国际和平的方案。卡柏上尉是法兰西和不列颠政府之间一个受到高度重视的联络官：无论德高望重的法国政治家——自1917年起就出任第一部长的乔治·克莱蒙梭，还是曾任阿斯奎斯内阁军需部长，后来又接任英国首相的劳合·乔治，都对他青睐有加。（卡柏因此被任命为以凡尔赛宫为总部的战争同盟国委员会的政务秘书。）

黛安娜接着写道（根据她姑母们的反应推测）："我猜，你对这桩婚事大概和我姑姑们是同一条战线的吧，我知道你会怎么想，我也预料到要被所有人谴责，但是我更享受这样的婚姻，而不是无聊的门当户对。我觉得无比坚定，这个婚姻充满了魅力，也将为我打开美好的前景。我唯一的遗憾就是没有嫁给你，亲爱的达夫，但你也从没向我表白过，不是吗？也许你更让姑姑们满意，可是我们永远也供不起一套巴黎的公寓，哪怕是一套只能放一张小床的‘单间公寓’。写信告诉我你为我高兴，说你也喜欢我那黝黑肤色的丈夫吧，我真的好爱他！”

达夫和黛安娜在1918年10月重逢时，她已经嫁给了卡柏男孩（那年夏末，他们在博福特堡的洛瓦特勋爵的私人小礼拜堂里举行了婚礼），而库珀对卡柏无甚好感。在10月8日的日记里，库珀详述了在巴黎忙碌的一天：克里翁饭店的鸡尾酒会，与黛安娜在丽兹酒店共进午餐，大使酒店的下午茶，拜访她位于杜布瓦道88号的寓所，在马克西姆餐厅吃晚餐，接着是观看讽刺剧，最后去了一家妓院猎艳。在这趟紧凑的行程中，库珀对卡柏产生反感，他这样写道：“这个人的样子我不喜欢。” 两天之后，他更不喜欢卡柏了。“我约好与黛安娜在凡尔赛宫共进午餐。我在丽兹酒店租了一辆汽车，将近中午的时候去接她。她见到我时，告诉我卡柏不让我们去凡尔赛午餐的消息，理由是许多军官都会在那儿看见黛安娜。这多愚昧……”于是他和黛安娜服从地换了个地方吃午饭，然后再去凡尔赛一块儿散步——既然卡柏并没有禁止散步。“她是一个可爱的女伴。枯黄的树枝和飘落的秋叶，为凡尔赛抹上淡淡的忧伤，这一切多么美丽啊。”

在随后的岁月中，香奈儿从未评论过她的爱人与黛安娜的婚姻；实际上，对她来讲就像完全没有这回事。也许，这就是她当时面对它的方式。她一直知道他有其他女人，别的情妇，大概她也早就明白他最初结婚的承诺永远也不会履行。卡柏是个充满野心的人，而一个有贵族血统的妻子能够巩固他的社会地位，也可能会消除有关他的生身父母的流言，这一切都是可可·香奈儿无法做到的。（无论他是不是私生子，黛安娜信中提及的“半个法国人”的影射，暗示着他的出身仍然是社交界的一项谈资。）当然啦，香奈儿同样野心勃勃——想要提高她在巴黎社交圈的地位。她已经从帽子商走到了服装设计师，已经得到了那些男爵夫人，那些公主王妃的青睐；她已经从“半上流社会”的尴尬和半明半昧中，走到了全世界为之喝彩的瞩目焦点上。

但就算在商业上和社交上都已经大获全胜，香奈儿仍然无法熟谙英国上流社会那些不成文的潜规则，也不会理解“男孩”对这种礼制和世俗的归附，尽管他在

“福特版”香奈儿小黑裙插图，发表于10月的美国版 *Vogue* 以及11月的法国版 *Vogue*，1926年。

“福特裙”的再现，卡尔·拉格斐拍摄。

巴黎过着看起来自由自在、无忧无虑的生活。很多年以后，香奈儿对贝蒂娜·巴拉德透露，她曾经希望她和“男孩”最终能实现她少女时期读的那些“言情小说”的快乐结局，卡柏当然认为这是她一厢情愿的憧憬。一天，她抱怨“男孩”从来没有送过她首饰，他就在卡地亚给她买了一个发冠，她却不知道怎么戴也不知道戴在哪儿。“他懂的东西比我多得多。我愤怒地扑向他，捶打他的胸。我哭着对他说：‘你为什么嘲弄我？为什么要让我出丑？’”另一次，她对保罗·莫杭说，她要求“男孩”，像其他男人一样，送花给她。“半个小时后，我收到了一束花。我很高兴。半个小时后，第二束花。我很满足。半个小时后，又一束花。这变得单调了。每半个小时一束，这样一直持续了两天。卡柏男孩想教育我，而我懂得了这一课。他在教育我什么才是幸福。”

可是香奈儿并不幸福。她请教了一位朋友，才知道发冠是听歌剧时戴的——这对她来说遥不可及，因为卡柏几乎不会和她一起去公众场合。她告诉莫杭：“我们就这样在加百利大道度过我们的幸福时光。我几乎足不出户。晚上我为了卡柏而盛装打扮，心里很清楚他很快就会说：‘其实，出去干什么，我们在这儿才惬意呢。’”于是他们就待在公寓里，周围是他介绍给她的中国乌木漆面屏风，这些屏风早已成为她的最爱，因为它们就像中世纪的挂毯，可以让她把家里布置成任何她想去的地方。“他喜欢我待在属于自己的环境里；而我呢，我也有着某种后宫女眷的特性，很享受这种深闺生活。”

然而这个深宫内院的女孩，却没什么希望穿上雪白的嫁衣或披上新娘头纱。就在亚瑟·卡柏为自己寻找一个门当户对的贵族妻子时，可可·香奈儿把自己打扮得越来越像一个男孩子：几乎看不出胸部和腰身，不再以传统的女性姿态出现。她对莫杭说：“1917年，我对我的一头浓发开了刀。我先一点点地把它剪短。最后我留了短发。”当人们问她为什么把头发剪得这么短时，香奈儿回答：“因为长发让我觉得麻烦。”“所有人都赞不绝口，说我像个‘小男孩，像个小牧童’。”（这开始变成对女人的一种恭维。）

关于剪短头发的原因，香奈儿向克劳德·德雷提供了一个更为详细的不同版本，故事中还关联着其他迷人角色，如缩短了的裙子和短发，如穿上黑色的勇气和改变白色的传统，如风月场上的女子和干净的仪容。这个故事始于她和几个朋友的一次巴黎歌剧院之行。香奈儿正在加百利大道的公寓里为晚上去歌剧院着装打扮（没有提到卡柏男孩，正如他经常缺席，不仅是因为他正在别的女人的怀抱中，还因为他作为情报官为政界朋友去执行秘密任务）。“我还从来没有去过巴黎歌剧院。我穿了一条我自己的工坊缝制的白裙子。我的一头及腰长发编成三根辫子盘到头顶上，压在我纤细的身体上。”她的头发那样浓密，可可抱怨说她“被头发压死了”。可是命运插手了，把她解放了出来。“我的浴室里有一个热水器。我打开水龙头洗手，水不热，我拉动点火喷嘴，整个就爆炸了。我的白裙子上满是炭灰，我的头发就更别说了。脸只要洗一洗就行了，因为我不化妆。那个时代，只有风月场上的女子化上妆还算优雅。大户人家的太太小姐们不化妆，她们戴帽子，上面缀满了鸟羽、蝴蝶结，遮住整个头。”

可是那个晚上，什么都阻挡不了她出去，烧焦了的头发也不能。“我抄起一把剪子，剪掉了一根辫子。头发立即就在面庞周围散开了。那时，我有一头黑貂绒般的头发。”毫不迟疑，她又剪掉了第二根辫子，然后让女仆把第三根辫子剪掉。那个姑娘开始哭起来，可是香奈儿完全不在意——至少她说她不在乎失去的头发和被弄脏了的白裙子。“我穿上一条黑色连衣裙——哦，年轻真好——前襟交叉，在腰部叠合，还点缀了一个尖塔形的饰物。”

以一头利落短发和小黑裙来看，香奈儿既不像小女奴，也不像“闺中少妇”，而是一个她自己打造出来的独一无二的人物。歌剧院里的每一个人都盯着她，她对德雷说，他们都被她镇住了。“可可，英国人的最爱，变成了巴黎的美女。”可是回到加百利大道的公寓，却有一个惊悚的“意外”在等着她。“晚上，当我回家的时候，我的头发已经洗干净了，而我的辫子在浴室里等着我，就像三具死尸。”从此，在设计新的时装系列时，她就剪掉自己的头发：“我总是用剪刀。”

她与“男孩”的关系依然持续着，尽管卡柏结了婚，并在1919年4月有了第一个女儿安，但他与香奈儿的感情并没有结束。香奈儿在巴黎近郊圣克劳租了一幢别墅，卡柏依旧常常去那里跟她私会。而至于黛安娜·卡柏那边，她在1919年10月跟库珀旧情重燃。达夫·库珀的日记里的记载，让我们得以窥见那时错综复杂的多角关系的风流韵事。（不到四个月前，库珀娶了贵族女子黛安娜·曼纳斯，一位美丽的社交名媛和演员。）他在10月29日的日记里写道，他在伦敦的丽兹酒店和两个黛安娜及其他几个朋友共进晚餐。黛安娜·卡柏“看上去可爱至极。她剪过短发，但现在又留起了头发。晚餐不太成功。两个黛安娜一点儿也不融洽——我真想不明白”。之后下起了雨，达夫步行送黛安娜·卡柏回家。“在皮卡迪利广场，我们租了一辆出租车，我送她回寇松街。我和她做爱，我吻她，并说好了第二天再见面。回家后，我觉得非常罪恶。”罪恶感没有阻止他在两天后安排了一次与黛安娜·卡柏的午餐幽会。“我不得不心惊胆战地（对他的妻子）撒谎。”就算这样，午餐还是“十分惬意。她看上去特别迷人。这样偷情总是有种致命的吸引力。其实我对她在乎的程度甚至还抵不上我对黛安娜（他的妻子）的千分之一”。他在日记中还写道：“当我回到家见到她的时候，看到她正在头痛，非常低迷，独自过了一天，为我没有和她一起吃午饭而失望，却仍相信我的所有谎言，我觉得自己是个邪恶残忍的家伙。”

库珀和卡柏太太的私情，从1919年11月到12月愈演愈烈，就像卡柏上尉和可可·香奈儿（这些人姓氏中含有的C环环相扣，又一次形成了香奈儿标志的一个奇异影像）。11月5日，库珀带妻子去伦敦的歌剧院。“把妻子留在皇家包厢里，然后离开去和另一个黛安娜吃晚饭……我们度过了一个美好的夜晚，坐在火边，做爱。黛安娜·卡柏完全不爱我，我也不爱她，可是这让我们开心。”11月11日，第一次世界大战停战纪念日，库珀和他的妻子去参加一个胜利日舞会，他在舞会上发现黛安娜·卡柏“穿着金色长裤，看上去容光焕发”。12月17日，他去宝诗龙为黛安娜·卡柏买了一件珠宝作为圣诞礼物。

接下来发生的事情给香奈儿留下毕生无法磨灭的创痛——在她心里划下最深的伤口，永远不能愈合的伤痕。尽管她从未透露过这桩悲剧的详情，甚至故意误导，但通过整合各个片段，从日记、信件、报纸报道和香奈儿本人的回忆中搜集信息，还是能够得到真相。1919年12月22日，亚瑟·卡柏上尉在从巴黎到戛纳的路上遭遇车祸身亡。据《泰晤士报》和路透社的消息，他与他的机械师曼斯菲尔德一同上路，一只轮胎爆胎，机械师受了重伤。卡柏在圣诞节前夜被葬在弗雷瑞斯——位于圣拉斐尔到蔚蓝海岸之间的内陆。

黛安娜·卡柏当时在伦敦——根据达夫·库珀的日记，他们上个月见面之后，她回到了巴黎，而在12月22日又返回伦敦。她23日早晨给库珀打过电话，尚不知道丈夫的死讯。晚上，库珀写道："我不知道她已经在伦敦，听到她的声音非常惊喜。她前天从巴黎动身回来。此时，卡柏男孩去了法国南部。她半个月后去南方与卡柏男孩会合。"（可是据其他消息来源，卡柏夫妇原定一起在戛纳过圣诞节。）那天黛安娜·卡柏已经和罗丝琳夫人约好共进午餐，可她还是请库珀去和她们会面。吃过饭，库珀陪黛安娜去了一家书店，又从书店把她送到阿斯普瑞珠宝行，她打算在那儿和罗丝琳夫人再碰面。乘出租车从书店到阿斯普瑞的路程"既漫长又有趣，漫长是因为堵车，有趣是因为我和她亲吻"。她匆匆跳下出租车并把刚买的书落在后座上。汽车开动了，库珀发现书后又掉头回来把书还给她。黛安娜站在阿斯普瑞珠宝行门前，罗丝琳夫人恰好也到了。"（罗丝琳夫人）一脸惊恐。我没太在意就走了。"直到第二天，圣诞节前夜的早晨，库珀翻开报纸才震惊地读到卡柏上尉死于法国的新闻。

当"男孩"的死讯传到巴黎，香奈儿在霍亚里越就已认识的一个朋友莱昂·德·拉博德主动给香奈儿送去噩耗。他半夜到达圣克劳的别墅，管家又耽误些时候才打开门；他说女士已经睡了，可是拉博德坚持叫醒她。当看见穿着白色睡衣、头发乱糟糟的香奈儿走下楼梯的时候，拉博德后来回忆说以为看见"一个十几岁男孩的身影，一个穿着缎子衣服的年轻人"。他告诉她"男孩"已经死了，她的脸痛苦地抽搐着，却没有一滴泪水。拉博德说："最糟糕的，是这个女人在哭，可是眼睛里没有泪水。"接着她收拾了一个袋子，拉博德连夜开车把她送到南部，直到蔚蓝海岸，卡柏的妹妹伯莎已经在一家皇宫酒店租了一套套房，安顿下来。（和她哥哥一样，她也结了一门体面亲事——实际上，她哥哥非常乐见这门亲事——令她拥有可观的收入和米歇尔汉夫人的称号。）伯莎给香奈儿准备了一张床让她躺一下，可是她说不，眼睛里依然没有泪水，坐在一张长榻上彻夜未眠。“男孩”的遗体已经烧得无法辨认，香奈儿到达前就已经盖棺了。她不愿意参加葬礼，却让伯莎的司机把她拉到车祸现场。据司机说，香奈儿待在路边还没有被拉走的汽车残骸旁，摸着汽车残骸，就像那是一个活人。然后她跌坐下来痛哭不止，直到这时她的眼泪才喷涌而出。

四分之一个世纪后，她对保罗·莫杭说：“失去了卡柏，我失去了一切。”可是她没有失去“男孩”帮助她创建的香奈儿王国。尽管他一直背叛她，可即使在死后，他也没有停止对她的保护。根据卡柏遗嘱的安排，他的大部分遗产，估价为70万英镑，留给他的妻子和孩子。（法院后来确认一部分留给他的次女，1920年夏季才出生的琼，他立遗嘱的时候还不知道他的妻子已经怀了第二个孩子。）遗嘱还指定把4万英镑遗赠给香奈儿女士，还有一笔相同数额的财产遗赠给了一位意大利伯爵夫人—— 一个丈夫死于战争的年轻遗孀。用他的遗产，香奈儿进一步扩大了她的业务投资（她扩充了康朋街的店铺），并在巴黎西郊的加尔什买了一栋别墅——绿色气息（Bel Respiro）。

香奈儿小黑裙两种不同的变奏。法国版 *Vogue* 杂志，1926年4月。

1923年，黛安娜·卡柏第三次也是最后一次结婚——嫁给了西摩兰伯爵十四世，并成为香奈儿的忠实客户。可可和黛安娜在卡柏男孩离世后不久，逐渐成为朋友。她们俩究竟是在怎样的场合下开始交往的，实在令人好奇。事实上，黛安娜·卡柏致达夫·库珀的一封没有注明日期的信就是从绿色气息别墅寄出的，也许是在1920年3月，香奈儿重新装修别墅并搬进去之后不久。在香奈儿的家里，黛安娜给库珀写了这些话：“亲爱的达夫：我没有答谢你的数封来信，因为我曾，现在依然，且我猜仍将会，处在可怕、绝望的痛苦中，但我多么欣慰能够感觉到你的同情正包围着我，以及你正在想念着我。”

令人好奇的是，黛安娜和可可相互之间怎么看，二者都忍受着失去卡柏男孩的痛苦，也都曾因他的所作所为而痛苦。1920年1月，达夫·库珀在日记里记载了卡柏去世前，黛安娜和丈夫的关系变得“不可置信”。“他彻底不再和她一起生活，几乎不再和她说话……他承认她让他厌烦，无法忍受她在眼前。”可可和怀有身孕的黛安娜之间可能发生过的事情已经无从知晓。事实上，她们一起度过的这段时间仿佛无人知情，人们却还是会从她们的性格和特质来推断她们之间令人好奇的相处模式。黛安娜第三次婚姻生的儿子朱利安·费恩观察到她母亲对于有关卡柏和香奈儿的话题缄口不提。他在为母亲撰写的回忆录里这样说道：“我只记得我的母亲提起过两次卡柏男孩，一次说只要他愿意，他能够非常风趣并充满智慧；另一次是抱怨香奈儿拒绝归还他借给她的家具。”可是费恩从黛安娜的朋友们那里得知他的母亲从结婚之初就不幸福。因此，她在第一个女儿快要出生的时候，独自一人在巴黎过复活节。“丈夫不在，她对着已经熄灭的炉火流泪。” 而在香奈儿这边，她始终不发表对黛安娜的任何观感。

卡柏的死给香奈儿的痛苦刻骨铭心，不可触碰，她只能将其彻底掩埋。为了表示她的哀悼，她让人把绿色气息别墅的外墙漆成了米色，把百叶窗漆成了黑色，而当百叶窗合上时，就像房子闭上了眼睛。在她原来的圣克劳的家，过去卡柏去看她的地方，她让人把她的卧室整个装饰成黑色——墙面、天花板、地毯、床单——一切都覆上服丧的颜色，来悼念她死去的爱人。可是仅仅在这个房间里待了一个晚上，她就改变了主意，让装潢师把一切重新弄成粉色，并告诉管家：“把我从这座坟墓里拽出来。”

卡柏男孩，这个花花公子和工业巨头，最让人惊奇的方面之一就是他是一个通神论者，并且告诉可可，人死后还会有生命，而且和她在奥巴辛所学到的那种重生不同。她后来在概述卡柏对她的影响时，对克劳德·德雷说：“万物不灭，哪怕是一粒沙子，因此无可失去。我非常喜欢这点。”在她对卡柏的公开缅怀中，卡柏给她的所有苦涩仿佛都已烟消云散。她对保罗·莫杭说过，在别人身上都不会再见到卡柏的“罕见的智慧”和“温柔的感召力”。“在他的时髦外表下，他其实非常严肃，他的修养绝非一个马球玩家或商业巨子可以达到，他深沉的精神生活一直延伸到魔力无穷的灵修层面。”如果连香奈儿都相信，在卡柏的力量中也拥有魔法思维的成分，那么他自己一定更加深信不疑。她告诉莫杭：在他去世半年之后，她接待过一个“陌生的印度绅士”的来访。这次会面让她完全确信卡柏一直在照看她，仍然在守护她。据她说，印度绅士对她说：“女士，我带给您一个信息。一个您认识的人的信息……这个人在一个充满幸福的地方生活着，一个没有任何事情能再困扰他的世界。接受我给您带来的这个信息吧，您完全明白其中的含义。”她无论对莫杭，还是对其他任何人都没有透露这个信息的内容，可是她重新建立起对卡柏的信赖。“这个秘密，除了卡柏和我，没有人知道。”

因此，这个满载期待的联系得以丝毫无损地从死亡中生还，虽然它是一个秘密——像奥巴辛的马赛克图腾一样神秘，像中世纪的天主教密符一样玄妙——但这至少把她从卡柏骤然离世的痛苦中拯救了出来。无论卡柏给香奈儿的信息细节如何，他们之间的联系仍以这种方式继续着。还有双C标志，还有小黑裙；这种代表服丧的颜色变成了对雅致的颂扬。的确，直到1926年，小黑裙才被正式视为代表未来的样式，当时美国版的 *Vogue* 刊登了一幅关于香奈儿设计的插图，并且宣称：“这就是署名香奈儿的‘福特’。”它看上去既简洁又优雅合身，黑色中国绉绸面料，纤细的袖子，搭配一串白色珍珠项链。*Vogue* 准确无误地预言了，就像福特小汽车一样，它将成为新的女性制服，因为二者同样迅速流行，线条流畅，内敛低调。

其实黑色礼服，早在此之前就已登上时尚舞台。香奈儿自己将这一原创上溯至1920年，在一次和保罗·莫杭的谈话中提及：“大约是在那个年代，我记得我正在凝视歌剧院的大厅，从一个包厢的后面。”那时她已经懂得专注于她自己的意志——不再需要别人为她解释发冠是去歌剧院时戴的。她极不赞成眼前看到的“这些红色、这些绿色、这些电光蓝”，由她的强大对手保罗·普瓦雷推出

玛丽-赫莲娜·阿尔诺，香奈儿女士最欣赏的模特之一，身着小黑裙。彼得·芬克摄于1959年。

的这些时髦色，“让我非常不舒服”。于是她对自己说——或者她是对莫杭这么说——可可对自己许下诺言：“这些颜色令人无法忍受。那些女人，我誓要让她们穿上黑色……我推出了黑色；今天我的黑色主张仍在不断强大，而黑色早已摧枯拉朽地扫平了一切花花绿绿。”

然而可可·香奈儿不会被摧毁；她不会因为与卡柏男孩之间的悲惨结局，就此一蹶不振。她继续前行，挺进爵士年代；甚至，她推动这个时代朝着她自己的形象前进；她唤醒其他女性，带领她们走出旧时代，走进未来，就穿着象征力量和自由的黑色。

La revue
blanche
bi-mensuelle
le nº 60 cent.
12 francs par An
1 rue Laffitte
Paris
Charpentier et Fasquelle, éditeurs
11, rue de Grenelle

米西亚与缪斯女神

如果说卡柏男孩是香奈儿的一生挚爱，那么米西亚·塞特就是她的毕生密友。倒不是因为两个女人的关系一直融洽，而是因为“友谊”已经不足以形容两人强烈的感情。嫉妒，憎恨，女友之间的这种爱恨交织，不时出现在两人矛盾冲突不已的关系中。她们的交往始于卡柏开始移情别恋的时候绝非巧合；而她们的相遇，如果米西亚的话可信，该说是一见钟情——至少对米西亚而言是如此。

米西亚知名度很高，巴黎的名流都直呼其名。她在1917年遇到香奈儿。迷人而任性的米西亚当时俨然是“巴黎的女王”，从少女时期开始，米西亚就是统治着艺术界的缪斯，她自有一套规矩，而她的一举一动莫不受到身边那群殷勤追随者的关注。保罗·莫杭在1917年4月的日记里写道：“我所钦佩米西亚的是，不管外在如何令她情绪恶劣，她总是深藏着一种‘生之欢愉’。她永远淡定沉静，即使在她深感绝望的时候。”“另外，米西亚就是米西亚，是独一无二的，正如普鲁斯特所说，她‘是一座丰碑’。”雷诺阿、维亚尔、劳特累克和博纳尔都为她作过肖像画，她激发了普鲁斯特和马拉美的写作灵感，拉威尔和德彪西因她写下不朽的乐章，她也是考克多和毕加索乐于闲话的题材。米西亚是才华横溢的钢琴家，小时候坐在李斯特的腿上弹奏过贝多芬的曲子。李斯特以他那惯有

页图：亨利·德·图鲁斯-罗特列克为《白刊》所绘的宣传海报，充当模特的是米西亚·塞特。

的迷人腔调说：“噢，我要是能弹得这么好就好啦！”同时预言她前途不可限量。她后来师从福雷，福雷认为她是个天才。米西亚在巴黎艺术界本已声望崇隆，再加上她与世界最著名的俄罗斯芭蕾舞团团长迪亚吉列夫的深厚友谊，地位就更为巩固。香奈儿比她小11岁，在巴黎的社交界还没有像她那样一言九鼎。可是，在塞西儿·索莱尔家里举行的一次晚宴上，米西亚却被香奈儿迷住了。索莱尔是一名艳光四射的著名演员，她那时已经是香奈儿的顾客。

米西亚在20世纪40年代末撰写的回忆录中有段没有发表的章节描述说，索莱尔住在伏尔泰堤岸的一套公寓里，窗户上挂着“被虫子蛀得很厉害的花豹皮”。“在餐桌上，一位深褐色头发的年轻女子立即引起了我的注意，尽管她一言不发，却洋溢着不可抗拒的魅力。她让我想到巴里夫人。晚餐后，我设法坐到她的身边。在首次见面泛泛的寒暄中，我得知她是香奈儿女士，在康朋街开设了一家女帽店。”

“她天生拥有无尽的优雅。当我们道别时，我赞美她刚刚穿上的那件镶了皮草的红色丝绒外套很漂亮。她立马就把它脱下来披在我肩上，一边说，能把这件外套送给我，让她再开心不过了。她说这话，真挚迷人。自然，我婉谢了她。但是她这个举动十分贴心，让我感到她真是招人喜欢。当夜，我一直想着她，意念挥之不去。第二天我就急不可待地到康朋街去拜访她了。”

米西亚第二天一早就急匆匆地跑到康朋街去看那个让她着迷的女人。“在她的小店里，可以看到毛衣、帽子和各式各样的饰品。我进去时已经有两个女人在店里，她们在交谈中称她为‘可可’。不知道为什么，我觉得这么叫她让我非常不快，我的心沉了下去：感觉人家打碎了我的偶像……为什么用这样的绰号称呼一个如此非凡的人？我简直怒不可遏……”

香奈儿，“自头一天就一直萦绕在我脑海里的人，终于出现了”。米西亚开始滔滔不绝地说，几乎不给香奈儿回话的机会。“时间像中了魔法似的飞逝……一想到要与她告别我就受不了。”当天晚上，米西亚与后来成为她第三任丈夫，火一样热情的西班牙画家荷西·马利亚·塞特去香奈儿寓所吃晚饭。“我们在数不清的中国乌木漆面屏风之中，遇到了卡柏男孩，他在巴黎照看英国巨大的商业利益。”

可是米西亚的眼睛紧紧盯着香奈儿，以至荷西·马利亚·塞特不免感到局促不安（他和“男孩”一样，也有一些“小女朋友”）。“我的新朋友令我意乱情迷，让塞特有些震惊。我平时完全不会这样忘乎所以。”

其实，米西亚感情丰富，常常这么“忘乎所以”。她经常对艺术家、音乐家、几位丈夫、芭蕾舞激情澎湃；她也经常粉墨登场，对于爱情文艺戏和悲剧中的女主角，她也非常入戏。她很有天分，常在自己创造的，或者无意卷入的喧闹场面中自娱自乐，也让别人开心。米西亚应该是考克多的小说《伪善者托马》中的女主角博尔姆公主的原型，尽管米西亚如今几乎只出现在朋友们传记的注释里，可是夹藏在字缝中的小小描写也能再现她的神采：“她像一名钢琴大师那样

左图：米西亚，1905年。
右图：女扮男装的米西亚，约为1910年。

演奏生活，不管乐曲是天籁还是垃圾，她一样能从中提炼出优美华彩。找乐子，她义不容辞。与她那个圈子里的女人不同的是，她深知欢乐并非藏在某些特定事物里，而在于你如何看待事物。”考克多笔下的这位公主，在四十好几之后，与米西亚一样，“脸蛋依然年轻，双目炯炯有神，但只消一刹那的无趣，就会立刻令她双眸黯淡”。

米西亚于1872年3月30日出生在圣彼得堡，父亲奇普里安·戈德布斯基是一位波兰雕塑家。她的母亲欧仁妮·索菲·塞尔韦怀着近九个月的身孕，随花心的丈夫到了俄国，后来在生米西亚的时候死于难产。米西亚的经历比香奈儿的更加令人咋舌：她出生时，父亲与他岳母的妹妹乱伦，产下一子。局面相当混乱，而戈德布斯基对米西亚以及其他子女依然漠不关心。孩子们从他的情妇们转手给他的太太们，再转给各式各样的亲戚。而他的心思则都放在发展自己的艺术家生涯上。虽然（或者正因为）父亲总不在家并且缺乏父爱，米西亚后来仍然会爱上那些像她父亲那样魅力无限的男人，他们一个接一个地，在最不愉快的情况下把她抛弃。与香奈儿一样，米西亚也是在修道院受的教育，只不过她的贵族学校在巴黎的市中心，荣军院大道上的圣心修道院（现址为罗丹博物馆所在地）。米西亚10岁时，抚养她的姨母去世，她被送进了这座修道院。米西亚每个月至少可以见到她的父亲和继母玛蒂尔达·纳坦松一次，他们住在波兰裔聚居的蒙梭公园附近的豪宅内。她15岁时继母去世了，她父亲把她从修道院唤回家，硬要她亲吻死去的继母。米西亚永远也忘不掉这种被迫的吻给她带来的恐怖感受。床边，父亲身旁站着一个戴面纱的女人——父亲的情妇朗格维尔伯爵夫人凯瑟琳，也深深地印在她的记忆里。

米西亚继续过着她十分戏剧化的生活，波澜起伏的日子，正如她最爱读的哥特式浪漫小说。尽管她与香奈儿一样有着从户籍上抹掉几年的癖好（两个女人都涂改了护照上的出生日期），她却无须编造她生命中精彩非凡的各种插曲。她某些令人难以置信的奇遇，都是真事。她似乎有混淆爱情和亲情的奇怪倾向，也许是受了她父亲乱伦私情的影响。例如，米西亚的第一任丈夫，是她的第一位继母

皮埃尔·奥古斯特·雷诺阿所画的米西亚·爱德华肖像，1907年。

的侄子。如果连这个都使人感觉头晕，那么之后的关系就更错综复杂了。她21岁时嫁给了著名的先锋派期刊《白刊》的社长塔代·纳坦松，之后被推进阿尔弗雷德·爱德华的怀抱。爱德华是一个非常富有的报业老板，拥有“巴黎剧院”和毗邻的赌场等一大堆房地产。巴黎的名流最乐于散播这类风流韵事：是纳坦松亲手

把自己的妻子送进了爱德华的怀抱，他希望从这个报业老板那儿得到一笔救急的巨款。爱德华立即坠入了米西亚的情网，他希望占有她，不计任何代价。米西亚与前后两任丈夫纠缠不清的生活，持续了5年之久。1905年，她正式改嫁给爱德华。与一个性格暴虐，而且癖好特别的男人在一起，最终一定是无法继续共同生活的。爱德华极端嫉妒的个性也同样令人烦不胜烦。他的占有欲太强了。1903年，他们还没结为夫妇之前，他带米西亚去马德里，他只让她在城里买了几次东西，其余的时间一直把她锁在旅馆房间里。她在回忆录中写道："爱德华把门仔细地锁上之后，独自外出。我日复一日地被关在房间里。他有种兽性的嫉妒，如果他在门外咆哮我也不会惊讶。"

但是当爱德华遇到热娜维耶芙·朗泰尔姆之后，就把米西亚甩了。热娜维耶芙是个双性恋演员，14岁起就在母亲经营的妓院里开始了皮肉生涯。1909年2月，在4年的正式婚姻生活之后，米西亚与爱德华离婚；他迫不及待地娶了那位吸毒成瘾而且喜欢吵架的情妇，而那个女人在1911年从爱德华的游艇上落水，淹死在莱茵河里（据说她是被人推下去的）。爱德华本人1914年死于流感；那时，米西亚已经与荷西·马利亚·塞特密切往来了。塞特的雄心万丈表现在洛可可风格的壁画中，他曾为纽约的华尔道夫酒店和洛克菲勒中心创作过巨幅壁画。

这，就是香奈儿在1917年结识的一对男女。在卡柏男孩死后，她被进一步卷入他们狂风暴雨般的感情生活。30年后香奈儿在断断续续地回忆往事时向保罗·莫杭透露说："我这辈子只有她这一个朋友。"她表示，卡柏男孩的死，迅速拉近了她与米西亚的距离，或者可以说，这使得米西亚对她更加依恋。"她出现在我最忧伤的时候。他人的忧伤吸引着她，就像花香会招引蜜蜂。"

对别人来说，她是"神圣的米西亚"，可是香奈儿却不为所动。"我们常因别人的缺点而喜欢他们，而米西亚给了我数不清的充分的理由喜欢她。"她像解剖似的，津津有味地说："米西亚对巴黎来说，就像黑地母神之于印度诸神。她既是毁灭神，也是创造神。她杀戮众生，也散布种子，而自己却浑然不觉。……她是圣伯尔纳犬，把你拖到岸边，但你的头一直浸在水里。"米西亚常搞得香奈儿烦

前页图：香奈儿（左）、米西亚（中）和菲利普·布加勒斯特女士（右）
在威尼斯丽都岛的海滩上，约1930年。

得不得了，虽然香奈儿在她自己的想象里，是不受米西亚任何影响的。香奈儿把米西亚说成是一条钻不进来的寄生虫。“她在我的铠甲上永远找不着任何破绽，其实那肯定是存在的。一条虫子围着一个水果转了四分之一个世纪，没能钻进去。”

可是在两人精神角力之上的，是同情和关怀。正如香奈儿吞吞吐吐地对莫杭承认的：卡柏男孩死后，她求助于米西亚和塞特（米西亚称他为“荷荷”），因为他们“被一个哀痛欲绝的女人感动了。……一段至死方休的亲密友谊就这样开始了，性格迥异的两个人碰到一起时所能够引起的所有的冲突，如涟漪般起伏，没有停过”。这种关系非常牢固，以至1920年8月他们结婚后，竟带着香奈儿参加他们的意大利蜜月之旅。至少这趟旅行，三人都很开心。

香奈儿后来对莫杭说，他们三人之间确实有种相互迷惑的吸引力（有时候也免不了会不想互相搭理）。米西亚和香奈儿两人对荷西・马利亚・塞特都很着迷。米西亚是在上一次去意大利旅行时爱上塞特的。他白天带着米西亚欣赏丁托列托和卡拉瓦乔的画，使她对这两位画家大为赞赏；晚上，他以滔滔不绝的谈话挑逗米西亚——配合着其他种种手段。米西亚在回忆录中说：塞特对她讲话时，他的语句“夹杂着非常有说服力的手势，我被迷住了。他拇指向上一翻像问号一样的手势催眠了我。他那活泼、粗壮、野性、审问的、温存的、不容分说的拇指。既是艺术家的拇指，也是征服者的拇指”。

香奈儿对保罗・莫杭回忆说，她与塞特两人同样深深地相互倾慕，但是她的倾慕中混杂着一点嫌恶。“这只毛茸茸的大猴子，染过的胡须，驼着的背……他觉得东西凡是大就是好。他穿着一件百年不洗的黑睡衣睡觉，就是全裸，也像是穿了一件毛皮大衣，他的毛太多了……他到处都是毛，就是头上没有。”可是在他异乎常人的身体里，有着吸引香奈儿的地方，那就是他的博学多闻。她说：“塞特带我穿梭于各家博物馆，就像牧神穿越他熟悉的森林。”他是“完美的旅伴，总是兴致勃勃的”，他带着米西亚和香奈儿在意大利绕来绕去，只为了去找一家老板兼任主厨的小馆子，去吃葡叶鸡肉卷。一天，他们迷路了，他买了整整一头乳猪在路边烤着吃。米西亚和香奈儿吃得很少，可是塞特，因为天性铺张，点了珍贵的葡萄酒，“让我们的餐桌成为一幅委罗内塞或帕尔马的丰盛静物画”。尽管香奈儿拜托他别再点菜了，因为她不能，也不愿再塞了，可他答道："我还要点三份配酸樱桃烧酒的意大利蛋黄酱糕。随你吃不吃！"

在这个热爱生活、快乐率性的艺术家外表下，香奈儿揣测他必定也存在着较阴暗的一面，而他这个阴暗面同样吸引着她和米西亚。她和米西亚都曾经说过有关塞特与一只鹳的故事，两个版本却不尽相同。米西亚断言他看见了一只守着食物却饿死的鹳，因为鹳的长嘴被锯掉了。香奈儿呢，她转述了考克多的说法，说弄断鹳嘴的就是塞特本人。两个人都没有想到鹳其实是多子的象征（鹳就是俗称的送子鸟，经常在“天使报喜”的基督教宗教画中与天使一起出现，告诉圣母玛利亚她即将诞育圣婴）。可是这只被锯了嘴的鹳——有时在香奈儿的回忆中变成了天鹅——时不时地萦绕在这两个无子女人的脑海里，好像有着一定的意义。但这肯定不是她们和塞特在蜜月之旅所谈论的话题：在意大利，她们听他娓娓讲述衰颓的魅力和死亡之美。当他们抵达罗马的时候，已经精疲力竭，但塞特坚持立即趁着月色开始游览。在古竞技场，他要她们想象在这片废墟上飘浮着漫天金灿灿气球的壮丽庆典。二十多年后，香奈儿告诉莫杭：她永远忘不掉他操着浓重的西班牙口音对她说的“那些美妙的事情”。“建筑，是城市的骨头架子。骨头架子，小佳（姐），关键就在这里；一张没有骨头的脸是留不住的。这呀（样），您哪，小佳（姐），您就会变成一具美丽的尸体。”

可是她也注意到他身上一种残酷的本质，他的画也让她感到不解和疏离，“这些隆起的肌肉，人物丧失理智的扭曲模样”。很多年之后，她回想起来，觉得塞特和他的画作依然可怕，然而具有某种吸引力。“一个巨大的地精，他的驼背就像一个神奇的背篓，装着金子和垃圾，俗气透顶兼品位超绝，像高人雅士却又令人作呕，钻石和大粪，善良和虐待狂……”然而正是塞特（“锯掉鹳喙”的这个人）和米西亚（这个“爱情的寄生虫”）把香奈儿从卡柏死后的悲痛中解救出来。在这次古怪的意大利之旅期间——两个人在度蜜月，另一位在哀悼死去的情人——香奈儿有一天去了教堂。“一天，我去求帕多瓦的圣安东尼让我停止悲伤。”她对保罗·莫杭说。

“当时的情景还历历在目，我在教堂里，面对着圣像，圣像左侧是一些威尼斯海军将领的精美石棺。我前面的一个男人，额头抵着石板地：那是一张非常悲伤而俊美的面孔，既坚毅又痛苦。这个精疲力竭的额头那么疲倦地抵着地面，以至神迹竟然在我身上出现了。我是个胆小鬼，我想着，多么可耻啊！我怎么敢以我那迷途孩童的忧伤，来跟这个人的沉痛相比呢？我的生命才刚要开始呢！我身上立即充满一种新的能量。我又鼓起勇气，决心活下去。”

这幅“迷失孩童”的自画像似乎不太匹配米西亚和荷西·马利亚·塞特三人行的这幅图画——当然了，每当她对莫杭提到与艾提安·巴勒松或者卡柏男孩的关系时，她总喜欢把自己说成是一个懵懵懂懂的天真小姑娘。她看起来依然年轻，她甚至引领了当时那股“假小子”的时尚风潮，*Vogue* 杂志也赞美她掌握了“青春永驻的秘密”。在这次1920年的意大利之旅开始时，她已经37岁了。她没有很热心要过这个生日，要不她就很可能泄露自己的真实年纪，而她想对自己的岁数含糊其词。卡柏男孩死了；被他俩视如己出的外甥安德烈远在他乡，在博蒙特的寄宿学校上学，接受绅士教育。（说到卡柏男孩的女儿，卡柏的遗孀黛安娜已经带着幼小的女儿安返回英国，并在1920年6月，香奈儿参加塞特的蜜月旅行的几个星期前，生下第二个孩子，一个遗腹子。）假使香奈儿想要扮演“迷路小孩”的角色，她的演出绝对带着成年人的狡猾。

那时候，香奈儿与米西亚之间已经暗中开始角力——倒不是为了争夺荷西·马利亚·塞特。就在意大利旅行的那个夏天，香奈儿默默地见证了米西亚和迪亚吉列夫之间的深厚友谊。在威尼斯，她听见他急着筹钱把1913年首演时几乎引起暴动的芭蕾舞剧《春之祭》重新搬上舞台。钱，或者说缺钱，一直是迪亚吉列夫的难题。俄罗斯芭蕾舞团是迪亚吉列夫的生活重心，他像疼自己孩子一样倾注了所有的热情。（如果说他把舞团当作孩子来疼，那么他与几位舞蹈明星——从尼金斯基到塞尔吉·里法——的火热关系，可以说是乱伦吧。）或许香奈儿在最初有被排斥在外的感觉；无论如何，在她向保罗·莫杭描述米西亚和迪亚吉列夫两人时，有点吃醋的味道。“米西亚和迪亚吉列夫形影不离；在他们之间，是一种招人议论、温情脉脉、爱恨交缠、迷雾重重，处处充满着陷阱的感情关系。”

香奈儿看得一点也不错，因为其中一个“陷阱”就是她自己设下的。从意大利回来之后，她谁也没告诉，就突然去拜访迪亚吉列夫。她说她准备出资助他重演《春之祭》，条件是他不得对任何人透露此事。香奈儿深知他和米西亚的关系非比寻常，应该根本不指望迪亚吉列夫能保守秘密。但是，这个以迪亚吉列夫渴盼的30万法郎交换他保密的要求，使她与迪亚吉列夫之间建立起一种同盟似的牢固关系。她的动机也许是纯粹着眼于艺术，她对莫杭说，她在资助迪亚吉列夫时是抱着为善不欲人知的态度："正如人们所说，我未能阻止迪亚吉列夫的芭蕾舞团破产，我在1914年之前没有看过《春之祭》。迪亚吉列夫说那出舞剧是一件伟大的历史性杰作。我相信他的话，为他提供经费支援。这花掉了我30万法郎，可是我不后悔。”

我们想一想，当米西亚发现本来在她羽翼保护下的香奈儿捷足先登，背着她去见了伟大的迪亚吉列夫时，会作何感想。这使得香奈儿一跃成为艺术赞助人，即使还算不上是迪亚吉列夫的缪斯女神。另一件事更清楚地表明香奈儿进入了先锋派的艺术圈：1922年，考克多请香奈儿为他改编的古希腊悲剧《安蒂岗妮》设计戏服。1922年12月在工作坊剧院的首度献演，由毕加索负责布景设计（在巨大蓝色背景上有几根白柱子），亚瑟·奥涅格作曲，香奈儿设计戏服。考克多称："因为她是我们这个时代最伟大的服装设计师，而我不能想象俄狄浦斯王的女儿们穿着不得体。”*Vogue* 杂志也给予肯定：1923年2月，*Vogue* 杂志的法国版和美国版都刊登了她所设计的戏服，标题是“香奈儿尝试希腊风格，且依然法国”，并盛赞她感性手法的演绎。“安蒂岗妮厚重的羊毛裙，一如古希腊瓶子上的图案。她用自己独特的方式完美诠释了经典。”

1924年，香奈儿与毕加索一起为俄罗斯芭蕾舞团的舞剧《蓝色列车》携手合作，他主导舞台布幕和节目单的创作，她负责设计戏服。因为此剧，她的声望更上层楼。她已经不仅是一个负责出钱的赞助者，而且是艺术界创作者的一分子了。就在这时，或许是出于真正的担心，或许是出于不断累积的嫉妒，米西亚声言她要“保护”香奈儿不受毕加索的引诱。香奈儿对此非常恼火，以至在二十年后仍对保罗·莫杭抱怨：“我不需要保护！就算要，也绝不是米西亚的那种保护。因为凡是米西亚爱过的地方就寸草不生！”

自此，她与米西亚的关系变得越来越矛盾，她老觉得米西亚在密谋什么，或者如香奈儿对莫杭所说的，忙着“调查是否有什么不可告人的阴谋”。（她还对莫杭转述了音乐家埃里克·萨蒂说的有关米西亚的话：“猫来了，我们快把鸟藏起来吧。”）

正是在这个时期她认识了皮埃尔·勒韦迪，一个与迪亚吉列夫一样非常有魅力的人，他在先锋派艺术的地位，如同毕加索之于现代绘画。他对于现代主义的热烈感情，更凌驾于他对米西亚或香奈儿之上。他写道：“我可怜那些身处于精彩年代却浑浑噩噩过活的人。他们没有经历过那些令人沮丧心碎的痛苦试炼，或是震撼灵魂的狂喜。开天辟地以来，好像没有哪个时期像现在这样，在艺术的天地里有过如此多的艳阳和蓝天，也从没像现在这么令人感到责任重大。”勒韦迪积极倡导“艺术家就是传奇英雄”的概念。勒韦迪比香奈儿小6岁，他敏感、神秘、焦虑不安、身无分文，娶了一个叫亨丽埃特的小裁缝，委委屈屈地住在巴黎蒙马特一间小阁楼里。米西亚首先发现了他——她常常在艺术家毫无名气的时候主动发掘他们。她先是购买了他自己出版而无人问津的诗集（由他的妻子手工装订成册），然后资助他出版《南北》，这是1917年他与马克斯·雅各布和纪尧姆·阿波利奈尔共同编辑的一份短命却颇有影响力的刊物。《南北》以从蒙马特到蒙帕纳斯的地铁线命名，这两个地方是颓废不羁的巴黎艺术家的巢穴，超现实主义、立体主义、达达主义的领军人物，勒韦迪的朋友们都住在那里。以勒韦迪为首创作的《南北》首开先河，发表了路易·阿拉贡、安德烈·布勒东的一些早期的作品；费尔南·雷捷、乔治·布拉克、胡安·格里斯、安德烈·德兰则为这些作品配了插图。

毕加索也是勒韦迪的朋友，他为勒韦迪的一部诗集画过插图，还在1921年为他画过一幅肖像。短发、精心打的领带，勒韦迪的外表与当时巴黎放荡不羁的艺术家们迥然不同。他也住在毕加索、格里斯和莫迪里阿尼生活和作画的蒙马特“浣衣舫”，这群艺术家仅凭自己的热情和大胆支撑着持续创作。米西亚

皮埃尔·勒韦迪，法国诗人，香奈儿的情人。阿尔伯特·哈林格摄。

尽其所能地帮助过他们，她也毫不迟疑地邀请年轻的诗人参加她的沙龙清谈，在那儿他可以充分观察富贾和权贵。穿白制服的波兰管家端着银盘子送上龙虾，米西亚的蓝色大鹦鹉不时发出尖叫打断宾客们尖刻的对话。勒韦迪写道："上层社会的社交生活犹如一个庞大的抢劫集团，没有尔虞我诈的利益交换就不可能存在。"勒韦迪的父亲在朗格多克种葡萄，他的爷爷是石匠兼泥瓦匠。他自认他与米西亚的时髦世界和巴黎的上流社会有着深深的鸿沟，却又极受吸引。用他自己的话说："我去那儿是为了看，而不是为了被人看。"可是米西亚喜欢他那"深褐色的头发，炯炯有神的眼睛，特别是他焕发出来的内在美，永不止息"。

勒韦迪不只表达了对米西亚的感激，他还非常看重她的文学鉴赏力。他分享她的激情，也分担她的痛苦。米西亚赞美过他的诗作，而他写信回答说："我很高兴诗作打动了您，尽管我诗才有限，但是我很高兴我反映生活的真挚诗篇，在您的生活中找到了真挚的共鸣。……从您的信中，我了解到您的生活，尽管阳光充足，但是也不是没有阴影和苦闷的。"

正是米西亚在卡柏男孩死后立刻把勒韦迪介绍给了香奈儿，也许是为了让香奈儿从那份悲伤中走出来——也许也不是，米西亚这人行事风格难说得很。可是勒韦迪似乎不顾妻子，已经钟情于米西亚了。他在一封未注明日期，从诺曼底索莱姆的一家本笃派修道院寄出的信中对她说："我非常爱您，我以无尽的柔情想念着您，您无法想象这到了怎样的程度以及怎样的方式。有时，您的一句话、一个字，击中我的心弦，使我甜蜜与酸楚交集。因为我无法拥抱您，无法抚摸您的手，也无法见到您。"

尽管勒韦迪如此大胆地对米西亚发表了爱情宣言，米西亚显然也对他抱有爱慕和钦敬，但两人却并没有发展成恋人关系。勒韦迪满腔激情随着米西亚的默许，转向了香奈儿。米西亚鼓励可可与他独处，读他的诗篇，有点像塞特曾经作为香奈儿的导游，带领她发现意大利博物馆的宝藏。不管米西亚的动机如何，或许她已经发现了勒韦迪与香奈儿的共同之处：两个在巴黎的外乡人，都深深被纸醉金迷的上流社会所吸引，但是也同样抱着不信任。勒韦迪在1910年到巴黎，比香奈儿稍晚一些。尽管他和她一样，天性沉默寡言（至少她在事业刚起步时话并不多），他有时还是会放任自己的激情爆发。一天，他对毕加索说："我天生是个拳击手，是个斗牛士。但是，感谢上帝，作诗和绘画一样，是一种男人的苦差事，是只有一个回合的激烈战斗。"

勒韦迪和香奈儿一样充满矛盾，他同时也表明一个诗人应该是个苦行僧。他给他自己以及他那些超写实主义追随者的戒律是："在饥寒交迫下创作。"与鼓吹"所有感官系统的混乱"的兰波恰恰相反，他认为，艺术家一定要保持完全的清醒，以便"抓住飞驰而过的事物"。他这个理念，我们可以在香奈儿的一段声明中找到共鸣："时尚不仅仅存在于服装中，更弥漫在空气里，时尚乘风而来……"她从不自诩为艺术家——她不断说自己像是一个"靠双手工作"的匠人——但是她对自己的职业的奉献精神，她的严谨，依然让人联想到诗人。和他相似，她捕获在"空中"见到的东西；不同的是，她捕捉到的昙花一现的事物为她创造了财富。勒韦迪始终与财富无缘，而他也决定斩断与香奈儿的情缘。她成年后离开了修道院，就把那一切抛在脑后，虽然少女时期所受的潜移默化的影响，造就了她日后纯净的设计。然而，她留不住决心离开的诗人。勒韦迪皈依了天主教之后，在1925年逃离巴黎，隐遁于索莱姆的修道院，在清静和苦修的环境下，潜心创作。他的妻子也进入邻近的修道院，直到生命终结。在那里，他除了僧侣谁也不见，过了两年埋头创作的生活。1927年他曾短暂地回到巴黎，然后再次遁入索莱姆，在那隐居直到1960年去世。

在勒韦迪离开巴黎去索莱姆前不久，他和香奈儿相爱了，只有米西亚和沉默的亨丽埃特见证了他们的恋情。诗人把自己的著作送给了香奈儿，把他们两人的名字并列在书名页上。她像珍爱她那些贵重的钻石珍珠项链一样，终生珍藏着这些薄薄的书册。

从1921年直至他去世的1960年，他不断寄给她亲笔题词的所有初版的作品，有时甚至是亲笔手稿。（在1926年的《人皮》手稿上，他写道："您不知道，亲爱的可可，阴影是光线最美的衬托。”）

她也给勒韦迪寄去自己写的一些文字，付钱请他润色。勒韦迪的确仰赖着香奈儿的经济援助过活，因此她请他改写文字，用意可能也是要在不伤害他自尊的情况下帮助他。但是勒韦迪默默地表现出某种独立，此举使得香奈儿一直钦敬他。在他俩的恋爱关系结束后很久，她依然表达出对他人格的钦佩，推崇他的著作为最高级的艺术，哀叹他的无名。当他建议她阅读17世纪拉罗什富科的《箴言集》时，她照办了，而且试着模仿那种醒世格言的笔调，写下她自己的精辟妙语。勒韦迪也帮着她修改或者重写，例如：

“即使生来没有羽翼，也不能阻止你展翅高飞。”

“奢华是满足了生活必需之后，不可或缺的一种必需。”

“真正的大度，是接受忘恩负义。”

“乔装打扮令人喜悦，让别人给自己乔装打扮令人悲哀。”

“对一个女人来说，背叛只有一个含义：和肉欲有关的含义。”

两人之间的关系，既不能说香奈儿是勒韦迪的缪斯，也不能说是只管出钱的赞助人与穷诗人。他们的确在一起进行某种形式的艺术创作，超越了一般所谓的恋人关系。借着勒韦迪，香奈儿不断力图上进，后来，连“神圣的米西亚”也感到惊异佩服。（香奈儿的自信，部分也可能源自招牌“小黑裙”带来的光环。）这是一对奇怪的组合：一边是个自学成才的女人，另一边则是极力想以宗教信仰来忘却一切的男人；一个“以时尚为宗教”的设计师，爱上了诗人，诗人将唯心的宗教和唯物主义结合，化为诗作里慑人的意象。他在《揪心》里写道：“珠宝卡在七弦琴里/梦中呓语里的黑色蝴蝶。”《揪心》于1931年初版（也许早几年就已写成）。《永恒之爱》于1927年初发布——那时，勒韦迪曾经短暂在巴黎露面，这个诗篇，常被人解读为对于宗教的另类探索。诗中充满了尘世的光辉，无数灿烂华美之光，描绘了钻石与珍珠的明亮意象。

勒韦迪在索莱姆修道院的阴影里写作，他有时动摇了对上帝的信仰；香奈儿在她水晶吊灯的炫目光芒下工作，有时也会隐进屋里黑暗的角落。保罗·奥斯特说：“勒韦迪笔下的风景映照出浓重的内省式感官体验，写出了诗人对‘合而为一’的追寻却终归徒劳的努力。他的诗篇记录了日常生活中的纤微细节，造成了近乎神话般的效果；在安静到近乎单调的节奏里，诗人似乎人间蒸发，消失于他自己创造出的鬼魅国度里。诗中营造出美丽又令人不安的效果，他似乎是清空了诗中描绘的空间，好让读者住进去。”

香奈儿寓所的书架上还留着数本勒韦迪的皮面精装诗集，封面已经斑驳。任意翻开其中一本，似能感觉她的身影几乎触手可及，飘浮在谜一样的诗句的白色空间里，淡淡出现，一闪即逝。而在你翻页的同时，她也消失了。也许她曾经在那儿出现过。“细巧囚诗宇，郁郁寂静中。”黑暗与光线的完美结合，正如某个读者或某个作家所希望的那样……

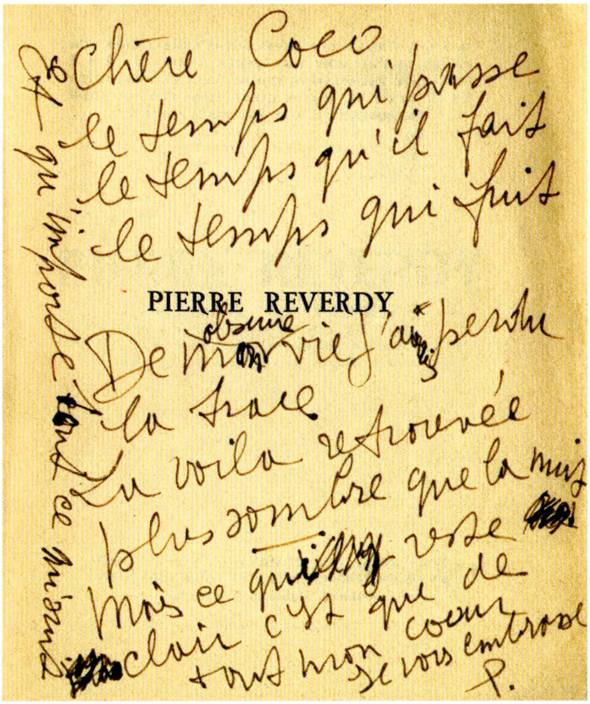

皮埃尔·勒韦迪赠给香奈儿的诗集上的题献词亲笔手稿，题于由尚·卢赛洛和米歇尔·马诺尔创作的《皮埃尔·勒韦迪》诗集的卷首。

亲爱的可可
光阴流逝
岁月留痕
时光荏苒
我在昏暗的生命中迷失了轨迹
重拾起 却比夜更加阴暗
唯一明白的是我用我整颗心拥抱您
而未来如何 我毫不在意

N°5
CHANEL
PARIS
SEM

香奈儿5号

“保罗·瓦莱里曾说：‘不会用香水的女人没有未来。’他说得太对了。”可可·香奈儿在1965年的一次采访中说道。

“把香水喷在那些可能会被亲吻的地方。过度使用香水的女人是没有前途的，因为她只会让朋友和仰慕者不舒服。”

香奈儿的这段话被皮埃尔·戈兰引用在《香奈儿时代》里。

页图：刊登在《怒吼的20年代》杂志上，著名漫画家塞姆创作的描绘5号香水的插画，1921年。
图：5号香水瓶从1921年至1986年的演变。

可可经常会有些前后相悖的言论，因此，在讲述香奈儿5号香水的故事前，首先要记住这点。它的确如同一个神话故事，这款香水也的确为香奈儿的王国奠定了坚实的基础。5号香水超过百万瓶的销量在不断地增长，再增长……它令人眩晕的增长速度不仅给可可·香奈儿创造了巨大的财富，也让她扬名世界。她的名字从此变成了一个品牌，她的形象则变得如同她著名的标志一样出名。可是这个神话故事是怎样开始的呢?

故事可以从1920年的夏天讲起。可可·香奈儿那时遇到了调香师恩尼斯·鲍，他在法国南部的格拉斯有一个香水实验室。介绍他们认识的是香奈儿的俄罗斯情人狄米崔大公，恩尼斯曾是沙皇的宫廷调香师。如果有人天生血液中就流淌着香水，那么一定就是他。恩尼斯1881年生于莫斯科，父亲是法国人，母亲是德国人，他的哥哥爱德华是俄罗斯最大的香水和肥皂制造工厂拉莱的管理人之一，工厂雇用了数百名工人，专为皇室提供产品。17岁时，恩尼斯作为拉莱实验室的技术员开始了他的职业生涯，之后级级攀升，1907年已成了技术主管，直到1917年十月革命爆发，他被迫离开俄国。早在1912年，恩尼斯已经成功地推出了一瓶为纪念博罗迪诺俄法战役一百周年而创造的名为“拿破仑之花”的香水。虽然，以拿破仑入侵俄国的这场短暂胜利但血流成河的战役作为香水创作的灵感有些奇特，但这并不妨碍他获得外界的广泛好评。

恩尼斯除了是个化学家，还是个战士，这种双重身份或许可以解释他用香水来纪念拿破仑胜利的初衷，要不就是他希望以香水追思他的法国先人，或者是1893年的俄法联盟。无论怎样，他在第一次世界大战期间，从1914年到1917年在法国服兵役，并且因为骁勇善战而获得了十字勋章和荣誉勋位。十月革命后，拉莱工厂被布尔什维克没收，英国人派他去白俄罗斯军队担任情报军官，并去北方遥远的阿尔汉格尔斯克（由反对苏维埃的白俄军队协约国部队占据的港口城市）。这次服役让他获得了英国陆军十字勋章。

1919年他来到法国南部，在那里他碰到了几个以前拉莱的同事，他们在戛纳附近的拉博卡搞起了新的项目。几年的战争洗礼给了恩尼斯创作一款新香水的

由著名波普艺术家安迪·沃霍尔创作的5号香水丝印版画，1985年。

灵感与冲动，重新回到实验室后，恩尼斯决心开始他的创作。由此，对一个新的化学成分乙醛的研究和试验，无形中成就了5号香水的核心成分。在1964年的一次演讲中，他详细回忆了当时的情景以及最初的灵感来源：“我已经被告知关于5号香水创作的一些要求。我是什么时候创作它的？毫无疑问，那是在1920年，当我从战场上回来后不久。我曾参与过一场欧洲以北地区的战役，在北极圈附近，午夜时分，湖泊与河流在极光的照射下散发出极度清灵的气息深深地印刻在我的记忆中。我重新复制了它，这当中并非没有困难，因为我最初能够找到的乙醛不太稳定也不太可靠。那又为什么是这个名字呢？香奈儿女士有一家非常时髦的时装屋，她让我给这家店设计几款香水。于是我带过去两个系列的香水给她：No.1—No.5 以及 No.20—No.24。她选中了几瓶，其中就包括No.5。当我问到‘给它起个什么名字’的时候，香奈儿女士回答说：‘我5月5号开时装发布会，这是一年中的第五

香奈儿的5号占卜纸牌：当你看到深深扎根泥土的树，预示着你永远健康；如果有很多树，预示着你的目标即将实现。

个月，我们就把No.5这个名字留给它吧。’这个数字始终为她带来好运。”

正是这个报道引起传闻说这款香水也是5月5号发布的。尽管这个想法很好，但遗憾的是它并未得到证实。还有一个同样广为流传的传闻，即香水瓶的八角形瓶盖的灵感来源是芳登广场的形状，因为从香奈儿女士与狄米崔大公丽兹酒店的套房看出去，正好是芳登广场。说实话，我们唯一能确定的事，就是5号香水是1921年上市的。关于这瓶香水的猜测层出不穷，例如人们猜测，卡柏男孩把通神学原理传给了香奈儿，所以她知道数字5的占卜含义：第五种元素的象征符——炼金术士的第五元素的传说，古人所说的构成天体的第五种元素。无论这些与奥巴辛走廊地面上的那些马赛克五角星图案以及与可可的星座（狮子座，黄道十二宫的第五宫）是否相关，不可否认的是，如同奥巴辛修道院铺地鹅卵石一般，这个数字已经深深根植在香奈儿的灵魂中，进入了她的潜意识。而这些染有神秘色彩的臆测最终形成了如此持久和迷人的一个神话。但说到底，神话这个“成分”难道不是与5号香水配方中的乙醛同样重要吗?

如果说嘉柏丽尔・香奈儿相信魔法，那也主要是她自己的魔法。在晚年，当她向朋友克劳德・德雷谈到这段往事时，香奈儿经常强调5号香水是她创造的，没有别人。在德雷转述的故事中，香奈儿跑去蔚蓝海岸企图忘却卡柏去世带给她的巨大悲伤。“呼吸着玫瑰花田的芬芳，她创造出风靡世界的5号香水。5号这个名字是某种偶然，没有预先的设想。她叫它5号，是因为它是第五瓶，且数字5很漂亮。”尽管数字5（至少在这段叙述中）对香奈儿来说没有特别的意义，但这款代表着未来的香水还是与她的过去有关。面对德雷，香奈儿说这瓶香水勾起了她对童年的记忆：阿姨家碱性肥皂的味道，橱柜中散发的淡淡的香草气息，以及新打过蜡的家具和地板的味道，在那儿，所有的一切都是如此干净。虽然没有得到阿姨们足够的关爱，但至少她们爱干净是个优点。另外，这也是香奈儿认为埃米莉安娜・达朗松以及她遇到过的其他交际花们所具备的优良品质：“我很喜欢埃米莉安娜。她闻起来很干净。”

香奈儿对德雷说：“嗅觉是我存有的唯一本能。它活在过去以及潜意识里。”但是沉湎于过去不足以让人持续地使用这种或那种香水，重要的是选择属于自己的香水，而不是让香水选择你。这是一个关于自由和独立的宣言。“女人们常用着别人送给她的香水，”香奈儿接着说，“一定要用自己喜欢的，属于自己的香水。当我的外套遗落在某处的时候，人家会知道那是我的外套。我年轻的时候如果有钱，我会立即去买香水。曾有人送我一瓶Floris's Sweet Peas香水，这让我觉得自己是个可爱的乡下姑娘。然后我就意识到它不适合我。”

多年后，在恩尼斯·鲍的实验室里，香奈儿绝对闻到了适合她的香水味。她宣称：“这是一瓶前所未有的香水，一瓶充满女人味的女性香水。”5号香水是一次香水的革命，它将天然的原料与合成原料完美融和。要感谢天才的恩尼斯，是他发现了乙醛具有稳定并突出其他成分的作用，包括格拉斯茉莉，这是香奈儿5号香水的核心成分，以及香油树花、橙花、五月玫瑰、檀香和波本香根草。传统的香水强调模仿单一的花香调，而恩尼斯根据香奈儿要他设计一款符合她现代设计师身份的香水，以及她所描述的“抽象花束”的要求，成功地制造出一瓶史无前例的香水。香奈儿同时还赋予了恩尼斯的杰作另外一种褒奖，即完美理解了她对魔力的渴望。在香奈儿从恩尼斯的实验室中选中了5号香水之后的某天晚上，她又取了一小瓶样品，并把它带去了戛纳最热门的餐厅。她一边与恩尼斯以及其他几位朋友吃饭，一边悄悄地把香水喷洒在经过他们身边的女人身上。“必须牵着她们的鼻子走。”她后来对德雷说道。她在杜维埃、比亚利兹和巴黎的店里都喷洒了5号香水，在产品正式上市之前提供小样品，这些都充分地显示了她的商业企图心。但她却故作神秘地暗示她那些最好的顾客，让她们以为自己是最先知道秘密的人。

在20世纪30年代中期，当香奈儿与贝蒂娜·巴拉德成为朋友的时候（巴拉德当时还只是为巴黎的 *Vogue* 杂志工作的一位初出茅庐的美国记者），她向巴拉德描述的5号香水的神话中，没有提及恩尼斯·鲍，尽管他自1924年起一直担任香奈儿香水的技术总监。巴拉德写道：“在20年代，她跑去法国南部试图治愈卡柏男孩

《瓶子女侯爵》，以香奈儿5号香水瓶和香奈儿为主题的幽默画，塞姆绘于1923年。

的意外死亡带给她的伤痛。正是在那儿，她创造了香奈儿5号。”

“在格拉斯，一个香精制造商任凭她随意混合各种味道以打发时间。在第五次试验的时候，她抓起了装有她调配出的香氛的普通瓶子，亲手在上面标上了5号，并且随即宣布说：‘我要销售这款香水。’她真的这样做了，而且是面向全世界。这瓶香水也开启了服装设计师用销售香水的利润来做‘保险’的先河；他们用自己的品牌来为香水命名，服装每季都要更换，但香水不用。”

其实，香奈儿不是第一个出售香水的服装设计师（她的老对手保罗·普瓦雷在十年前就推出了以他女儿的名字命名的罗茜娜香水），可是香奈儿是第一个宣扬自己设计出香水的设计师。她的描述充满了传奇色彩：她说如果别人采花送给她，她能闻出帮她采过花的手；仅凭一根松枝，她就可以分辨出贡比涅森林的独特气息，即使她与艾提安·巴勒松在那里策马驰骋早已是多年前的往事。即便在最优雅的沙龙里，她仍能嗅到不洁的气味，这会令她非常不快。她与保罗·莫杭回忆起她第一次去米西亚那布满金属亮片和手工玻璃制品的公寓时的情景：“楼下有不洁的气味，不是那种附在表面可以被掸掉或者通过打蜡抛光祛除的味道……”

对于香奈儿的第一瓶香水，米西亚却有个完全不同的版本：她认为即使她没有完全扮演缪斯的角色，她至少充当了整个事件的催化剂。在她的回忆录里有一段未发表的章节，说：“可可一直具有一种天分，她能从别人提供给她的最微不足道的建议中提炼出精华并把它无限放大，她可以点石成金！我可以举个简直就是奇迹的例子。”

米西亚的故事——真正奇闻中的奇闻——始于她与拿破仑三世的妻子欧仁妮皇后的秘书，吕西安·都德的会面。都德喷了皇后的一款名为Violettes Imperiales的香水，像一个被施了魔法的男人。“他孜孜不倦地整理着美丽的欧仁妮皇后——那个让他倾倒得五体投地的女人——的那些文件。欧仁妮皇后的优雅，照亮了第二帝国，而他整个人都沉浸在皇后的香水味中。‘想象一下，米西亚，’他说道，‘我在高贵的皇后陛下的那些信件中发现了令人惊奇的美容秘方。她本人对这个配方的信任，就是对这个配方功效最可靠的保证。但是你还是读一读这份文件吧，并且请务必以一个朋友的角度坦诚地告诉我，既然这里没有外人，你觉得会有某个化妆品公司对这个失传的配方感兴趣吗？前提是不提及那个非常懂得养颜的人的尊贵芳名。’说到这儿，他递给我一页纸，在纸上我读到下面的内容……”

这是典型的米西亚风格的叙述：有些不顾逻辑和时间顺序，但是不乏戏剧效果，且分配给自己的角色是主角之一。显然她后来拥有了都德发现的文件，且她在回忆录中名为“梅第奇家族的秘方”一章中大段地引用。“战前不久，对卢瓦尔河畔的一处著名的皇家城堡的考古挖掘中，发现了凯瑟琳·梅第奇皇后的调香师勒内·勒弗洛朗丹的多份手稿。在这些手稿中有张是关于‘梅第奇家族的秘方’的，上面记录了一种著名的香水，它令凯瑟琳皇后、普瓦捷的迪亚娜和后来的玛丽·德·梅第奇皇后都青春永驻，直到老年，仍保持着幼嫩的肌肤和年轻姑娘般的肤色。”

米西亚的第一反应——至少她是这么声称的，这不过是个消遣，但她马上又突发奇想说道：“您打算以6000法郎卖掉这个配方吗？那就成交吧。”“我马上想到了可可，既然她干什么成什么，那为什么不用这个配方调制一款香奈儿之水呢？”米西亚的这个版本有很多模糊不清的细节（这个配方是什么？谁重新配制了它？在什么时候？），但她叙述的时候非常泰然。“我们尝试把它装在一个极为简单，几乎像个药瓶般的小瓶子里，以香奈儿一贯的风格以及她赋予一切事物的优雅。短短几个星期后，香奈儿之水诞生了。它的成功远远超出了我们的期待。这有点像中了大奖，简直不可想象！我对可可说：‘你为什么不直接继续推出香奈儿香水呢？’香奈儿之水的成功让我觉得勒内·勒弗洛朗丹简直就是个会下金蛋的鹅。”

“这个最初只是玩玩而已的香奈儿之水，让天才的香奈儿女士看到了它的美好前景。于是她又相继成功推出了香奈儿5号、22号，岛屿森林（由恩尼斯接连创作的香水，同期还有俄罗斯皮革以及栀子花）等香水，很快，它们就已遍布

1924年，皮埃尔·威泰默与香奈儿一起成立了香奈儿香水公司。

五大洲并供不应求。就这样，这位女魔术师手一动，从我给的‘梅第奇家族的秘方’这个小点子出发，创建了这么一个大产业，以至后来所有的时装屋都延续着她的模式。他们都应该感谢香奈儿，因为她发明的这个模式，使得他们在面临破产威胁的年代中仍能维持收支平衡。”

米西亚以她那特有的谦虚与自大参半的腔调（这两种特质的结合让她成了不折不扣的缪斯女神）继续说，香奈儿在女性角色的蜕变中起到了核心作用，而正是米西亚发现了她这种潜质。“在我们第一次接触时，我就强烈地感受到她的这种潜力，我根本等不及让其他人也意识到这点。有人可能会说，让美钻发出璀璨的光芒并不难，即便这样，也需要有人在它还是石头的时候发现它，并且——在我心中——我是第一个为它的光芒眩晕的人。”

不用说，当米西亚给香奈儿看回忆录中关于她的那一章时，香奈儿肯定会要求米西亚把这章从书稿里删除。我们不确定到底是什么令她反感：是关于“梅第奇家族的秘方”的故事，还是米西亚在香奈儿的传奇中给自己分配的角色？不管这个神奇的配方是否出自勒内·勒弗洛朗丹，在背后掌管香奈儿5号香水的已经另有其人：皮埃尔·威泰默，法国数一数二的化妆品企业夜巴黎的老板（和他的兄弟保罗）。

老佛爷百货商场的老板泰奥菲勒·巴德尔把威泰默介绍给了香奈儿，香奈儿曾请巴德尔在他的百货商场销售香奈儿香水（巧的是，香奈儿起步时就是在这家店购买普通样式的草帽然后加上她自己的饰带再卖给她早期的顾客）。巴德尔很快就意识到香奈儿5号的市场潜力，并提醒香奈儿，如果打算在老佛爷和她自己的店出售香水，就必须确保要有足够的生产量，而这正是恩尼斯·鲍的实验室做不到的。相反，夜巴黎工厂有足够的生产能力。于是，他安排了皮埃尔·威泰默和可可·香奈儿在杜维埃的赛马场会面，那天正巧威泰默的一匹赛马正在参加比赛。

威泰默家族是个犹太家族，这个家族的成就以及财富堪比罗斯柴尔德家族，但他们非常低调。这个家族起源于中世纪的德国，虽然历经数代他们已经被彻底地法国化了。他们既是有鉴赏力的收藏家，也是精明的商人。他们将夜巴黎从19世纪一家主营舞台化妆品的公司，逐渐转型为一家生意鼎盛的企业，生产、销售香水和化妆品。皮埃尔·威泰默支持香奈儿的这个决定为家族帝国的事业创造了另一片崭新天空。他们的合作持续终生，并延续至今。如今的香奈儿品牌仍是威泰默家族的私人企业，不像很多其他服装品牌以及化妆品品牌都纷纷被跨国公司并入旗下。该企业目前的拥有者，皮埃尔的孙子阿兰和热拉尔，和他们的前辈一样低调。所有的档案都被精心收藏在位于巴黎北郊庞坦的夜巴黎的老工厂里。1924年，正是在那儿，香奈儿开始生产香水和美容产品（夜巴黎的产品更早诞生，因为工厂是1891年成立的）。空气中似乎还隐约飘散着一缕玫瑰香精的芬芳，历经一个多世纪，那些香气仿佛已经渗透在夜巴黎工厂的砖墙里。50多年前，这里有超过800个工人，生产各类产品，从唇膏到香奈儿5号香水瓶的抛光玻璃瓶塞。也许最值得珍视的是这里的过往，以及那些记录了夜巴黎以及香奈儿传承的文献资料。

在位于上层的一个房间里，曾经可以看到火车把成箱的香水和化妆品从这里运往欧洲各地，而现在这里是香奈儿美容品陈列室。一尘不染的陈列柜里摆放着香奈儿5号香水早期的样品，无瑕的白色包装盒映衬着简洁的黑色双C标志；珍藏着产品的陈列室的墙壁也是白色的，就像与世隔绝的一方漂亮的白色匣子。在香水旁边，我们注意到一幅香奈儿与狄米崔大公的合影，摄于他们交往的初期；还有一幅恩尼斯·鲍的照片。照片与香水保存在同一个玻璃柜里，如同纪念一个久已逝去的圣人。

在白色房间另一边的展示柜中，小心摆放着香奈儿的第一支唇膏以及散粉：最早的香奈儿唇膏产于1924年，小小的象牙唇膏盒上标有一个单一的C；随后在1929年时，包装演变为更坚固的黑色唇膏管身；还有1934年子弹头式的金属唇膏管身。这里没有威泰默家族成员的照片，只有一些记载着相关数字的档案：当1924年4月香奈儿香水公司成立时，香奈儿女士拥有公司10％的份额，威泰默家族拥有70％，而泰奥菲勒·巴德尔拥有余下的20％（后来，威泰默家族买下了巴德尔的份额）。

可是实在不能把皮埃尔·威泰默和可可·香奈儿的关系简化为这样的数字运算，也不能简化为合同规定的普通条款，因为他们的结合比一场长期婚姻还要紧张和复杂。威泰默对香奈儿的忠诚超过了她的任何一位情人，尽管他们终其一生不断地激烈争斗，激烈得不免让人联想到离婚官司的冷酷——威泰默还请了一位专职律师处理与香奈儿有关的事务。即便如此，他们仍保持着相互尊重。

威泰默最初对香水公司占总投资额大半的投入标志着他对香奈儿的信心，但是投资回报如此之丰厚让香奈儿后悔在这个以她的名字命名的公司，她只占有10%的份额。他们间的数额之战经常爆发：香奈儿希望获得更多利润，而威泰默则坚决不肯让步。他们之间的对簿公堂以及钩心斗角，与高潮迭起的梅第奇家族戏剧简直不相上下；但是最后，还是某种和谐占了上风：5号香水是他们双方的力量之和，他们二者的结合所产生的商业利润，永远大于个体的叠加。如果说5是香奈儿的幸运数字，那也是威泰默让她的幸运变成了实实在在的利润。财政上的独立，让香奈儿拥有了真正意义上的自由。她不需要依靠丈夫来赡养。因此，她永远无法摆脱威泰默；而威泰默也离不开她，这个将香水变成黄金的神奇魔力令他们不离不弃。

当你穿过庞坦工厂空荡荡的走廊，沿着楼梯走下寂静的盛放着香奈儿珍贵过往的地下室，玫瑰的香味渐渐变淡直至消失。可是，一跨进建筑深处紧闭着门的另一端——仿若隐藏在深处的圣地——那里面有个抽屉，里面盛放着一瓶小小的，最初的5号香水。瓶中的金色液体早已因岁月的流逝挥发殆尽。戴上白手套，小心翼翼地拿起瓶子，现在你可以凑近瓶口闻一下它的味道了。这种香气与我自己使用的香奈儿5号一点也不像——名贵的香水与上好的葡萄酒不同，并非越陈越好。即便如此，它仍然具有一种奇特的力量：一个逝去的女人的珍贵的馨香，一抹灵魂的轨迹。

5号香水弥漫在香奈儿王国的每个角落：康朋街，那还用说，每天那里的一位年轻助理在一得到丽兹酒店门童的通报——女士马上就要大驾光临，就会在大门入口处喷洒香水。香气依然飘散在镜梯附近和香奈儿女士的寓所里——她也把5号香水喷在壁炉中燃烧着的煤炭上。它还飘散在巴黎郊区讷伊那所现代的香奈儿大厦里，曾任香奈儿调香师的贾克·波巨在永续传承的同时，还在不断研发新的香水，这些都是可可·香奈儿赋予他的灵感（不单是她的名字，还有她特有的魅力）。他1978年成为香奈儿公司的“鼻子”，是继恩尼斯·鲍1954年退休后的香奈儿香水的第三位掌门人。贾克·波巨能够分辨出数千种嗅觉元素。普鲁斯特在他的《追忆逝水年华》中写道：“香水是逝去年华中，最后的也是最好的残存，当我们泪水都哭干时，它能让我们再度泫然欲泣。”5号是一种革命——因它的成分，因它充满现代感的瓶身，因它无须翻译成任何语言的标志和名字……另外它还代表了一种历久弥新，以及与那位要求为自己创造香水的女士的完美连接。5号香水，如同所有最好的香水一样，如此抽象——它忠于自己胜过忠于教条，它也引发想象——它是打开可可·香奈儿神话的引线，如同那位坚毅的女服装设计师一样不可捉摸。

俄罗斯人

1917年4月10日，外交官兼作家保罗·莫杭像往常一样去拜访米西亚。“她卧病在床，”他在日记里写道，“她陷在蕾丝花边的粉红色靠垫里，如钟乳石般冰冷；甚至她的感冒都是洛可可风格的……她热烈地谈论俄国革命，这对她而言就像是一场盛大的芭蕾舞剧。”几个星期前沙皇尼古拉斯二世已被迫退位，而列宁还没有掌握临时政府。在罗马一场盛大公演的前夜，俄罗斯芭蕾舞团处在新旧政府交替之间，颇为尴尬。平常，演出应以俄国国歌开场，可是在这种形势下演奏《上帝保佑沙皇》显然已不合时宜。迪亚吉列夫在最后一刻催着斯特拉文斯基将一首俄罗斯民谣谱成管弦乐版本以为代替。这些，莫杭从米西亚那里都听说了，她尽管卧床，却对最新情况了如指掌。米西亚对沙皇的悲惨命运不免流露出一丝同情，但她也一样能轻易地将之抛诸脑后。她说，沙皇被剥夺了一切……说这场革命是拉斯普京的胜利。拉斯普京总是说：“如果我死了，你们必然会做我的陪葬。”……她正说到这儿时，塞特来了。他把杜伊勒里宫一个小贩手里的气球都买来了。米西亚高兴极了，她忘记了感冒，站到了床上，开始玩这串五彩缤纷的气球。她把气球拴到那条长鬈毛猎狗身上，“想看看它能否飘起来。可惜狗太重了”。

俄国革命对米西亚的巴黎有什么影响呢？不过如同一片乌

页图：狄米崔·帕甫洛维奇大公，1910年。

云飘过，在她的气球和小狗上投下一片阴影；然而这朵乌云如此飘过不也蛮有趣的吗？可可似乎和她持同样观点。革命和俄国芭蕾舞团对于米西亚来说总是交叠在一起。当回忆起1917年的十月革命时，米西亚对保罗·莫杭说道，当布尔什维克推翻了临时政府并夺取了政权时，迪亚吉列夫正好带着芭蕾舞团在瑞士公演，而那时列宁和托洛茨基正准备登台亮相。“当时迪亚吉列夫在洛桑的一个大仓库里彩排，斯特拉文斯基在隔壁工作，列宁、托洛茨基则在莱曼湖畔等着坐闷罐马车返回俄国。”在香奈儿的回忆中，她把当年这些大事件总结为“一件事以及类似的事”。从历史角度来看，她应该是低估了俄国革命所造成的巨大影响，也没有预见她自己的生活亦因为俄国革命而起了极大变化（对香奈儿而言，跟自己切身相关的事永远比政治上惊天动地的剧变重要得多）。“俄罗斯芭蕾舞团撼动了舞蹈界，十月革命撼动了整个俄国，而巴黎——巴黎到处是俄国流亡在外的移民。”

香奈儿的人生道路即将与这些移民交会，其中包括狄米崔大公和恩尼斯·鲍。恩尼斯·鲍带给她财富，而狄米崔大公与她谱写了一段罗曼史，她因此宣称：“整个西方都应该臣服于‘斯拉夫魅力’之下。这一定要亲身体验一番才知道。”她承认“我被迷住了”。可是对斯拉夫人而言，她不也是一个迷人的对象吗？她时髦、优雅、富有、独立，对一个十月革命之后被扫地出门的落难王公来说，确是一个值得攀附的出色对象。如果传言可信，他们是在1920年的7月，在比亚利兹，由狄米崔当时的情人，也是香奈儿在霍亚里越的老朋友玛尔特·达韦利介绍认识的，她后来成为著名的女高音。“要是你对他感兴趣，我可以把他让给你，”达韦利怂恿香奈儿说，“他对我来说的确有点贵。”

在晚年，香奈儿向克劳德·德雷提起狄米崔（那时，狄米崔大公已经和一位富可敌国的美国豪门之女结缡许久），她说狄米崔大公和其他落难王孙，因为流亡国外和手头拮据，已不复往日尊荣，也不复往日男子气概：这些大公们全都一个样，他们外表华丽，但其实什么也不是。绿眼睛，细致的双手和纤细的肩膀，胆小如鼠，喝酒给自己壮胆。这些人高大、英俊、光芒四射，但是除了伏特加，就只剩了一副空架子。

无论如何，当她1920年遇到狄米崔的时候，他简直魅力无边，虽然他被说成是家道中落、一文不名的花花公子，但是围绕着他的那些丑闻和神秘莫测的传言，只使他更具魅力。他是沙皇尼古拉斯二世的堂弟，1916年参加了刺杀拉斯普京的行动，事后他出国暂避风头，没想到此举反而救了他的命。香奈儿回忆说，她在1914年就见过狄米崔，后来一直没有再见面，直到6年后再次偶然相遇。

“我们一起吃晚饭，”香奈儿对保罗·莫杭说，“次日我们再次见面。我如同朋友般对他说：‘我刚买了一辆蓝色的小劳斯莱斯，咱们去蒙特卡罗吧。’”

“我没有钱，我只有一万五千法郎……”

“‘我也出一万五。有这三万，我们可以玩一个星期。’我对大公说。”

（香奈儿后来对克劳德·德雷说：“旅馆经理为是不是把账单给大公甚感为

香奈儿与狄米崔大公，1920年。

伊戈尔·斯特拉文斯基，荷西·马利亚·塞特，香奈儿以及米西亚·塞特（左上起顺时针方向）在巴黎商品博览会上的合影，1920年。

难。‘当然要，肯定要给。’我回答说，‘给他一张小账单就是了。’”）

狄米崔并非香奈儿唯一资助过的俄国人，他既不是唯一对她献殷勤的人，也不是香奈儿用金钱博取注意的唯一一人。香奈儿与迪亚吉列夫，就是基于香奈儿对俄罗斯芭蕾舞团的慷慨资助，促成了《春之祭》重返舞台，两人才发展成很好的朋友。此举还让香奈儿成为《春之祭》的作曲家伊戈尔·斯特拉文斯基心中举足轻重的人物。斯特拉文斯基在1935年出版的自传《我的生命纪事》中提到了这段往事。“迪亚吉列夫的芭蕾舞团当时资金极为紧缺，《春之祭》只能依靠他一些朋友的支持才得以再度献演。我这里尤其要提到嘉柏丽尔·香奈儿女士，她不仅慷慨解囊，更以她蜚声国际的高级女装设计，亲自为演出制作戏服。”

斯特拉文斯基在回忆录里没有写到香奈儿还曾经在他最穷困潦倒的时候，

为他和他的家人提供栖身之处，让他们暂住在她加尔什那幢名为“绿色气息”的别墅里。在1920年9月22日，斯特拉文斯基以印有别墅地址的明信片，寄给他的朋友，短短数言里提到他自己“神经极为衰弱”。他的自传几乎没有关于小住于此的记载，仅写到他在加尔什暂住的时间是“1920—1921年的那个冬季”。此时，“迪亚吉列夫在香榭丽舍剧院刚刚将《春之祭》再度搬上舞台”。明信片的日期透露出斯特拉文斯基应该是在狄米崔大公走后不久就搬过去了，因为狄米崔与香奈儿在加尔什同居到1920年夏末。

尽管神经衰弱、焦虑不安，但加尔什的暂住似乎非常有利于斯特拉文斯基的创作。正是在这里他完成了《管乐交响曲》（本为悼念1918年去世的克劳德·德彪西而作，欣赏这阕作品的人推崇说，这是20世纪20年代现代派音乐的

迪亚吉列夫(左)与伊戈尔·斯特拉文斯基(右)为
俄罗斯芭蕾舞团合作期间，1921年。

左上图、左中图及中图：1924年，香奈儿和狄米崔在盖塔瑟里的马尔特纳别墅。
右上图：1924年，香奈儿、狄米崔和另外两个朋友在比亚利兹的阿玛·蒂儿亚别墅。
右中图：1929年，香奈儿与阿布迪女士在巴黎圣奥雷诺街29号的宅邸台阶上。
左下图：香奈儿和狄米崔在阿玛·蒂儿亚别墅。
右下图：香奈儿和齐纳·理查斯基亚在阿玛·蒂儿亚别墅。

巨作）。他在这里还创作了《五指》。如果说《管乐交响曲》的灵感是俄罗斯传统音乐主题转化为先锋派的演绎，那么技法非常单纯的钢琴曲《五指》，题目就很引人遐思，人们纷纷猜测斯特拉文斯基已经爱上了5号香水背后的女人。曲目和香水都带有“5”，两者有没有关联？从他的自传里看不出来，但是，自传中提到了斯特拉文斯基对简单大气作品的欣赏，这点与香奈儿英雄所见略同。在谈到《五指》时，他写道：“这8首曲子旋律都很简单，右手五指在一个乐段，甚至整首乐曲中都弹着同样的琴键；而左手或以和弦，或以对位法伴奏，这是极简旋律的最高形式。”

若象征性地说他俩十指紧扣，是不乏嘲讽意味的。流言蜚语立即传开，绘声绘色地说香奈儿和斯特拉文斯基在绿色气息别墅中确实有着某种暧昧关系，此时斯特拉文斯基的妻子凯瑟琳正因肺结核，在别墅楼上的房间里辗转病榻，而两人却在同一栋房子里打得火热。没有证据显示他们在加尔什有过越轨行为，但是可以确定的是，他们踏上了一块如火山一般炽热、不安的禁地，就像《春之祭》一般骚动狂野，因而引得一片窃窃私语。1913年5月《春之祭》首度公演，就颠覆了音乐领域的一贯思考。斯特拉文斯基革命性的不和谐的谱曲，加上尼金斯基性感挑逗的编舞，让《春之祭》招致异常激烈的反应。巴黎剧院的观众席上，怒骂声沸反盈天，迪亚吉列夫不停地开关灯试图平息骚乱，但无济于事；尼金斯基站在舞台侧翼对着舞者喊出节拍，因为乐曲完全淹没在嘘声和欢呼里。作曲家德彪西出席了首场演出，他说《春之祭》是个“极不寻常、狂野的东西”，说它的作曲者就像“一个年轻的蛮子，打着夸张的领带，在吻女人手的同时踩她的脚。当他老时，他会令人受不了”。

7年后，当香奈儿与斯特拉文斯基相遇时，她有点高高在上的观点似乎跟德彪西颇为接近。她对保罗·莫杭透露：“他仍然有点小家子气，处事非常俄国化，就像契诃夫笔下的一个小职员。老鼠一样的大鼻子底下有一撇小胡子。他年轻，羞涩，喜欢我。”当香奈儿声称拒绝过作曲家进一步的行动时，斯特拉文斯基对此事不置可否（可是他的第二任妻子否认有过这段私情）。“你结婚了，伊戈尔，”她对他说，“你的妻子如果发现了……”

可他非常俄国式地说：“她知道我爱你。除了跟她说，我还能向谁吐露如此重大的事情呢？”

米西亚对此没有吃味，但是开始到处宣扬这件韵事。她已经嗅出她不清楚内情的一件什么事。“你们干什么？你们去哪儿？我听说伊戈尔给你遛狗，给我解释一下！”

无论是对莫杭，还是对其他任何人，香奈儿对遛狗的事都没有作更多的解释。遗憾的是，连米西亚的回忆录中也没有更深入的记载。虽然是她把香奈儿带入了那个由巴黎艺术俊彦所组成的“声望卓著，闲人莫入”的社交圈（要感谢米西亚的引见，那是肯定的）。“可可在我家遇见了迪亚吉列夫，以及俄罗斯芭蕾舞团的整个艺术家圈子。他们把她当作一个可靠的、慷慨的朋友。特别是斯特拉文斯基倾肝沥胆地爱上了她！她后来把加尔什的房子给了他，还常常资助他。”

其实，把绿色气息别墅给斯特拉文斯基根本是不可能的事情，尽管香奈儿确曾邀他和妻儿在这里住过。就像在几个月前，在香奈儿的挚爱卡柏男孩死后不久，香奈儿也曾把他怀着身孕的遗孀黛安娜·卡柏以及他年幼的长女接过来住。事后我们观察，香奈儿似乎特别长于制造三角关系，这似乎比她双C交扣的标志，甚至比俄罗斯芭蕾舞团的舞步更为复杂：剧情或许有不同的跌宕起伏，主角也不停走马换将，但是三角式的结构则永远如一。在向莫杭的描述中有一段特别的情节，她不关心自己是否被情人背叛，也不关心自己是不是诱使丈夫背叛妻子的坏女人，她只对自己被米西亚“出卖”而耿耿于怀。情节如迷宫路线般纠缠不清，突然之间，剧情从遛狗演变为离婚。“米西亚担心灾难爆发，即斯特拉文斯基会为了要娶我而离婚。”她说，就在此时，荷西·马利亚·塞特介入了：他把斯特拉文斯基拉到一边，对他说，卡柏男孩曾经嘱托他照看可可（这几乎不靠谱，因为卡柏没有任何理由想到他会那么早死去）。

根据香奈儿的话，剧情依旧激荡人心地发展着：当塞特要斯特拉文斯基离香奈儿远一点的时候，米西亚却像个评论员兼信使。“米西亚唯恐天下不乱地跑到我这儿煽风点火：‘斯特拉文斯基在隔壁房里。他想知道你会不会嫁给他。他痛苦地绞着自己的手。’”

痛苦地绞手，加上米西亚穿梭传递口信等一阵忙乱之后，跟着是一段音乐。香奈儿对莫杭说：“斯特拉文斯基回来了。”虽然她没说清楚是从哪里回来（也许是痛苦的边缘），“他每天都回来，教我音乐；我所懂得的那一点，都多亏了他。他与我谈瓦格纳、贝多芬，谈俄罗斯。”他表示想跟她一起去国外。“斯特拉文斯基对我说，芭蕾舞团要去西班牙，和我们一起去吧。”香奈儿的回答如同浪漫的小说：“我会去找你们的。”

没有去什么西班牙，她立即和狄米崔开着新买的劳斯莱斯去了蒙特卡罗。她对莫杭详述说：“我们开车走了，米西亚看我们离开，立即就给在西班牙的斯特拉文斯基发了电报：‘可可是个爱公爵胜过爱艺术家的小裁缝！’斯特拉文斯基闻讯几乎为之崩溃。迪亚吉列夫给我发电报说：‘勿来，斯特拉文斯基会宰了你。’”

香奈儿对米西亚大动肝火，而米西亚否认得干干净净。“在这封阴险的电报之后，我和米西亚好几个星期不说话。她对我发誓她从未发过这样的电报。我又一次原谅了她。无论如何，米西亚刹住了命运之轮，她让此事就此打住。从那天起，我和斯特拉文斯基再也没有见过面。”

然而她继续——通过米西亚——给予斯特拉文斯基经济援助，米西亚担任着中间人的角色。无论香奈儿与斯特拉文斯基的关系如何，斯特拉文斯基在1921年2月爱上了芭蕾舞女伶薇拉·德博塞，在原配去世之后，薇拉·德博塞成了他的续弦，那是后话。从那时候开始，他与妻子凯瑟琳以及薇拉共同生活，凯瑟琳的身体状况日益恶化，直到1939年去世。凯瑟琳去世前一年，他们的女儿已被结核病夺去了生命。斯特拉文斯基那时候真是祸不单行——垂死的妻子，负疚的丈夫，外遇的女人……在这些悲惨的波折中，香奈儿的经济援助变得不可或缺，不然这出戏还真不知该怎么唱下去。如果她的钱接不上，这个摇摇欲坠的三角结构随时能坍塌。就像1933年2月6日斯特拉文斯基给米西亚的一封充满焦虑的信中所说：

“我非常抱歉总是劳烦您这个那个，或者以我的小困难让您心烦，可是您知道，香奈儿从1号起就没有给我们送任何东西，而我们这个月是一个子儿也没有了。我请您帮我们向她稍微提醒一下。我预先感谢您的善意，您如此慈善热心，以至我们不自觉地心生依赖，热烈地拥抱您千万次！”

换了别人，在这些杂七杂八、如火如荼的私情杂务干扰下，可能会对工作力

1922年香奈儿受俄罗斯风格启发的创作，卡尔・拉格斐绘。

不从心，可是香奈儿推进事业的脚步丝毫没有一点放松。与斯特拉文斯基、迪亚吉列夫、狄米崔等俄罗斯人的友谊也化为她生意上的助力。1927年，借着恩尼斯·鲍的帮助，香奈儿把她和狄米崔大公的罗曼史装进一款名为“俄罗斯皮革”的新香水里，然后，她在康朋街雇用了一些俄国流亡贵族做店员和模特。此举并非出于同情，而是因为这些落魄贵族就是她服装和香水的最佳代言，对于那些因为她而开始爱上斯拉夫魅力的顾客，极具说服力。

如果说迪亚吉列夫的确让她学会了一件事，那就是只要和浪漫的俄罗斯相关的事情都很有市场，艺术与时尚、芭蕾和娱乐之间的区别被重新界定。通过毕加索以及考克多对俄罗斯芭蕾舞团的舞台设计，通过尼金斯基在舞台上的跳跃，香奈儿冷眼观察，也很有心得。她感受着俄罗斯芭蕾舞团充满激情的力量——她对克劳德·德雷说：“在看迪亚吉列夫的芭蕾舞时，我决心去创造一个我喜爱的环境然后住在其中。”同时她也明白俄罗斯蕴含的商业潜力。无论她与斯特拉文斯基或者狄米崔有着怎样热烈的感情，她却是在迪亚吉列夫身上看到了自己实际的那一面。“从我认识迪亚吉列夫的那天起，直至他去世我为他合上双眼，我就从没见过他休息。”当巴黎的上流社会为芭蕾舞团鼓掌时（所有人都为舞团强烈的色彩和美妙的旋律如醉如痴），香奈儿却看出了迪亚吉列夫幕后的诡计。她对莫杭说：“他这一切不过是生意经……他为外国人虚构出一个海市蜃楼的俄国，自然啦，外国人上当了……一切只不过是逼真的戏剧，虚假的景象肯定是必需的：俄罗斯芭蕾舞团描绘的俄国之所以成功，正因为它完全是子虚乌有的。”

香奈儿牢记了这个窍门，将之化为己用。她向狄米崔的姐姐，女大公玛丽亚·帕夫洛芙娜订购绣品。尽管她们是在极端不同的环境下长大的，但在教育方面的一些共同点倒是不谋而合：两个女人都是在修道院学的缝纫；两个人都早年丧母（玛丽亚的母亲在生狄米崔的时候死于难产），玛丽亚是由她的姑姑伊莉莎白·费奥多洛芙娜大公夫人抚养成人的，这位大公夫人的务实精神或多或少与香奈儿所谓的“阿姨们”——实为孤儿院的修女们——异曲同工；两人都在冷漠的环境下长大。（在丈夫被害之后，大公夫人卖掉所有财产和首饰，在莫斯科建了一座修道院，遁入空门，1918年在俄国革命中身亡。）玛丽亚——或者如她自称的玛丽——于1921年秋在巴黎第一次见到香奈儿，当时她与第二任丈夫普佳京亲王一起流亡，一贫如洗，备尝艰辛。在那本1932年出版的回忆录中，她以寥寥几笔，入木三分地勾勒了一幅香奈儿的画像，她摒弃了那些嚼舌头的流言，着重于描写香奈儿为现代精神所做的努力。玛丽写道："我认识她时，她比我大不了多少（她31岁，比香奈儿小7岁），可是人们看不出她的年龄，也不会特别关注她的相貌。让人印象深刻的是她下颌的坚定和粉颈的倔强。人们为她身上罕见的活力所折服，她这种能量能鼓舞你，感染你。香奈儿女士，在她独特的道路上，是一位创新者，一位革命者。直到那时，巴黎的女装业几乎可说是由少数几个内行人垄断，小心翼翼地把持的一种技艺，他们悉心照顾着一小撮挑剔、时髦女人的喜好，只为这一小群人服务。时尚需要一些时间才能广泛传播，而当时尚普及化之后就变了样子，几乎认不出来

左图：俄国女大公玛丽亚·帕夫洛芙娜（坐者），与俄国皇太后玛丽亚·费奥多洛芙娜，1923年。
右图：莉迪亚·索科洛娃与利莱昂·沃兹科斯基于俄罗斯芭蕾舞团剧作《蓝色列车》中，戏服由香奈儿制作。

了。那时没有说整个新一季的设计都因一篇报道而一面倒，或是给一位顾客设计的一款时装又给了另一人。时尚各种款式是专为某位迷人的伯爵夫人，专为某位公主设计的，也只适合这位女士穿。个人主义居于至高无上的地位，生意倒在其次。香奈儿女士第一个面向最广泛意义的公众，并面对各式各样的喜好定出一种标准，让所有人都喜欢。她是第一个基于经济观点把女装艺术民主化的人。战后，潮流的趋势是偏向简单大方、自由写意。香奈儿女士把她的观察应用在服装设计上，引起了广泛的共鸣。”

和她弟弟一样，女大公也需要香奈儿；可是与狄米崔不同，她希望自食其力而不愿意靠别人养活。她的第一任丈夫是瑞典国王的次子，她熟悉沙皇时代帝俄宫廷的排场，她就是在欧洲各国宫廷的锦绣丛中长大的。但是玛丽目睹了旧时代的崩塌，王位如麦草般倒下，历史加快了步伐，谁也不能将“大众化”拒之门外。她从辛酸的亲身经验中清楚认识到，俄国革命后的状况是无可逆转的。“我们被人从光鲜亮丽的背景上揪下来，穿着奢华无比的戏服走下了舞台。现在这些

左图：斯特拉文斯基的《缪斯的指挥者阿波罗》中的塞尔吉·里法，1928年。
中图：斯特拉文斯基作曲的俄罗斯芭蕾舞团剧目《春之祭》中的莉迪亚·索科洛娃，1920年。
右图：吕博芙·谢妮契娃在《阿波罗》中身着香奈儿设计的戏服，1929年。

华服是不能再穿了，得换上新的、更家常的装束，特别是，要学会穿这些平常的衣服。”玛丽卖掉了首饰为弟弟和丈夫提供生活所需，她抛开了过去，只往前看，她也预感到香奈儿将是未来的一号人物。“香奈儿就是这个新时代的象征，尽管她表示出对大众化趣味的极端蔑视，她却兢兢业业地予以回应。”

在她弟弟继续与香奈儿你侬我侬的时候，玛丽经常去康朋街的工作室拜访香奈儿。女大公默默坐在一旁，观察她如何将过去的设计化为己有，而她自己的设计又如何被别人化为己有。她的设计被许多人追捧抄袭。她观察到香奈儿如何把创造性与商业头脑结合在一起（不同于她的老对手——已经多次破产的保罗·普瓦雷）。1912年秋，“可可刚从法鲁岛进口了一些多彩的厚毛衫，于是她就有了个想法：把这些图案变成刺绣花样移植到丝质女衫上”。玛丽亚·帕夫洛芙娜接着说：“一天，我到香奈儿女士那里时，看见她正在与公司负责绣花的巴塔耶太太激烈争论。她们正在检视一批已经完成的红色中国绉绸女衫。香奈儿在砍价，说话非常之快，雄辩不绝，咄咄逼人。她的理论都不容反驳，而巴塔耶太太似乎完全无力招架，惊得话都说不出了。”

女大公仔细地听她们讨价还价，香奈儿毫不让步，到最后就只成了香奈儿一个人在发号施令：

“我告诉您，巴塔耶太太，我不能为这活儿付600法郎！”

丰满的巴塔耶太太穿着非常贴身的黑裙子，额头冒汗，徒劳地试图在香奈儿女士滔滔激流般的话里插进一个字。

“女士，请您……”巴塔耶太太喘着气说。

“请什么，巴塔耶太太？”香奈儿女士立即打断了她的话，“我倒是很愿意听听您解释为何这个价格如此离谱。就像我刚刚说的，这价钱完全不能接受。”

“这些女衫是用真正的中国丝线绣的，目前1公斤的价格是……”

“我不在乎您使用的是真丝还是人造丝，我不看这个。我希望的是把衣服卖出去。这价钱太贵了，您非降价不可，就是这样。”

香奈儿有“锐利一瞥”就能估计价格的“绝活儿”。她攻势凌厉，不容分

香奈儿穿着自己设计的罩衫，设计灵感来自俄罗斯服饰。雷宾德摄于1923年。

辩，巴塔耶太太结结巴巴，满面通红地败下阵来。“亲爱的，”香奈儿继续说道，“您不觉得吗？其实尽可能多多生产这些服装，于您于我都有利呀！您说是吧？所以请您明白一点，把价格降低些。您并不是巴黎唯一能做这刺绣活的人。谁都抢着为我工作呢。干还是不干，您自己决定吧。”

香奈儿做了个表示谈话结束的手势，巴塔耶太太走了。这时，玛丽表示愿以每件450法郎接这个活。香奈儿似乎犹豫了一下，但还是决定让她试试：就这样，女大公变成了刺绣女工。她买了一架缝纫机，在巴黎最贫困的一个街区作坊里，用了一个月学习使用缝纫机，因为香奈儿需要机绣以满足数量日益增长的订单。

女大公在回忆录中写道：“我花了一个月左右的时间才搞清楚机绣的种种繁难，来达到某种程度的技术熟练和速度。然后我让人把缝纫机送到公寓。我把它摆在客厅的正中央，我则坐在沙发上，从远处凝视它。它就站在地毯上，在两把扶手椅和一张摆满了小摆设和照片的桌子之间，冷硬，强悍，似乎高不可攀，镀镍的光滑钢面上寒光闪烁……在我一生中仅有过一两次，我的过去一齐出现在眼前，不是一幕一幕的，而是结为一体，就像一张地图，地图的事件组成从一个新视角看到的一幅巨图，就像人们从飞机上看一处熟悉的景色时的感觉。在这个时刻，我感觉自己非常渺小，非常无助。现在我必须走出这片景象，我自己创造一幅全新的画卷。”

从某个角度来说，她的确为自己的人生织出了新图案。1922年2月5日，玛丽亚·帕夫洛芙娜的刺绣成了香奈儿的春季时装发布会上最主要的款式。女大公把自己的小公司命名为基特米尔（Kitmir，取自帝俄时代驻华盛顿大使的一条哈巴狗的名字，大使在革命后躲在巴黎——他是个守旧派。她在回忆录中写道，此人“拒绝与新世界和解，逝去的一切，他高高地供了起来，如同宗教一般膜拜”）。玛丽后来开了个工作室，雇用了几个俄国姑娘；后来发达了，用着五十多个人。

不过，帝俄时代还是没有完全逝去，至少，在香奈儿的设计上依然反映着源远流长的俄罗斯精神。1922年的时装展重新诠释了鲁巴什卡（一种带有俄国风格的衬衫）、Pelisse大衣（带有肋条形军装胸饰的大衣）和海军领外套（香奈儿借鉴了俄国军装的剪裁），她设计的皮草绲边大衣显然带着浓厚的俄国风情，而“俄罗斯皮革”这款香水，也常在她的工作室里飘香。

辉煌灿烂的过去只存在于悲惨的记忆里。在寻找丝线的时候，玛丽亚·帕夫洛芙娜看了各家仓库，并发现了一个“带有一种特别诗意的世界”。一天，她过去用过的那些丝线重新出现在眼前，似乎是要她以这丝线绣出新的世界。“我发现了一种浅黄色的丝线，就像以前在莫斯科修道院里使用的。我从修女那儿学会了绣圣徒面部的古代技法，使用单色的线，通过改变针脚的方向给消瘦的面颊加上阴影。我也找到了永不褪色的金线和银线，用这些线可以绣出浮凸的王冠和天使光环……”

她还发现了里昂丝绸，丝绸的一些图案已经传承了几个世纪，“认出这些图案就像认出了老朋友”。她曾经在普希金庄园和彼得洛夫宫的锦缎窗帘和锦缎家具上见过这些图案。“织锦缎和素面丝缎、提花丝缎，都在我的眼前一匹接着一匹打开给我欣赏，饱含非凡品位、艺术的睿智和一代代人积累的经验……”

这些熟悉的图案对玛丽来说简直如同来自故国的安慰。她从中汲取了一些灵感，为香奈儿刺绣。时尚生生不息，潮流来来去去，新潮成了老古董，旧的元素重组之后又成了新花样。女大公与设计师的合作不也映现了时代大势所趋吗？贵妇没落了，成为绣工；一个无名小村姑变成了一言九鼎的独裁者。世情变幻，传统在转型，生存大不易，惊天动地的覆灭和强震之后大大小小的余波，历史不断卷起新的浪花。

西敏公爵

在苏格兰的西北端，距拉斯角不远，一条河流蜿蜒流淌在小山脚下，直至注入深色的斯塔克湖中。这是欧洲最人迹罕至的地区之一，一个多世纪以来一直保持着它天生丽质的山林原貌。这里没有农场，也没有垦殖，只有金鹰翱翔在天空，雄鹿点缀着山谷。1866年，西敏公爵一世向岳父萨瑟兰公爵租借了这片5万多公顷的广袤的雷伊森林，之后他的孙子西敏公爵二世（他的家人和朋友称他为本德，跟他爷爷那匹在埃普瑟姆大型赛马会夺冠的纯种马同名）在1920年买下了这块产业。

夏日的午后，浅灰色的天空映在拉斯福德河平静的水面上。谁会相信，在这些花岗岩的峭壁之后，在苏格兰高地这座庄园里，也曾有过巴黎时尚界名人和高级定制服装系列的踪影呢？然而，在几大本皮面精装的访客记录里，保存着香奈儿女士曾经的芳踪和她在此渔猎的辉煌成绩。她的名字于1925年5月27日首次出现，就在庄园池塘里钓到了一条4公斤的鲑鱼。几天后，在6月1日，香奈儿女士以更优异的表现，又捕获一条5.4公斤的鲑鱼，再次登上荣誉榜，比她的东道主西敏公爵同一天的收获多了半公斤。在这个夏季，香奈儿女士的成绩不断提高，她在6月、7月和8月，从拉斯福德河和斯塔克湖中捕获了鲑鱼和鳟鱼。1925年9月30日，她捕获了她

页图：香奈儿和西敏公爵。

钓到过的最大的鱼，一条7.7公斤的鲑鱼，第二天又平了这个纪录。两年后的1927年，她与西敏公爵一起在拉斯福德河畔垂钓的第三个夏季的尾声，温斯顿·丘吉尔在9月底与他们共度了一周。丘吉尔是本德的老朋友（他亲热地称本德为本尼）。西敏公爵之前结过两次婚——和希拉·康沃利斯-韦斯特的婚姻于1913年结束，与维奥莱特·纳尔逊的婚姻从1920年持续到1924年。公爵这两任妻子，与丘吉尔都是近亲。丘吉尔和公爵还有另一层关系，因为丘吉尔的父亲伦道夫·丘吉尔勋爵去世后，他的母亲于1900年嫁给了本德的妻兄乔治·康沃利斯-韦斯特。因此丘吉尔常来做客，他不时来拜访西敏公爵在拉斯福德河畔的萨瑟兰-斯塔克小舍和洛什莫尔——一座维多利亚风格的豪华庄园。庄园两侧有花岗岩塔楼，可以俯瞰湖景。1927年10月初，丘吉尔在斯塔克小舍给妻子克莱米写信说："可可取代了维奥莱特，从早到晚钓鱼，在两个月里逮住50条鲑鱼。她很讨人喜欢——的确有能力和天赋来指挥人或者王国。本尼很好，我看他非常高兴找到了旗鼓相当的对手。河上只有我们三人，所有的鱼都是我们捕获的。"

晚上，三个钓客在渔猎小屋的客厅里玩纸牌，那儿，壁炉左右墙上还挂着两个鹿头。从香奈儿20世纪20年代暂住至今，斯塔克小舍没有什么变化，里头的卧室与公爵在洛什莫尔的豪华府邸相比几乎是寒酸的。架在河上的狭窄石桥是通向渔猎小屋的唯一通道，外人轻易无法打扰这里幽秘隐遁的生活。宁静笼罩着目前无人居住的洛什莫尔，那些空空的房间依旧挂着没有眼睛的鹿头，以及一个鸟类标本室（红隼、杓鹬、大松鸡和松鸡），野玫瑰攀在窗前。

本德1953年7月钓鱼回来之后猝死在这儿。作家及保守党议员奇普斯·钱农在自己的日记里提到这个大贵族的生活方式以及随他逝去的生活艺术："威严，有骑士风度，集合亨利八世和高贵的洛伦佐于一身。他在74年间，为快乐而活着，为女人而活着。他的财富不可胜数，他的魅力不可抗拒，可是他从来闲不住，一个为所欲为的贵公子，一种非常英国式的堂皇气派。"

公爵猎艳的名声在30年前就已经确立了，当可可·香奈儿1923年底在蒙特

前页图：1928年，香奈儿在西敏公爵位于苏格兰的庄园里钓鲑鱼。

卡罗第一次见到他时，早有耳闻。魁梧匀称的身材，因为打猎和航海而晒成棕褐色的肤色，在44岁的年纪依然充满魅力。本德不过分讲究衣着，很讨女人喜欢。他的朋友威尔弗里德·布伦特写道："他是个快活的伙伴，充满关爱，很像纽芬兰幼犬，过分热衷于骏马、狩猎、汽车和女人。这种生活对他非常合适，因为他是活力和健康的典范。"不断旅行，犹如他不能忍受被自己的想法赶上，西敏公爵对于事物注意力不持久，厌倦得很快，并且无时不被人们簇拥着。但是，香奈儿向莫杭描述的西敏公爵却是："坦率简单，我从来没见过这么羞涩的人。许多人因为自己的地位和财富高不可攀，反倒被孤立而感到羞涩。他要算是其中最羞涩的人了。"

西敏是英国的首富（据说他每分钟赚一个几尼金币），他在伦敦高级地段梅费尔和贝尔格雷维亚拥有大片街区，他的祖父西敏公爵一世于1899年12月22日去世后，本德直接继承了格罗夫纳家族的财富。他那时20岁，饱受癫痫之苦的父亲在他小时候就去世了（格罗夫纳伯爵死于1884年，那时本德才4岁）。他的母亲西贝尔夫人3年后与非常浪漫的乔治·温德姆结婚。乔治24岁，只比本德大16岁，他把本德当作弟弟，而不是儿子对待。因此本德在一种爱的环境下长大，这种环境很少受道学式的维多利亚式礼教所影响。他的母亲和继父是"原动力"组织的核心人物，这是个贵族小团体，每位成员都热爱艺术、自然和文学。温德姆对妻子的三个孩子（本德有两个姐姐：康斯坦丝——大家都叫她库库，和莱蒂丝）和对他自己的儿子——比本德小8岁的珀西一样，就像是孩子们的快乐玩伴。本德总是说，他对生父的记忆就只有被父亲打屁股。他的母亲和继父有许多贵族的社会义务，因此经常出远门，但是温德姆懂得如何丰富继子的童年生活。结婚半年后，伯爵在给母亲的一封信里讲述了他25岁生日那天是如何充满欢乐。"从早餐起，所有人都很开心；西贝尔抱怨鸡蛋凉了，我接着说我的鸡蛋咳嗽了。我们把整个早晨用于田径运动，跳高、跳远、手拉手跳障碍，然后我们荡秋千直至午餐。下午，打板球……然后赛跑至晚餐，餐后放焰火……之后孩子们荡秋千直至晚上十点半。"

本德是天生的田径高手，金发，高个，很受伊顿公学同学们的赞誉。在学校期间，他一直是一个中等生。1899年，他加入皇家骑兵禁卫军并被派往南非做卡普半岛殖民地总督埃尔夫勒德·米尔纳爵士的副官。同年10月11日，布尔战争爆发，本德成为驻南非英军统帅罗伯茨元帅的副官。烽火中的战斗和袍泽之情令他激动。他就是在这样的环境下认识了温斯顿·丘吉尔。他们从南非比勒陀利亚回来的火车遭到南非荷兰裔白人伏击，西敏与丘吉尔并肩击退来犯者，这深化了两人的友谊。之后两人又在开普敦附近猎了一天狐狸，使得友谊更加巩固。回到英国两个月后，本德与他青梅竹马的恋人希拉·康沃利斯-韦斯特订婚；9个星期后，他们在1901年2月16日举行了婚礼，已经成为国会议员的丘吉尔自然是座上宾。新婚夫妇移居伦敦，住在本德从爷爷那里继承的格罗夫纳宅邸，就在海德公园对面的公园巷。这栋宅子里珍藏着许多无价的艺术收藏——包括盖恩斯特勒的《蓝衣男孩》，乔舒亚·雷诺兹的《扮作悲剧缪斯的西登森夫人》，五幅伦勃朗、四幅鲁本斯的大幅宗教题材油画。坐落在柴郡的哥特式建筑伊顿庄园是他们在伦敦以外最常居住的宅邸。

贵气逼人的伊顿庄园内部保留了西敏公爵一世时的模样，鲁本斯的名画《三王朝拜耶稣诞生》挂在楼梯的上方，旁边尽是中世纪骑士的甲胄。可以接待60名宾客的大餐厅，装饰着由盖恩斯特勒和雷诺兹画的历代家族成员肖像。在行之有年的贵族狩猎活动之外，本德又添加了新的娱乐活动。他引入了板球、槌球、网球、划船；建了9个洞的高尔夫球场；组织马球巡回赛，每个赛季有10支队伍，92名球手参加比赛。保守党议员兼国务秘书乔治·温德姆赞许地说：“我喜欢他这个年岁的人对什么都抱有热情，这种热情让人看着就高兴。……他让人建了一条障碍赛马跑道并铺设了近3公里长的沥青铁轨。昔日的鹿舍现在住着獾，人们狩猎时看见了獾，就把它们赦免了。马厩里养满了猎马、赛马、马球马、巴苏陀马、驾车的马、受过小跑训练的美国马，还有两辆汽车。马厩的摆设毫不见阔气，就像个大男孩住的地方，令人愉悦。”

本德努力让伊顿庄园充满年轻而轻松的气氛，这事也不简单，因为这幢府

香奈儿从未曝光过的私人照片。左上图：香奈儿与薇拉·巴特在洛什莫尔。右上图：香奈儿在米米藏西敏公爵的狩猎别墅。中图：香奈儿在苏格兰。中右图：香奈儿在伊顿庄园。左下图：香奈儿与西敏公爵在伊顿庄园。右下图：香奈儿在伊顿庄园的阳台上。

左上图：香奈儿在伊顿庄园。中左图：香奈儿在米米藏，马尔伯勒堡公爵夫人摄影。中右横图：香奈儿身着宝石蓝裙装于西敏公爵在伊顿庄园画室举办的私人派对上。下方图：伊顿庄园外景。

左上图：薇拉·巴特与西敏公爵于苏格兰。右上图：香奈儿在米米藏。中右图：香奈儿在伊顿庄园花园中。左下图：西敏公爵在苏格兰的房产。右下图：伊顿庄园外景。

香奈儿、西敏公爵和公爵最爱的腊肠狗在
公爵的游艇飞云号上。

香奈儿和朋友与西敏公爵于飞云号上。

邸本身就造得宏伟庞大、富丽堂皇。设计伊顿庄园的，就是伦敦地标性建筑自然科学史博物馆的建筑师艾尔弗雷德·沃特豪斯。沃特豪斯应西敏祖父之邀，把这幢建筑改造成一座维多利亚风格的宫殿。19世纪70年代，持续了12年，耗资60万英镑的伊顿庄园终于竣工，建筑师宣称："哥特风格非常适合现代社会的需要。"光是它的体积就大得慑人。曾经有人在参观了伊顿之后说："伊顿实在太大了，简直就是一座小城。"大宅落成时，西敏公爵一世反倒严重地怀疑原先的规划了，他给儿媳西贝尔夫人写信说："现在我建成了一座宫殿，我本来只梦想在一个小农舍里过活。"

可是新婚时的本德似乎很喜欢伊顿。他和希拉以及一群猎獾犬占了一整个侧翼。这些狗处处跟着他，且野性难驯，搞得总是要有一大群仆人跟在后面打扫收拾。西敏公爵的第一个孩子厄休拉于1902年出生，可是就本德而言，长女在他心中的地位还不及这群狗。孩子的出生没怎么改变伊顿的生活习惯，他们继续在那里招待宾客，经常多达60名，由穿着制服的仆役大军悉心伺候着。在格罗夫纳宅邸，晚会更加气派，那种显赫排场，如罗马尼亚太子妃（维多利亚女王的孙女）所说，她在参加1902年7月的一场伊顿庄园的舞会时写道：西敏的舞会是那一季所有贵族舞会的"登峰造极之作"。在回忆录里，她详述了年轻的西敏公爵夫人是个"高挑、敏捷、耀眼的美人，遍身珠宝"，也记下西敏公爵夫人的姐姐黛西——普勒斯王妃："一袭金衣，在蜂蜜色的头发上戴了一顶高耸镶钻的珠宝冠。"餐厅也让她赞叹不已："这个美丽的餐厅，里面摆放了大量银蓝色的花，非常耀眼。……穿着笔挺光洁制服的仆从，彬彬有礼、相貌悦目，带着只有英国仆役才有的庄重举止，尽责地服侍每位宾客。非凡的花束，精美的瓷器，配上顶级的玻璃器皿和银器，完美的照明为肤色增辉。柔和的音乐在深处奏起。我沉浸在整体的美感中，那是累积数代财富和文化的人才能打造出来的完美。当然这一切的背后需要非常耗费心力的缜密规划，但是，却完全看不见斧凿的痕迹，看不见忙碌、喧哗、混乱；一切均按部就班地进行，让人产生一种惬意的安宁和舒心之感。"

可是在恬静的表象下，公爵和夫人之间的和谐已经不再。1903年3月，在伊顿举办的许许多多晚宴结束之后（这次客人中有王储威尔士亲王夫妇），黛西深深为她妹妹——公爵夫人不安，她在日记中写道："可怜的妹妹，她昨天哭了；但我对她说，随着女人年龄渐增，失望就成为生活的一部分，任何一位丈夫的表现都不会如人所愿。"次年，1904年11月，希拉生下了一个男孩，爱德华·乔治·休·格罗夫纳。尽管本德很高兴有了一个继承人，可是夫妇在一起的时间却越来越少。他们仍然举办大型宴会，但却经常各自带着各自的仆人在各自的游艇上宴客。有谣传说希拉已经屈从于阿尔布公爵的魅力，他是围着西敏公爵夫妇转的"伊顿帮"中一位极有魅力的爵爷。本德也有自己的私情，或者如他自己所说，有些"一夜情"。这是他们庄园提供的各种消遣之一，然而表面的道德规范还是不能不照应的（不要忘记了，如果半夜还有背着人的休闲活动，本德说，要走楼梯边上，因为"楼梯边上的嘎吱声小"）。

两人就这么相安无事了一段时间，表面上看来婚姻似乎平静如常，直到一场悲剧发生。1909年2月，他们4岁的儿子爱德华在自家的伊顿庄园接受阑尾手术后夭折，诊断说，这个手术迟了好几天。本德把此事归咎于希拉的疏忽而指责她未恪尽母职。与丈夫同样受着丧子煎熬的希拉没有出席儿子的葬礼。两个星期后，她给黛西写信说："夭折的孩子给我的生活留下了怎样的空虚啊！我觉得世界陡然坠入黑暗，为了找到一点点光明，我在黑暗中摸索前行。"

几天后，应黛西王妃夫妇的邀请，本德和希拉带着女儿厄休拉乘船去摩纳哥。但是黑暗依然盘旋不去。黛西在3月7日的日记里记载："天气糟透了，暴风雪，雷雨交加，大海翻腾，巨浪拍岸，就像要盖过我们……我们随后驶到戛纳的防波石堤，石堤不高，是一道简陋的防波堤。许多孩子在这里玩耍，就在我们要返回的时候，我们听见有人惊恐地叫喊：有个孩子掉进海里了。我们跑过去，但是的确做不了什么。希拉对我说：'本德要去救他，求求你，拦住他……'我走到最下面，靠近礁石，以便拽住他，我听见他在悲叹孩子已经沉入水中。假如还有一点点希望他会跳入海中的，但是浪太大了，我们什么也看不见。”

儿子去世的时候本德仅29岁——在这场戛纳悲剧后的几天，3月19日，就是他30岁的生日——大部分人认为他会再孕育一个继承人，而夫妻俩也会和好如初。黛西在1909年11月14日的日记中也写道：“让人惊喜的消息是，

香奈儿在伊顿庄园。

希拉给我写信说他们的确在期待一个宝宝。哦！我太高兴啦，上帝啊，让他们生个男孩吧！……我希望她重新抓住阳光，让她的生活恢复光彩，希望阳光充满每一天。”可是希拉的忧伤并没有减轻：她总以为在伊顿黑暗、无尽的长廊里，她又听见死去儿子的脚步声，而她在伦敦的夜晚都是独自过的。一确认怀孕，本德就不再与妻子同房，也不再与她共进晚餐，他们唯一的接触仅限于在晚宴上一起招待宾客。假如他们的第三个孩子是男孩，这段婚姻或许还能挽救，可是1910年6月27日，希拉生下了女儿玛丽。希拉的母亲，帕奇·康沃利斯-韦斯特是这样向黛西通报消息的：“希拉的婴儿……唉，一个女孩！……她只在夜里暗淡的光线下看过一次女儿，而本德还没有看过。……愿上帝帮助他们。”

上帝没怎么介入此事，而我们却看到，一向虔诚的本德，反常地带着一位情妇，当时最著名的音乐剧女星格蒂·米拉尔出现在教堂聚会里。格蒂·米拉尔是布拉德福德一个纺织工人的女儿，在遇到本德时已是个因美貌而大大走红的名伶；她做他的情人多年，直到她发现本德和芭蕾舞星安娜·帕弗洛娃也有私情。还有谣传说公爵爱上了帕梅拉·利顿，那个拒绝了丘吉尔的求婚而令丘吉尔心碎的女人，她后来嫁给了利顿伯爵二世，生了两个孩子。

1913年1月，本德从法国的猎舍（那是他新近购买的一座狩猎别墅，他在那儿养了上百条狗和40匹马，还带着一群时刻准备伺候大人去米米藏森林猎野猪的仆人）寄信给他夫人。他的信坚决且直接：“我认为您与我均同意我们现在的生活方式已难以为继……因为我不能想象您在我们伦敦和伊顿的寓所中独自生活，能给您带来一点点快乐。为确保您此后生活无虞，我已要求我的律师为您规划年金。”

希拉的律师谢绝了每年一万三千英镑的提议。她给丈夫写信请求他重新斟酌，重收覆水：“即使不是看在我们俩过去的情分上，就算看在孩子的分上吧，我再次恳求您。我恳求您回心转意：如果您同意，我准备把过去一笔勾销，并尽我一切所能给予您幸福。”

公爵拒绝了，双方的律师旷日费时的磋商拉锯战继续进行。接下的几个月，似乎有个喜悦的转折，因为本德最喜欢的同母异父弟弟珀西·温德姆和里布尔斯塔尔勋爵的小女儿黛安娜·利斯特宣布订婚。1913年4月16日，婚礼前夕，本德在格罗夫纳宅邸举行晚宴招待双方家人。新郎的父亲，49岁时即已成为一流的政治家的乔治·温德姆，写信给威尔弗里德·布伦特："他们有可能在婚姻里找到轰轰烈烈的爱情。如果天从人愿，那么他们是非常幸运的。至少此刻的小两口非常开心。人们不知爱为何物，常常处处留情，而在婚后才发现完美的另一半，此时，一个已是使君有妇，一个罗敷有夫。如果这小两口不但是夫妻，还是情人，那是很不容易的，不过目前这个念头令人愉悦。"

不到两个月，乔治·温德姆和本德同游巴黎，猝死于旅途中。他的突然离世，最初诊断是心绞痛，后来又说是血栓，不管死因如何，对本德都是个沉重的打击。温德姆对他而言不仅是继父，更是个交情超过25年的挚友。半个月后，本德和希拉的律师最终对分居的条款达成协议。在伊顿，各项活动如舞会、马球和网球比赛、松鸡狩猎按部就班照常进行，好像什么事也没发生。然后，1914年8月爆发的欧战打破了平静（同盟国的法国自8月3日起进入战争状态，英国于5日对德宣战）。本德回到部队，并在登陆法国之前拜访了英国海军大臣温斯顿·丘吉尔。在埃纳河前线，他与自己同母异父的弟弟共同战斗。可是他们的重逢是短暂的，因为珀西·温德姆于9月14日不幸阵亡。本德给姐姐库库写信说："在给敌人造成重创之后，他与身边勇敢的战友们一同去了。"他的牺牲让黛安娜成了年轻的寡妇（这导致了后面的黛安娜进入了卡柏男孩和可可·香奈儿生活的奇异巧合——因为卡柏后来成为黛安娜的第二任丈夫）。可是无论是珀西的阵亡，还是其他家庭成员的牺牲，都丝毫没有减弱本德参战的斗志。他甚至似乎恢复到了在南非服役时的狂热状态。他倾囊资助设计和制造了一个中队的装甲车投入法国，然后到埃及，他使用这些装甲车在埃及救出91名英军战俘。他的英勇表现，让驻埃及英军统帅约翰·玛克斯韦尔爵士极为佩服，并上书维多利亚女王，建议颁发最高级的“维多利亚十字勋章”给西敏。英军统帅在信中公开褒奖他说：“如非西敏阁下如此机敏果敢，任何指挥官恐怕都会怯于在没有把握沙漠地形，或不确知敌情的情况下，指挥战车移动第一个50公里，第二个180公里，深入一片未知的沙漠。这次行动，我相信，将载入战争史册。”

在多次染上热带高烧之后，本德终于在获颁杰出服役勋章后光荣退役，他离开南非去丘吉尔领导的军需部工作。他还特别陪同丘吉尔去巴黎会见法国政治家克里蒙梭（西敏极有可能在巴黎结识了卡柏男孩）。丘吉尔后来回忆这些战时岁月，他推崇他这位老朋友说：“如果他不是公爵，在第一次世界大战中他肯定会获得维多利亚十字勋章。他也许拙于表达自己，但他的思想总是超前百年。”

这段评语同样也可用在公爵与女人的关系上，至少可以用于形容公爵在竭力想要生一个男孩来继承他的爵位和财产这件事上，因为他确实非常坚决。他第二次婚姻娶的是维奥莱特·纳尔逊，她是白手起家的威廉·纳尔逊爵士的小女儿，从小家境优渥。维奥莱特的第一次婚姻，对象是伊顿公学的毕业生，皇家禁卫军步兵二团的军官乔治·罗利。他们在1915年生下一个儿子。维奥莱特马术精湛，也是伦敦上流社会最迷人的女人，她那年29岁，似乎没有任何理由不能给本德生一个他强烈渴望的继承人。维奥莱特离婚之后改嫁西敏公爵，1920年11月26日，在白金汉宫路的身份登记处与本德结婚（新娘身着一件蓝绿色的苏格兰花呢裙，披一条皮草长披肩，戴一顶有褐色面纱的黑色女帽；而新郎身着深色大衣，戴圆顶礼帽）。

婚后孩子没有来报到，两人倒是多了一条船。也许正是因为没有添丁，西敏就在这艘“飞云号”游艇上投注了极大的精力和金钱。这条私人游艇，是世界上名列前茅的大型私人游艇，有四十名水手；黑色船体上的白色木质甲板一尘不染，有如新娘的结婚礼服。当温斯顿·丘吉尔1923年登上这条船的时候，他在给妻子信中做了如下描述：“飞云号是世上数一数二的漂亮游艇，想象一下一条四桅的帆船，就像一幢精巧的乡间别墅，有几个入口、几架楼梯和漂亮的画。它有8台发动机，时速可达12海里，可容纳16位宾客。本尼非常贴心，维奥莱特也一样。”

当4个月后，本德在蒙特卡罗第一次遇到香奈儿时，他立即邀请她去停泊在港口的飞云号上吃晚餐。他们是经由薇拉·巴特介绍相识的。薇拉·巴特是本德的朋友，在英国贵族的小圈子里非常出名。她为香奈儿工作，不是做模特（尽管她穿上香奈儿套装非常漂亮），而是作为一个人脉极广的中间人，一本珍贵的活电话簿。香奈儿向保罗·莫杭透露：“我雇用上流社会的人不是要满足虚荣心，或者羞辱他们（如果我是为了给自己扬眉吐气，那我有的是其他办法），而是因为他们在巴黎的社交圈对我有用。”

薇拉的出身，有点像卡柏男孩，令巴黎各界名流困惑，可是就她的情况，很容易从往日的碎片中搜寻到事实。她的母亲罗莎，是皇家禁卫军步兵二团的威廉·霸菱上尉的女儿，而威廉·霸菱即是著名的霸菱银行创始人弗朗西斯·霸菱爵士的孙子。1878年，24岁的罗莎嫁给了也在步兵二团服役的上尉弗朗克·阿克莱特。他们的第一个孩子是个男孩，叫埃斯米；第二个是女儿，生于1885年（至少户籍上是这样的），叫萨拉·格特鲁德（大家都叫她薇拉）。其实，罗莎和她的首任丈夫在薇拉出生的时候已经分居，并在同年离婚。谣传薇拉真正的父亲是剑桥侯爵一世阿道夫·德·泰克王子，而乔治·菲茨乔治上校是她生父的概率也很大。1885年11月25日，薇拉出生仅几个月，罗莎就嫁给了上校。菲茨乔治的谱系也同样复杂，因为他是国王乔治三世私生子的儿子。无论薇拉的亲生父亲是谁，菲茨乔治破产了，只能让她自己去谋生。

1916年，薇拉嫁给了一个美国人，美国NBC驻伦敦的记者弗雷德·巴特。他们有一个女儿叫布丽吉特（她成了模特，特别是曼·雷的模特，后来她自己也成为艺术家），薇拉经常不在丈夫和女儿身边，就像那年的圣诞节期间，她在蒙特卡罗与本德会面。西敏公爵走到香奈儿和薇拉的桌子前邀请香奈儿上他的游艇，

左图：戴着马术帽的香奈儿。
右图：马术训练中（远方左侧为香奈儿）。

香奈儿接受了。关于这段插曲，她后来很不自然地对保罗·莫杭解释过。在这个版本里，她把薇拉称作“帕梅拉”（也许是后来把这两个女人弄混了），并称这件事归根结底是钱的关系。据她讲，薇拉（帕梅拉）对她说：“帮我个忙。这对你是举手之劳。如果你帮我，我会报答你。……西敏刚到。他的游艇停泊在摩纳哥港口。他想认识你。我说有报酬我就带你去和他吃晚饭。”香奈儿喜欢这样的坦率，并不吃惊。“我习惯了帕梅拉，习惯了女人是魔鬼。”

尽管香奈儿把女人看作贪财的魔鬼，同样有可能的是她对她当时的情人狄米崔大公，已经有一种欲爱还休的矛盾。像迪亚吉列夫、斯特拉文斯基等人一样，他也靠她施舍。财力这一点，从与西敏的第一次晚餐起，她就认识得非常明白。她的财富尽管不少，却远远无法与西敏公爵相比。这个男人，就像之前的卡柏男孩，能够从根本上保障她的资金无忧，即使她无须靠他赡养，他的忠诚也永远无法保证。香奈儿犹豫了好几个月，最终还是在狄米崔与西敏之间选了西敏。她向克劳德·德雷解释说：“我选了其中最能保护我的人。”——可是对这两个人她都不能完全相信。她的观察没有错，因为这两个人都是不可救药的花花公子，但也可能是他们的朝三暮四在她心中唤起了对往日的回忆。尽管香奈儿坚决把自己的出身说得云山雾罩，可是她仍是她父亲——一个从她的生活中消失的男人，一个从未履行挣了大钱之后就回来的承诺的那个不守信的男人——的女儿。

香奈儿，就像任何一个人，要她无视西敏的财富和地位是不可能的，尽管她决心保持独立。她对莫杭说："西敏是英国的，也许是欧洲的首富。”接着她随口说了句奇怪的话："没人知道这事儿，甚至是他本人。他本人更是不知道。”事实上没有人不知道这件事，本德最清楚，因为他继承的庞大财富以及社会地位，已经是构成他这个人的基本要素，与他是不可分离的。在这个奇怪的否定句之后，香奈儿接着说："我刚才这样说，是因为在这样的层次上，财富就不再是一般性的，它已经多到旁人都无从嫉妒了，它已经达到了一场灾难的程度；我这样说尤其是因为，财富让西敏成为一个行将灭绝文化的最后传人，一个古生物学的珍宝。”

1946年她在向莫杭描述西敏的时候，她对这个男人（对所有英国男人，或甚至是对所有男人）在矛盾中常常闪现出一丝真正的关爱，这是在痛苦中变得尖刻，甚至冷酷的她很少表达出的一种感情。她说："我一生中有十年是与西敏一起度过的。”她同时对随后的事情保持沉默，特别是公爵的第三次婚姻（1930年，他娶了维多利亚女王御前大臣之女莉莉娅·庞森比）以及第二次世界大战的那段时间。"他是个貌似笨拙，实则机敏的猎人。他拴住我十年时间，足以说明这点。我们十分温柔、十分友好地一起生活了十年。我们一直是朋友，我爱他，或者说我认为我爱他，两者是一回事。他是绅士风度的化身，慷慨仁慈。他属于依然很有教养的那一代人。另外，所有的英国人，至少在越过加莱海峡之前，都很有教养。”她显然了解西敏的两个妻子以及各式各样的情妇的生活状况，尽管西敏富有魅力，可是前一个英国人太令可可刻骨铭心了。她对克劳德·德雷透露："我确信是卡柏男孩把西敏送给我的。”就好像所有的英国人都互通声气，哪怕是在天国。可是面对保罗·莫杭，她却宣布：“西敏喜欢我，因为我是法国人。英国女人占有欲强，而且冷漠。男人受不了的。”

她特别想到一个英国女人，想到黛安娜·卡柏了吗？一个奇怪的巧合或者是命运——由墓中的卡柏男孩牵的线，追求她的人，竟是黛安娜首任丈夫同母异父的哥哥！黛安娜不一定是卡柏男孩跨进英国贵族社会的敲门砖，他可以靠自己的力量；而本德为可可开的这扇门却壮丽非凡。

尽管她努力保持距离，他却送给她大量的礼物来讨好她，他甚至把家里自产的水果送给她。他送给她在伊顿温室采摘的一篮篮异国的水果，有时还有花园里的栀子花和兰花。一天，一箱新鲜蔬菜送到了巴黎，管家在箱底的一个珠宝盒里发现了一颗未经雕琢的祖母绿宝石。还有一次，香奈儿的仆人给送花的开门，巨大的花束遮住了送花人的面孔，正当他要给小费的时候，才发现送花的就是公爵本人。几天后，西敏再次到康朋街拜访香奈儿，随他一起去的是王储威尔士亲王，就好像他要告诉王储殿下，香奈儿在他心中的地位。

1924年春，可可和本德在一起了：人们看到他们一起参加《蓝色列车》的彩排，香奈儿为俄罗斯芭蕾舞团这出戏设计了服装；看到他们一起在飞云号的甲板上。她后来对克劳德·德雷说：游艇是展开爱情故事的最佳场所。“第一次，大家都会紧张得笨手笨脚；第二次可能会有些小争吵；第三次，如果不合适，你可以在下一个港口登岸……”

可是一切顺利，各处的大门都对她敞开了。在伊顿，她不知不觉地当起了庄园的女主人，她同样自如地穿上了黑色的，或者宝石蓝带流苏的丝织晚礼服，这些礼服是她特地为旅行设计的，不会有折痕。她骑马、打猎、陪西敏公爵去赛马场。1926年，当他在苏格兰又买下玫瑰大宅庄园的时候，她按照自己的品味装潢，在套房里有连通的浴室，里面装设了全苏格兰第一个坐浴盆。1928年5月，温斯顿·丘吉尔去玫瑰大宅钓鱼期间告诉妻子：“房子非常舒适。只有本尼、可可和一个随从埃内斯特·巴尔。气氛惬意、活跃而温馨……可可昨天钓到3条鱼。那地方距离洛什莫尔72公里。可我们也可以在别的什么河里钓鱼。今天早晨下雨了，正适合钓鱼。”

上图：香奈儿和丘吉尔在伊顿庄园，1929年。
后页图：洛什莫尔的捕鱼记录。

TE	NAME	PLACE	Salmon	Weight	Grilse	Weigh
	Brought forward.		237	3559½	39	
1st.	Rt. Hon. W. Churchill.	Top Pool.	1	20		
"	Rt. Hon. W. Churchill.	Lower Top Pool.	1	12		
"	Mlle. Chanel.	Duchess Pool.	1	24	1	4½
"	Mlle. Chanel.	Duchess Pool.	1	16		
"	Mlle. Chanel.	Upper Duchess Pool.	1	19		
"	Mlle. Chanel.	Duchess Pool.	1	15		
"	Mlle. Chanel.	Island Pool.	1	16		
"	Mlle. Chanel.	Fern Pool.	1	17		
"	Mlle. Chanel.	Fern Pool.	1	15		
3rd.	Mlle. Chanel.	Top Pool.	1	18		
"	Mlle. Chanel.	Duchess Pool.	1	17		
"	Mlle. Chanel.	Duchess Pool.	1	12		
"	Mlle. Chanel.	Meadow Pool.	1	14		
"	Duke of Westminster.	Ridge Pool.	1	18½		
"	Rt. Hon. W. Churchill.	Meadow Pool.	1	14	1	8
"	Sergt. Thomson.	Home Pool.	1	14½		
4th.	Mlle. Chanel.	Lower Top Pool.			1	6
"	Mlle. Chanel.	Duchess Pool.			1	7
"	Rt. Hon. W. Churchill.	Lord Belgraves Pool.			1	6
5th.	Rt. Hon. W. Churchill.	Meadow Pool.	1	14½	1	8
	Carried forward.		254.	3836.	45.	99¾

丘吉尔在米米藏森林一次野猪狩猎时就已经对香奈儿另眼相看了，随后又到康朋街拜访过她。1927年1月27日，他写信给妻子："著名的可可来了，我对她十分着迷。她极有能力，极讨人喜欢，远比本尼打过交道的任何女人都有个性。她精力充沛地打了一整天猎，晚饭后开车回巴黎；而今天，她要负责检查并修改队伍看不到头的模特们身上穿的衣裳。总共200套服装要在这三周之内准备好。对某些衣服她要改上十遍。她亲手干，别别针啊，剪啊，打结啊，等等。和她在一起的是薇拉・贝茨・阿克莱特。参谋长？不在。副官？不在。她在那儿。这就够了。"

香奈儿在米米藏的一次围猎中受了伤。骑在她前边的人拨开的一根树枝，突然弹回来抽到她的脸上，把她的上唇撕开了一条口子。她满脸是血，白领带也血迹斑斑。本德喊起来："哪个蠢货干的？"并立即停止了打猎。香奈儿对此事印象鲜明。她对克劳德・德雷说：公爵叫了医生，可是来了一个兽医并用猪鬃给她缝伤口。"他只有很粗的线，乡下人嘛……"晚上，香奈儿带着她前一天买的两只宠物——一只猴子和一只鹦鹉，坐火车回巴黎找自己的医生。在整趟夜车中，这两只宠物一直用一种奇怪的语言（"我认为是巴西语"）相对嘶吼。她告诉德雷：当猴子拽住她的裙子时，她终于忍不住地哭出来。这是她"首度崩溃"。也许这只是一个寓言，说明她觉得西敏公爵对她的保护还不够完善。在那一刻，她捂着缝得很差的伤口，与身旁的猴子一样害怕，她真的濒临崩溃边缘。

要兼顾自己的生意和与本德共同生活，让香奈儿像是走在钢索上。她肯定地告诉德雷："他是个非常简单的人，就像流浪汉那样单纯。"尽管他的要求算不上苛刻，却往往让身为企业掌门人的香奈儿左右为难。有一次，他把她的缝纫工召到伊顿，以便香奈儿能够在设计服装的时候，也陪着他。可是当每年两次——通常是2月5日和8月5日——在康朋街的时装发布会期间去找香奈儿，他的没耐心是显而易见的。她告诉德雷：他是只"来回踱步的老虎"，尽管他知道晚上他们会在一起。最经常的情况是，她安排好时间以便能够与他一起去他想去的任何地方旅行。她告诉保罗・莫杭："西敏到处都有房子。每次去一个新地方，她就会发现他的房子，在爱尔兰，在达尔马提亚群岛，在喀尔巴阡山，他要求每幢房子都有锃亮的银器、电瓶充好电的汽车（‘我在伊顿的车库里见到17辆劳斯莱斯古董车’）、停在码头加满汽油的小邮轮、制服挺括的仆人……在苏格兰的荒原上，松鸡要时刻准备好被猎杀，鲑鱼要时刻准备好被捕获；与此同时，在维莱特雷森林或者在朗德省，无论是猎野猪的还是猎鹿的猎犬向导，都只管备好鞍子，找出野兽的足迹；需要琢磨他们要不要和衣而眠，或者游艇的船长是不是一直在船上等候发动，或者其实是被画在了舰楼上。总之，这荒谬的童话梦境，会不会是一场噩梦呢？一个流浪汉的梦……”

也许是她父亲的梦境吧？一个挨家挨户卖小东西的流浪汉，走遍了法国，却始终没有找到他的乐土。或者，是她儿时的梦？她总想着，会有人把她从修女嬷嬷这儿救出去，然后她会过着称心如意的生活，就像童话里的公主。跟着本德过着旋风般的日子，她真能感受到梦一样的幸福快乐吗？即使能，这种快乐靠得住吗？此时香奈儿已经40岁了，一年一年过去，事实摆在眼前——她没法怀上他的孩子，尽管她到处寻求偏方。她对他的朋友们殷勤相待，例如丘吉尔；她在伊顿的狩猎季一周打猎三次。但是巴黎的生活却使西敏焦躁不耐。除了薇拉·贝茨，他与她的朋友们，没有交集。“我的朋友都使他感觉无聊。他完全不能理解米西亚，而米西亚完全不能理解英国。塞特让他震惊，因为塞特居然会把鹳的喙锯掉，眼睁睁看着它饿死。塞特还把狗抛进威尼斯的大运河里。”

尽管如此，她与本德同胞们的关系还是越来越密切。不管她喜不喜欢英国女人，她还是为她们设计服装，让她们深为佩服。1927年6月英国版的 *Vogue* 杂志，宣布了一条大新闻：“香奈儿开了伦敦分店。”报道中有四张模特穿着香奈儿服饰的图片，都是设计给上流社会名媛淑女们出席大场合时穿的：两袭白色塔夫塔绸晚宴裙，“简单，毫无赘饰”，是让刚成年的女子穿着出入宫廷的；两件小礼服，适合穿着去看皇家赛马会，其中一件是蕾丝的小黑裙，另一件是有着小圆点的蓝色丝裙。

“香奈儿，法国首屈一指的高级定制服设计师，登陆伦敦。精品店位于一幢安妮女王时期的优美老宅中，有着雕版装饰的壁面与拼花木地板。模特优雅纤细如百合，展示着香奈儿最新一季的设计……”这间精品店其实离西敏公爵在梅费尔区的佐治亚式大宅“波登府邸”不远，但是文章里完全没有提到西敏公爵。而在 *Vogue* 发表这篇文章之前，小报写西敏公爵有可能会迎娶法国知名服装设计师的消息，早已传得沸沸扬扬。

不管媒体报道与否，伦敦时尚人士都知道香奈儿与西敏公爵这一段罗曼史，已反映在了她新一季的设计里。不管最终她和西敏公爵是否结成连理，她在英国上流社会的地位已然确立。事实上，香奈儿伦敦精品店本来就是西敏公爵的房子。

Vogue 报道说：“香奈儿新一季的设计里，有数款长裙，适宜穿去参加皇家赛马会以及私人宴会。在英国，我们的穿着总是要比法国人正式。香奈儿所设计的新系列在结合了传统形式与迷人的现代主义上，非常成功。我们热爱传统，犹如热爱古宅；但我们也一样醉心于年轻的元素。就像一个古老花园里新绽的花朵，是园子里固有的，又极为娇嫩。初长成的女子，晋见陛下，以古老宫殿为背景，衬托之下，越发出落得如花般清丽动人。”

“香奈儿伦敦工作室里雇用的是清一色的英国女性缝纫工，她们在法国首席裁缝师的指导下工作。香奈儿伦敦精品店只用英国模特来展示服装。这对英国和法国都是极为实际的，犹如‘英法同盟’般——是英国的品位和传统加上了法国式的时髦。”

香奈儿在新设计中也融入了某些苏格兰元素。在洛什莫尔时，她曾经借本德的衣服来穿，并把他的斜纹软呢外套改制成自己的，而且她穿着这类服装总是带着一种华贵的气度，与一般人穿着休闲服装的气度截然不同。将公爵的衣服改头换面之后，她开始以这种苏格兰斜纹软呢为面料，创作出她经典的斜纹软呢小外套和套装。如出一辙，在伊顿小住时，她曾经从本德的仆役和管家的条纹制服上获得灵感，设计出*Vogue*及 *Harper's Bazaar* 的读者都极为熟悉的“香奈儿英伦风”。其中包括宽松羊毛对襟衫，她自己很喜欢在穿着时，佩戴数米长的珍珠项链——在她每一个生日，公爵都会赠送一串新的珍珠项链，外带其他许许多多贵重的贺礼。

然而在多如繁星的珠宝馈赠中，却从没有过结婚戒指。没有任何证据显示，他曾经向她求过婚，尽管一个关于香奈儿拒绝嫁给本德的故事多年来被人津津乐道，故事中她还发表了著名的宣言："西敏公爵夫人可以有很多，但可可·香奈儿只有一个。"实际上，这只是个传说，就像她声称她是阿姨抚养长大的说法一样缥缈无据。在她晚年时，她曾被要求证实这段逸闻，但她坚决否认，声称她绝不会对本德胡言乱语，说出这么粗俗的话："如果我这么对他说，他一定会当着我的面大笑。"在一个听上去靠谱得多的版本里，这个故事来自她和一位外交官的对话，当时他们正在巴黎的英国驻法大使馆里共进午餐，查理·蒙德爵士问及她为什么没有答应西敏的求婚，她当时回答的是："已经有太多公爵夫人了。"然后对方非常贴心地补上了这句："然而只有一位可可·香奈儿。"

尽管他们没能孕育出一个爱情的结晶，让本德拥有他极度期待的继承人，并顺理成章地促成他们的婚姻，然而这段深具意义的感情仍在彼此的生命中，刻下浓墨重彩的印痕，犹如魅影般徘徊不去。玫瑰大宅里，优雅的香奈儿氛围几已散尽，干腐的木质吊顶摇摇欲坠，玻璃碎片散落在凹陷的地板上，法国墙纸的光华早已褪去，米色的漆面斑驳剥落；但是，白色的杜鹃花仍然开满花园，就像香奈儿女士还在此处徜徉时一样。如果你漫步在伦敦梅费尔的几条街上，你仍然能看到那些双C标志，凸显在街灯柱上——一个终极的象征，代表着公爵向可可·香奈儿的致意。一个无声的纪念，以它自己的方式，记录着一场英伦传统与法国风尚的完美融合。

蔚蓝海岸的时髦

如果说伊顿庄园和洛什莫尔是西敏公爵的领地，而且疆域还扩及他驾着游艇所到之处，那么蔚蓝海岸则是香奈儿的地盘，在这里他只是她的座上宾。在蔚蓝海岸的洛克布鲁，香奈儿亲自设计了一栋度假别墅，取名 La Pausa，建筑造型古朴典雅，木质结构的身姿屹立在马丁海角上，可以远眺意大利海岸的壮丽景观。别墅名字灵感来自《圣经》中抹大拉的玛丽亚在耶稣被钉上十字架后，从耶路撒冷一路奔逃，最后在一处名为La Pausa的小橄榄树下休息的故事。别墅附近有一座小教堂，叫作Our Lady of la Pausa，是为了纪念抹大拉的玛丽亚。所以La Pausa有“休息之地”的典故。1929年2月，香奈儿在蔚蓝海岸买下5亩地，很多人都以为购置这块土地的是西敏公爵，实际上房产契约书上写着香奈儿的名字，她从自己银行户头上提出180万法郎购买了这片土地，而不是靠公爵的资助。

买下La Pausa证明香奈儿已实现财务的独立，可以独当一面。1923年，她独资在戛纳开设了一家精品店。在巴黎康朋街，香奈儿精品店不断扩充，她也拥有很多的股份：1918年2月买下康朋街31号后，1923年4月买下29号，1926年4月买下25号，1927年10月先后拿下27号和23号。洛克布鲁这栋美轮美奂的房子不仅仅是她巴黎女装帝国的前哨，也是这片蔚蓝海岸上流社会人士的社交中心。

前页图：香奈儿与歌剧女伶玛尔特·达韦利在西敏公爵的游艇上，1930年。
后2页图：乔治·巴哈尔游艇上的女模特们，从左向右依次为：茱安·考克斯、E.沃格特，身着香奈儿深色羊毛毛衣和白色绒布裙；李·米勒，围香奈儿围巾；汉娜·李·舍尔曼。爱德华·斯特晨摄于1928年。

蔚蓝海岸吸引了具有波希米亚气质的欧美人士。她不是第一个发现这块地方的人，她也没有发明蔚蓝海岸派时尚，但她以一位时尚设计师的敏锐眼光，将此地的气质提炼出来，取其精华融合进她的个人风格，然后售与那些渴望拥有香奈儿服装的顾客。

1924年，俄罗斯芭蕾舞团负责人迪亚吉列夫创作了芭蕾舞剧《蓝色列车》，故事讲述这辆豪华的蓝色列车从巴黎载了一群上流社会人士到法国南部海滨度假胜地。这出芭蕾舞剧幕后的精英也反映了巴黎和蔚蓝海岸之间的创意联系。毕加索为这出舞剧设计舞台布幕。舞剧的布幕取材自毕加索的名画，描绘两个壮硕丰满的女子在海滩上奔跑，白色的衣衫敞开，酥胸半露，背后是朗朗蓝天。香奈儿主导戏服设计。她成功地让戛纳、杜维埃、比亚利兹等地的有钱有闲阶级接受了运动服装，而这出舞剧的戏服即取材自她拿手的运动风格服装，像是横纹针织衫、泳装、沙滩凉鞋、高尔夫球鞋、网球裙和短裤，可能还有西敏公爵游艇的船员制服，都是她灵感的源泉。（当香奈儿第一次乘坐公爵的飞云号游艇之后，她说："除了海军蓝和白色这两种海军的颜色，其他都不搭。"）

当然，香奈儿精致的设计在蔚蓝海岸并非没有先例。美国的杰拉尔德·墨菲和太太莎拉是一对富有的年轻夫妇。1923年，作曲家科尔·波特带领他们认识了乐趣无穷的蔚蓝海岸。这对夫妇夏天时喜欢把巴黎的时髦朋友都吸引到蔚蓝海岸他们的别墅来住。原先，蔚蓝海岸是避寒之处，传统上圣诞节才是旅游旺季。而墨菲夫妇这么一来，炒热了蔚蓝海岸的夏天。墨菲夫妇喜欢爵士乐、艺术、日光浴和开派对。他们在海边的别墅Villa America，就成为上流社会聚会玩乐的小天地。社会名流、音乐家、作家、艺术家在这里进进出出。毕加索和作曲家斯特拉文斯基，画家费尔南·雷杰，摄影师曼·雷，作家多萝西·帕克小姐、海明威、菲茨杰拉德和太太泽尔达……他们喜欢聚在一起分享前卫思想，但有时也因为争风吃醋和太多酒精而反目。很多戏剧化的场面都被菲茨杰拉德写进了小说《夜色温柔》里。在小说里，墨菲夫妇家里的各种派对成为故事的基调，借书中男主人公迪克·戴弗的口说出："我想办一个货真价实的烂派对。我说真的。派对上宾客们互相争吵又彼此诱惑，派对结束后人们带着受伤的感情离开，而女客们则在化妆间里烂醉如泥。你等着看吧。”后来这些在法国南部夏季的疯狂片段，也在泽尔达写给菲茨杰拉德的信件里提及。那时，泽尔达因为精神崩溃，被禁锢在瑞士疗养院中。她在信里写道：“我很希望能独自走在戛纳昏暗的街灯下，自觉既神秘又无惧，就像去年夏天一样。”

在香奈儿的宫殿落成之前，蔚蓝海岸的时髦风情早已成为爵士年代那迷惘的一代跳舞、醉酒、嬉戏的背景。早在那些度假式穿着被认定为香奈儿风格的服饰之前，墨菲夫妇和他们那圈朋友早就穿着戏水、笑闹了。墨菲夫妇的Villa America，也是白墙与黑缎的室内装潢。毕加索和墨菲早就穿着横纹水手衫了。（墨菲自己也是一名艺术家，1921年，他初抵巴黎时，曾经帮迪亚吉列夫的俄罗斯芭蕾舞团做舞台设计。）他的太太莎拉以在海滩上佩戴长串珍珠项链而闻名，她的解释是，珍珠也想晒晒太阳。因此，在小说《夜色温柔》里，女主人公妮可·戴弗原型灵感就来自莎拉和作者的妻子泽尔达，就像菲茨杰拉德笔下《美丽与被诅咒的》中的人物，斜躺在阳光刺眼的海滩上，她“泳装拉下来，露出背部和肩部，皮肤晒得发红，带着橙棕的色泽，与那条莹润的珍珠形成对比，在艳阳下闪闪发光。她的脸，线条刚硬，如此可爱又惹人怜惜”。

在菲茨杰拉德笔下的蔚蓝海岸中，香奈儿只扮演了一个微不足道的角色，仅仅在故事接近尾声的时候提到了女主人公妮可·戴弗用的一款香奈儿香水；小说结尾也暗示标志了放纵和自我毁灭的爵士时代的结束：“她穿上一条长及脚踝的裙子，这条裙子已经买了好多年；她像抹圣水一样，虔诚地以香奈儿16号香水画了个十字。”实际上，香奈儿不仅仅意味着一个香水牌子，她更以自己独特的方式塑造了这片蔚蓝海岸的时尚风貌，菲茨杰拉德却没怎么留意她的时尚影响力，或许那时他已酗酒成瘾，失去了慧眼识人的本事。后来菲茨杰拉德在散文《爵士时代的回声》中写道：“夏天来蔚蓝海岸总是能得到意想不到的收获，所有的一切似乎都和艺术相关。”这句话用来描述香奈儿在La Pausa别墅的生活，也一样适用。

如果说别墅Villa America代表了墨菲夫妇的人生座右铭“活得好就是对敌人

左图：奥巴辛12世纪的楼梯和拱门。
右图：在设计蔚蓝海岸的La Pausa别墅时，香奈儿派建筑师罗伯特·斯特赖茨去奥巴辛实地考察。

的最佳报复”，那么香奈儿的别墅La Pausa也具有同样的诱惑力，它成了一个时代生活方式的缩影。这种生活态度很时髦，洋溢着法兰西的享乐传统，对英国的上流社会和波希米亚式的巴黎人同样有吸引力。最重要的是，La Pausa别墅建立于香奈儿的过去之上，同时也预示着她的未来。

所以是香奈儿自己出资建造了La Pausa别墅，而不是西敏公爵。当然西敏公爵对该别墅的影响是显而易见的，因为他不时乘游艇来此度假，但是所有的重要决定，都由香奈儿独立做出。她最初和别墅的建筑师罗伯特·斯特赖茨的会面就是在飞云号上，当时游艇停泊在戛纳近海处。之后，香奈儿常搭乘快速的蓝色列车从巴黎到蒙特卡罗，途中闪电似的巡查一下工地。建筑师斯特赖茨当时只有28岁，这座别墅是他第一个重量级的设计案，但是他立志要建造出最棒的地中海别墅的壮志打动了香奈儿。40年后，当斯特赖茨接受法国记者皮埃尔·戈兰的采访时说：“西敏公爵的要求很简单，别墅每样东西都要用最好的，最好的材质，最佳的状态。”

但香奈儿对建筑师提出的第一个要求是很个人化的，她告诉斯特赖茨，她想让他在入口的门厅处复制一座巨大的石造楼梯，这来自她在奥巴辛孤儿院的记忆。为了分毫不差地重现每一个细节，她派斯特赖茨去参观这家孤儿院。这是个特别的要求，因为香奈儿对她孤儿院的那段过往一直绝口不提。在奥巴辛，斯特赖茨发现这座石梯的确就像香奈儿所描述的那样：从教堂黑暗的深处一直延伸到二楼，历经数百年踩踏而微微凹陷，一代又一代的修女都从这个长长的楼梯走下，身后跟着孤儿院的孩子。修道院长很清楚地记得香奈儿在此的种种细节，而建筑师守口如瓶，从未再向人转述。在研究和拍摄了这个教堂的石梯后，他精准地在La Pausa别墅复制了一座一模一样的楼梯，而楼梯后来成为别墅中最引人注目的设计。

在和香奈儿打交道的过程中，斯特赖茨感受到了她的慷慨大方。当听说他的汽车抛锚，他不得不坐公车来工地时，香奈儿很大方地把自己的一辆车送给他，而且坚决不许他拒绝。但是香奈儿有时野蛮又咄咄逼人也让他吃不消。他回忆道："她当然很聪明，但是在讨论问题时总给人一种把别人当下等人看的高高在上感。"所以每次和她讨论完，他都很快离开，不愿稍事停留。因为他怕他会听到香奈儿在背后说他是彻彻底底的白痴。 这个工程的承建商爱德华·马乔里在和香奈儿打交道的过程中，也有类似既尊敬又不安的复杂情绪。"她非常清楚自己要什么。"他告诉记者戈兰，香奈儿要求他，别墅必须有陈年绿色铜锈的效果，屋顶使用的两万多块瓦片必须是手工制造，那些崭新的百叶窗必须做出风化过的岁月痕迹。香奈儿每月都会来工地至少一次，有时她甚至当天往返巴黎。有时她在康朋街太忙不能脱身时，马乔里会派一个工人去巴黎，让她亲自决定别墅正面使用的灰泥颜色。

尽管香奈儿如此苛求，但是马乔里依然记得她的宽容，和在别墅建造工地上蹲在泥泞地基里开怀大笑的样子。他回想道："她每次来洛克布鲁都很开心。"可能因为她的态度比较轻松，别墅盖建的速度很快，不到一年就建成了。完工后别墅有三个侧翼，都朝向一个带有她孤儿院回忆的宽敞庭院。这栋美丽高雅的别墅成功开启了斯特赖茨的建筑师生涯，他说是这栋La Pausa为他带来了好运。整个工程造价昂贵，建筑本身耗资600万法郎，内部装修所花的钱也不相上下。La Pausa别墅的氛围简单、安静，成为香奈儿的休憩之地。

香奈儿的甥孙女小嘉柏丽尔回忆幼年去La Pausa别墅拜访香奈儿姑婆和教父西敏公爵时说："别墅的景致非常梦幻美丽。"小嘉柏丽尔的父亲安德烈·帕拉斯是

1930年，香奈儿身着横纹水手衫和爱犬Gigot在La Pausa。

左图：香奈儿和朋友在La Pausa的花园，罗杰·夏尔摄于1938年。
右图：别墅内部，罗杰·夏尔摄于1938年。

香奈儿的外甥。小嘉柏丽尔1926年出生后不久，西敏公爵就成了她的教父，就如同当年亚瑟·卡柏将小嘉柏丽尔的父亲——香奈儿的外甥视如己出一样。小嘉柏丽尔说得一口流利的英语，童年时她和父母还有妹妹住在伦敦的上流社区梅费尔，在那里，她的父亲负责香奈儿的伦敦生意和在哈德斯菲尔德的香奈儿工厂。小嘉柏丽尔记得她在哈德斯菲尔德住宅花园看到煤烟，那里的树叶都覆盖着一层黑灰。她有时会去西敏公爵在伦敦的波登大宅，在那里，她被邀请参加儿童茶会和生日聚会。但是这些似乎都比不上La Pausa的梦幻气质，她说："我相信洛克布鲁的花园里一定有花仙子，他们在树上嬉戏；还有星星盘绕在可可姑婆的床头……"

香奈儿这位甥孙女记忆力的确惊人，根据现存的香奈儿La Pausa别墅的卧室照片，她的睡床上环绕着由她设计的铸铁雕刻星星图案，象征这是她的王国，在此，西敏公爵曾是她的入幕之宾。（或许那也是一个微妙的隐喻，让她想起小时候奥巴辛孤儿院马赛克地砖上的星星图案。）

La Pausa一直都是香奈儿的专属领地。美国版的*Vogue* 杂志在1930年3月号清清楚楚地报道了这一点。标题是"香奈儿女士的房子"，文章这样描述道："无疑，香奈儿女士拥有非凡的品味，所以很理所当然地，她的别墅就成了地中海沿岸最美丽迷人的一座。首先，她对别墅地点的选择就很慎重，别墅左边是蜿蜒的意大利海岸线，右边是沿海而立的摩洛哥巨石和蒙特卡罗城，这些组成了蔚蓝海岸景致中最壮丽的一段精华，在别墅的前方可欣赏延伸成巨大半圆形的蔚蓝色地中海海景。”

别墅花园的植物也是按照香奈儿女士的意思种植的。“橘子树丛、大斜坡上的薰衣草、大片紫色鸢尾花、巨大的攀岩玫瑰花丛。”香奈儿不满足别墅现有的橄榄树丛，特别让马乔里从昂蒂布移植来20棵古老的橄榄树，其中一棵种植在庭院的正中（也许这又是受奥巴辛生活的影响）。别墅明显带有修道院风格，回廊、石造楼梯和干净的内饰都流露出修道院的气质，但是整体设计无疑是奢华精致的。“房子本身呈长方形且是普罗旺斯风格，灰色的墙面融合浅色的橄榄树木料，走廊沿着三面露台而建，即使是在夏季午后最炎热的那几个小时，都让人感受到舒适和清凉。”别墅内部的装饰有别于香奈儿在康朋街巴洛克风格的寓所和西敏公爵那维多利亚时代哥特风的伊顿庄园。“别墅的基调似乎就是坚持不用任何赘饰，该有的都有了，每样东西都非常完美，没有一件华而不实的多余东西。”

白色的塔夫塔绸窗帘和餐厅的白色墙面呼应，起居室和卧室用的是米色丝织窗帘，所有的一切都成了香奈儿最佳的背景色。*Vogue* 杂志的主编贝蒂娜·巴拉德在随后描述La Pausa私人派对的文章中写道：“大约下午一点钟，人们都出现在大厅，法国南部是没有早晨的，午饭前很难见到任何人。主人香奈儿女士通常是最后才出现，当她的身影出现在大厅上方的白色阳台上，才意味着一天的开始……她穿着海军蓝的jersey针织长裤，上身罩一个针织套衫，外面是一件艳红色，有着车纹装饰的短外套……她的红色帆布鞋有着厚厚的软木底，走起路来非常舒服。”按照巴拉德的说法，除了每天下午在细窄的石子路上漫步，香奈儿很少离开别墅。她聘请的意大利管家Ugo将这幢度假别墅打理得井井有条，整洁舒适。“整个住宅洋溢着异常舒服自在的氛围……每个浴室会有另一个入口，仆人可在不打扰你的情况下将换下的衣物和鞋子拿走熨烫清洁。只需按一下铃，早餐就能在两分钟内端上来，保温壶里的咖啡和牛奶整个早晨都能保持热度。”

午餐多是不拘形式的自助餐，想坐在哪里、想吃什么、上餐的顺序都悉听尊便。（这点和伊顿庄园的晚餐完全相反，那里的男仆一道道上菜，端着盘子满屋旋

奈儿和薇拉・巴特在法国蔚蓝海岸与西敏公爵一起度假。

转，看得人眼花缭乱。）巴拉德观察到，香奈儿的密友米西亚·塞特 “一盘接一盘地吃沙拉”，而男人们则“把牛排、鸡肉都堆在一个盘子里”。着装要求也很自在。“晚餐要不要穿得正式都随个人心意。香奈儿自己穿着黑色天鹅绒宽松长裤和粉色的丝绸睡衣，离脚踝处两英寸，外面罩一件羊毛套衫，戴着一圈又一圈的祖母绿和珍珠链子，闪闪发光。”她侃侃而谈，很少坐在桌前。“香奈儿女士吃得很少，她可说是晚餐上最抢眼的节目。她站在壁炉前，和那些艺术名流展开精彩对谈。”巴拉德在后来的回忆录里写下了香奈儿女士童年时的悲惨遭遇——在她母亲过世时，奥弗涅的两位老姑姑如何把她锁在屋里。“姑姑们的石头房子只有很小的窗户，且常年关闭着。她们穿着锈黑色的裙子拘谨地坐在昏暗的客厅里阅读或做针线活，眼睛盯着这个黑黑的小女孩。小女孩本应该读书或做针线，但她的眼睛却一直瞄向窗外。”在La Pausa吃午餐时，香奈儿告诉巴拉德即使逃离姑姑们多年后，她还会做噩梦，梦到姑姑会找到她。“她重复做着同样的梦，梦里房间的门会突然打开，两个紧闭双唇，身穿黑衣的妇人冲进来把她带走。”

当然姑姑从来没有找过她，即使她曾神秘地暗示说，姑姑其实知道怎么找她。她在自己的王国里很安全。“这里设计得让她拥有最大的私密性，也让来宾们享有最大程度的自由。”即使La Pausa如此自由，如此令人流连忘返，La Pausa的女主人却不能阻止西敏公爵四处旅行。飞云号一直载着主人无休止地游山玩水，这竟然成为诺埃尔·考沃德的戏剧《私生活》的第一幕：阿曼达和前夫埃利奥特站在一家时髦法国度假饭店的阳台上，双双看向大海。

阿曼达：那边的游艇是谁的?

埃利奥特：应该是西敏公爵的，一直都是。

阿曼达：我希望能成为游艇的座上宾。

埃利奥特：我也希望你能。

但是，四处云游不倦的西敏公爵还是在1929年夏天来到La Pausa小住，其间还去了蒙特卡罗的赌场。温斯顿·丘吉尔也喜欢来此度假和上赌场玩玩。（他经常陪伴王储威尔士亲王，在报业大亨罗瑟米尔勋爵位于马丁海角的别墅做客。）萨尔瓦多·达利夫妇也是La Pausa别墅的常客，实际上，这里激发了不少达利的创作灵感，包括画作《壮美的一刻》，里面画了蜗牛、电话听筒和即将滴到煎蛋上的一滴水。西敏公爵常在La Pausa雅兴大发，他的作品多为传统的水彩画。丘吉尔也喜欢来这里，1953年，别墅卖给他的出版商埃默里·里弗斯之后，他来去得更为频繁。

塞尔吉·里法是迪亚吉列夫的俄罗斯芭蕾舞团中最为香奈儿所欣赏的，也是舞剧《蓝色列车》的台柱明星。每年固定来南法演出时，他喜欢住在 La Pausa，舞团其他人则住在附近的蒙特卡罗。艺术家尚·考克多在戒除鸦片毒瘾期间也住在La Pausa疗养。薇拉·巴特梅开二度嫁给一个名叫阿尔伯托·隆巴蒂的意大利上校后，香奈儿慷慨地让他们借住在她花园深处的一个小房子里。小嘉柏丽尔记得在La Pausa曾和薇拉的女儿布丽吉特玩耍，还有香奈儿开着敞篷跑车奔驰在盘山的海岸公路时，常对她哼唱的歌。小嘉柏丽尔还能哼得出歌曲的旋律，她还给我看她小时候在La Pausa花园捧着一大把白色花束的照片。

“歌词好像是：‘我嘲笑爱情，认为它总是错的，但是我现在又唱新曲……’”这就是可可姑婆的歌。

但是香奈儿和西敏公爵激烈的争吵声破坏了La Pausa的宁静，别墅的客人半夜常被他们惊醒。当香奈儿乘坐他的飞云号游艇时，两人还继续争执，主题永远

左图：萨尔瓦多·达利夫妇在La Pausa。小努玛·布兰克摄于1938年。
右图：香奈儿在她地中海岸别墅的花园里。罗杰·夏尔摄于1938年。

左图：温莎公爵和夫人，坐在他们南法度假屋露台凉棚的阴影下。罗杰・夏尔摄于1938年。
中图：莉迪亚・索科洛娃、安东・道林、布朗尼斯拉娃・尼金斯卡和利莱昂・沃兹科斯基（从左至右）在迪亚吉列夫的俄罗斯芭蕾舞团的剧目《蓝色列车》中。
右图：香奈儿在蒙特卡罗，身边是克里斯钦・贝哈德和鲍里斯・科施洛（右），1932年。

脱离不了他的不忠和她因此蒙羞。西敏公爵曾试图修补彼此的关系，他送给香奈儿一大颗祖母绿，她接受了，然后一言不发地将它扔到海里。另外一次，他们在蔚蓝海岸出海几日，公爵给她一条珍珠项链作为他之前和一名年轻女孩调情的赔礼，香奈儿再次让项链葬身大海。

1929年年底，西敏公爵下定决心要找一个能为他生个儿子的新夫人。当时香奈儿已经46岁了，但看起来依然惊人地年轻，因此很可能西敏公爵以为她比实际年龄小很多。两人的关系依然纠缠不清。（例如，香奈儿在1929年12月中旬还和他待在伊顿，出现在他的私人宴会以及狩猎活动中，还留下合影。）但是，公爵还是和一位名叫莉莉娅・庞森比的英国小姐闪电订婚——两人在伦敦的夜总会认识不到一个月就在圣诞节前订婚了（也就是在香奈儿来到伊顿之后的一两天）。隔年，他们就在1930年2月结婚了，莉莉娅成为公爵的第三任妻子。然而西敏公爵的已婚身份，并不影响他依然定期拜访蔚蓝海岸。莉莉娅在后来的回忆录《恩典与恩宠》中描述公爵在订婚后的第二天早晨就迫不及待地前往蒙特卡罗过圣诞节。“我当时强烈怀疑那里有一位优雅的法国女士在等着他。”

SUMMER ON THE FRENCH RIVIERA
BY THE BLUE TRAIN

左图：1930年2月20日，西敏公爵第三任妻子莉莉娅在婚礼当天。
右图：1930年2月，西敏公爵和夫人登上他的怒鲨号游艇，前往蔚蓝海岸做蜜月旅行。

随后的一个月，莉莉娅有点像是被“胁迫”着去见香奈儿，好像接受“阅兵”一般。在去香奈儿寓所的路上，公爵去梵克雅宝买了一份礼物。“从店里出来时，他拍拍口袋，说：‘这不是送给你的。’或许他是开玩笑，也或许不是，我永远也不晓得。”

莉莉娅是在圣詹姆斯宫长大的，父亲是典型的御前侍臣。她父亲曾是维多利亚女王的私人秘书助理，随后服侍爱德华七世，后来又成为乔治五世的私人内库管家。但是即使是她成长时期所受的各式各样宫廷繁文缛节的礼仪训练，也不能让她在面对未婚夫声名赫赫的情人时，感觉有点底气。“当时，香奈儿女士正处于事业的巅峰，她设计的低调、简洁、大方的衣着成为那个时代最时髦的象征。身材瘦小、肤色黧黑、跟个猴子似的香奈儿，是她所设计的个人时尚的最佳代言人。那天她穿着深蓝色套装和白色衬衫，配浅色丝袜（浅色丝袜是她的时尚标志之一）。我这么描述可能会让人家觉得她打扮得像个高中女生，但是当你看见她的时候，你会感觉到那效果真是非常出挑。”

在这段惊心动魄的初见之后，30年过去了，公爵夫人还是能回想起香奈儿那令人目眩的珠宝，很多都是公爵赠予的（香奈儿没有把全部珠宝都从飞云号扔向大海）。“当我见到她时，她戴着各种项链和手镯，走起路来环佩叮当。她的起居室精致奢华、富丽堂皇，她坐在一个巨大扶手椅上，背景是一对高大的中国乌木漆面屏风……看起来很有气势。我缩着坐在她脚边的一张小凳上，感觉她正在犀利地打量着我，看我是否够资格做她旧情人的新娘。我非常心虚，深深怀疑我的斜纹软呢套装，甚至我本人，是否能入她的法眼……我绞尽脑汁想找话说来化解这份尴尬，我提到卡普尔夫人送给我一条香奈儿项链作为圣诞节礼物。她逼迫我描述项链的样子。'不可能！'香奈儿女士斩钉截铁地否认她设计过类似的项链。她说她绝不可能设计出这种货色来卖钱。我们的谈话就这样戛然而止。"

可怜的莉莉娅，她在婚姻一开始似乎就注定是霉星高照。她在飞云号上的蜜月旅行也是一场灾难，与她和香奈儿那次会面的惨况不相上下。游艇就跟英国贵族的乡间大宅一样结实，有着精致装饰的走道和舱房。家具是安妮女王时期的风格，还有一张四柱大床给莉莉娅，但是船在海面上颠簸让她很吃不消。她承认："我敢说我是这世上最会晕船的人，让我和公爵分享这两艘巨大游艇真是一种命运的讽刺。这两艘船能够纵横四海，但是我在船上，却没有一刻是开心的。"

而香奈儿，她一直保持着菲茨杰拉德小说里的女主人公那种坚韧又可爱的面容，对于深爱的西敏公爵移情别恋，她表现出一种带刺的坚强。但是，公爵和莉莉娅新婚两天之后，他只身来巴黎看望香奈儿，那时，她才哭出声来。

香奈儿在法国西南部比亚利兹的海滩。约为1920年。

白衣女子

可可·香奈儿从未披过嫁衣，她却深谙白色礼服的强烈魅力。在经济大萧条之后，白色缎面裙以威不可挡之势，横扫女装界，但早在那之前，香奈儿设计白色礼服的技艺已经炉火纯青。当然了，女性穿着白裙有着长远的历史，比香奈儿时代早得多，也比经济危机早得多，但是因为她，白色成为一种新时尚，甚至可以说，拜她所赐，白裙得以复活。经典的小黑裙没有随着“咆哮的20年代”的结束而完全消失，加长版白纱礼服的诞生也不是为1929年10月股市的崩溃默哀。但时尚潮流常因一个莫名的理由而拐弯，在大萧条时代，时装的款式也折射出时代的巨变。于股市崩盘的黯淡时期，在大萧条的沉沉暗影里，白色蔚为风尚，香奈儿称之为“坦率纯真与白缎子年代”。

1946年冬天，她从巴黎流亡到白雪皑皑的圣莫里茨，在和知名作家保罗·莫杭几度长谈中，她都一再强调自己的审美信条，仿佛她需要不断确认黑与白就是她自己眼光独到的个人发现。她说：“女人对每个颜色都跃跃欲试，除了无色之色。我早就说，黑色包容一切，白色亦然，它们的美无懈可击，绝对和谐。在舞会上，身穿黑色或白色的女子永远都是焦点。”

当然，如果香奈儿穿上白色，必然是焦点中的焦点，只要打开1929年之后的时尚杂志，翻到时尚名流那几页就可证明此言不虚。到处可见香奈儿的时髦身影，拿1931年为例，在威尼

页图：在香奈儿总店的镜梯上，模特头戴山茶花，穿白裙。弗朗索瓦·克拉摄于1937年。

斯的丽都岛，她身穿白色睡衣式海滩装，手上戴着宝石手镯，旁边是她的同行吕西安·勒隆。不久她又出现在她La Pausa度假别墅的网球场上，一身无瑕的白，白帽、白鞋和白色网球装，护花使者是风流潇洒的巴隆·休伯特·范·帕兹男爵。转年，在英国普尔港又见其芳踪，她穿着雪白的裙子和白色外套（尽管当时寒风刺骨，旁边还有主人不讨喜的长毛狗）站在格雷厄姆·怀特海军少校的蒸汽游艇上，精神抖擞。在巴黎和蒙特卡罗各大派对和舞会上，都能看到香奈儿气定神闲地身着白色缎面裙，戴着闪亮的珍珠。更多的是那些穿着她招牌白色晚礼服的贵妇名媛，也在社交场合熠熠生辉。《纽约客》驻巴黎特派记者珍妮特·弗兰那记录了1930年夏天一轮轮狂热的六月舞会，说明在美国金融危机时，香奈儿的时尚生意却做得如火如荼。巴黎人的舞会和派对“更为频繁、精彩万分……非常能代表那个时代的精神。众多舞会中最美丽的当属白衣舞会。那是教皇雷诺十三世的侄女举办的。舞会上，艺术家尚·考克多设计了白色石膏面具和假发的舞会主题，香奈儿女士照样还是穿着白色礼服，非常引人注目。整个夏天，她光彩照人的雪白身影出现在不同的场合，好像是对蚕食一切的黯淡经济状况的一种蔑视”。

1928年6月，西敏公爵为庆祝小女儿玛丽的18岁生日和正式进入英国社交界，举办了一场盛大的舞会，很遗憾的是，香奈儿穿着那件绝美的白色晚礼服并没有留下照片。离异多年之后，西敏公爵和第一任妻子希拉，即小女儿玛丽的母亲，关系已经和缓，因此两人共同为女儿筹办舞会。玛丽还亲自邀请香奈儿参加。当时香奈儿与西敏公爵关系非常亲密，因此，她不但接受了邀请，还在玛丽的舞会前举办晚宴，邀请公爵、希拉和她的第二任丈夫、玛丽的姐姐厄休拉夫妇。当晚宴结束，宾客纷纷起身转赴公爵在梅费尔宅邸对面的舞会时，香奈儿说想换下白裙，让客人先行离去。但是过了半小时，香奈儿都没有现身。公爵派人去接她，但却带来香奈儿女士身体不适的口信。公爵听闻立刻离开舞会赶去看望情人，香奈儿躺在床上，脸色和她刚脱下的白裙一样白。后来，香奈儿向为她作传的克劳德·德雷讲述这个故事时，她说，公爵本来还想叫医生，但她只抱着

卡尔·拉格斐手绘的香奈儿1931年所穿白裙的设计稿。

他，轻轻地用面颊磨蹭他的肩膀。当公爵看到自己黑色外套上留下白色爽身粉和面霜的痕迹时，才发现香奈儿生病是装的，为的是避免舞会上可能发生的尴尬场面。“你知道的，”她对公爵说，“首先，我不想做任何不喜欢的事情；再说，你也不会真的喜欢我这么做。”

香奈儿还对德雷说，关于她被邀请参加情人女儿舞会的八卦早就传得沸沸扬扬，人们都猜测这位公爵的情妇是否会和下堂妻一同出现在舞会上，期待看她在那些王室成员和政府首脑等贵宾中闹笑话。她的临时缺席让期待看好戏的人非常失望，不过公爵觉得香奈儿的小把戏很有趣。希拉随后送来口信表示想来探病；香奈儿回复说，病情已无大碍，几天后还特别送了一大束花给这位前公爵夫人。

情妇的身份颇为尴尬，香奈儿当然不能名正言顺地穿着婚纱似的白色晚礼服

身穿白裙的香奈儿。

1933年，香奈儿和芭蕾舞演员塞尔吉·里法在蒙特卡罗的庆祝宴会上。

出席情人女儿的成年舞会，但是她把白色运用在服装设计中，表达出和奥巴辛修女的头巾和领子一样的纯洁无瑕。传记作家德雷和甥孙女小嘉柏丽尔是她生命最后阶段最亲密的人，她们回忆说，香奈儿的床单始终都是朴实无华的白色棉布。（德雷说："就像她在奥巴辛穿的孤儿院制服白色袖口一样简单朴素。"）

香奈儿暮年时，常回想起姑姑家的女佣们用煮沸的热水清洗白色的床单和衬裙，空气中充满了蓝色的蒸汽。不过，这间洗衣房也让香奈儿了解了不少生活的真相。她对德雷说，一个洗衣女佣用白色围裙掩盖怀孕的肚子，最后，还是在折叠雪白如新的衣物时，把真相告诉了年幼的嘉柏丽尔。

如果说白色代表纯洁和无辜，香奈儿也能使它化身为如梦似幻、性感诱人的晚礼服。香奈儿的朋友柯蕾，是个作家，而柯蕾的过去，比香奈儿的更具争议性。在柯蕾于1932年出版的小说《监狱与天堂》中，提到香奈儿设计白裙子的情景，她将香奈儿描述为"像一头黑色小公牛，以顽强不屈的干劲，用自己

上图：在康朋街精品店，身穿黑裙的香奈儿被穿着白衣的女模特环绕。罗杰·夏尔摄。
下图：1932年，在伦敦，香奈儿和模特们在一起。

那一套去大胆面对一切”。她描写香奈儿在设计一条优雅白裙时，如何将尘世之美与飘然物外的高雅完美结合。“香奈儿女士正专注于雕琢一尊六英尺高的天使。她一头金色秀发，超凡脱俗，美得出尘。如果撇开她身上只是略具雏形的服饰、纤瘦单薄的身子和忧伤的神情——她简直美得能引动世间最邪恶的欲念。”

这个“半成品”天使，在表情严肃的设计师手中有时摇摇晃晃，而后者就像面包师揉捏面团。香奈儿用她的十个指头、指甲、手心、手背一起工作，它们都在这件衣服上动个不停，时而别大头针，时而剪几刀，这件衣服就像一层白色的水雾，泛起阵阵涟漪，细碎闪亮的水晶四散飞溅。她有时也会在作品前俯身跪下，神色严肃，并不是为了欣赏自己的作品，而是为了精益求精，收紧天使双腿高处那云层般的轻纱，理顺四散开来的薄纱……在她钟爱的作品前，她永远热忱而又谦卑！香奈儿就这样，腰身挺直、双腿屈膝跪在地上，就像一个勤勉而谦卑的修女做着沉重的洗衣活，日复一日，每天反反复复二十多次……

香奈儿对亮眼的白有种独特的品味，自从她在蔚蓝海岸度假把皮肤晒成古铜色后，她就非常喜欢白色和古铜色皮肤的鲜明反差，还引领了一股时尚风潮。她曾对保罗・莫杭说过：“纯白的耳环挂在古铜色的耳垂上不是很迷人吗？”她还向他描述，她曾在威尼斯的丽都岛看到一群美国女孩在海边游泳的情景：“戴着珍珠首饰的女孩们在海边戏水，如果把珍珠在浪花里浸一下，太阳晒过的古铜色肌肤配上海水浸润过的珍珠，她们该多闪耀动人呀！”在香奈儿的世界里，白色从来不是病态的苍白。她对白色的运用十分到位，她曾对好友克劳德说过：“白色不应该看起来像鲜奶油般单调。”1933年，香奈儿发布了整个以白色演绎的春季系列，法国版的*Vogue*杂志对这一系列赞不绝口：“康朋街全新演绎了白色，为时尚设计增加了一种新的生命力，震撼人心。整个康朋街都散发着春之气息。香奈儿的白色能让人真实地触摸到春光的色彩。这是香奈儿首次把所有白色作品集合成一个系列呈现，她的白色系列让人们好像从发布会现场突然置身在诺曼底的果园。”

其实，在奥巴辛生活多年的香奈儿很了解白色的另一层意义，那就是悲伤。她年轻的好友，诗人雷蒙·拉迪格因伤寒逝于1923年12月，她一手操办了他的葬礼，把他安放在白色的棺木里，以白马拉着白色灵车驶向布满白色鲜花的教堂……

香奈儿为自己和他人设计的那些白色衣裙，其中意义最深刻的，应是带着悲恸意味的那些。中世纪的法国王后和欧洲的王室，都以白色丧服代表最深沉的悼念，而不是黑色。因此画家弗朗索瓦·克鲁耶1559年为苏格兰女王兼法国皇后玛丽·斯图亚特所画的肖像画《白色的哀悼》里，这位刚丧偶的皇后一身缟素。后来她穿着这套丧服嫁给了第二任丈夫达恩利勋爵，一样是悲剧的结局。

香奈儿很少设计婚纱，只在20世纪30年代设计了几件。因为她一直不赞成巴黎时装发布会以婚纱谢幕的传统，所以从不在自己的秀场上安排这样喧闹的场面。在少数几件婚纱作品中，其中一条是为妹妹安托瓦妮特设计的。从香奈儿创业之初，她就一直为姐姐工作，在1910年1月1日的康朋街21号女店员名单里，她的名字排在第一位。1919年11月11日，欧洲停战的第一个周年纪念日，安托瓦妮特嫁给了认识一年的加拿大飞行员。婚礼上，她身穿白色婚纱，见证人是卡柏男孩和莫里斯·德·内克松（她的小姑姑阿德里安娜常年的“未婚夫”，直到他那个一直不赞成婚事的父亲去世，才一偿夙愿）。安托瓦妮特携带了17大箱嫁妆远嫁加拿大，从此姐妹二人没再见过面。婚后才几个月，安托瓦妮特就离开了丈夫，这位新娘最后在布宜诺斯艾利斯因流感病逝，而在她死前不久，卡柏男孩已先她而逝。

香奈儿从来没有和别人说起妹妹的死，在妹妹结婚那天也没有流露出任何的伤感。1930年4月29日，小姑姑阿德里安娜等了20年，终于成为莫里斯的妻子。香奈儿作为见证人参加了婚礼，一如阿德里安娜见证了她多年的成长。这对相差不过几岁的姑侄相伴几十年，她们早年曾一起为有钱人家的女儿缝制嫁衣，也曾一起在黑夜的城市里游荡。

世人很难窥探香奈儿过去的全貌，即使偶尔见到一鳞半爪，也带着哥特式神话的诡异色彩。当她还是天真烂漫的小女孩时，她就接触那些关于穿新娘白纱

米西亚・塞特在威尼斯。霍斯特摄于1947年。

香奈儿坐在舞蹈演员塞尔吉·里法的肩头。
尚·莫罗摄。

的疯女人或被爱人抛弃的爱情小说。后来，她告诉密友克劳德·德雷，她最喜欢的一本爱情小说是《呼啸山庄》。她曾经一边看一边为艾米莉·勃朗特笔下近乎疯狂的爱情感动得流泪。故事中的女主人公凯茜痴爱成狂，最后穿着白裙殉情而死，这些都好似香奈儿人生悲情的回声。她曾对德雷说："我也曾为爱痛哭，但我现在不会了。当一个人不再相信幸福，就不会再哭泣。"

即便如此，香奈儿还是定期拜访故地，或回想那曾经发生的往事。最常被她提及的白裙子，是她初领圣餐时，爸爸送给她的那件。裙子不仅有蓬蓬鼓起的蝉翼纱衬裙，还有一个长长的白色头纱。当我采访克劳德·德雷，问起这条裙子为何如此意义非凡时，她说："这是她第一条裙子，也是最重要的一条，因为这条裙子，她才成为一名设计师。"然而，香奈儿后来固执地认为这条裙子是父亲身边的"下流女人"挑选的，因此这条象征天真无邪的白裙，也不复纯洁了。

如果说这条白裙在香奈儿的记忆里占据重要位置，另外一条白裙也同样与众不同。1929年8月，香奈儿和西敏公爵乘坐飞云号游艇同游地中海，随行的还有她的好友米西亚·塞特。米西亚当时正深陷离婚的痛苦中。（塞特先生和米西亚分手，娶了一个年轻貌美的俄罗斯新娘鲁西。香奈儿还为她设计了嫁衣。婚礼后不久，米西亚为了爱情做了一件古怪的事：她甘愿做前夫和新娘蜜月旅行的“电灯泡”，还和新娘一起住在夫妻套房，她的前夫却睡在另外一间。）

旅行途中，飞云号的无线电操作员递给米西亚一封电报。电报来自远在威尼斯的迪亚吉列夫，上面说：“吾病，速来。迪亚吉列夫。”游艇立刻掉头前往威尼斯。8月17日，游艇一靠岸，香奈儿和米西亚就赶往丽都岛的Bains大酒店。她们发现迪亚吉列夫躺在一间逼仄卧室的床上，旁边是他的秘书兼合作伙伴鲍里斯·科施洛和塞尔吉·里法（因为迪亚吉列夫，两人俨然是情敌）。迪亚吉列夫被疼痛和晚期糖尿病折磨着，即使是在炎热的威尼斯夏天，他还在病榻上穿着燕尾服，衣服早已被汗水浸得湿透，但他还是不断地打冷战。当他看到香奈儿和米

1918年，香奈儿和剧作家亨利·伯恩斯坦及他的女儿。

西亚，眼睛顿时亮了。他对两位女性低声说："真高兴能见到你们，我喜欢看到你们穿着白衣裳，答应我，永远都穿白色。"

迪亚吉列夫死于8月19日清晨，当天是香奈儿46岁生日。香奈儿本来已在前一晚回到飞云号，但是她一直有种不祥的强烈预感，随即她让公爵将船驶回威尼斯。当她一早到达时，发现米西亚正准备典当她的钻石项链，为的是帮迪亚吉列夫还债。这位伟大的芭蕾大师死时一贫如洗。香奈儿付清了所有的账单，她对朋友一向慷慨大方。她还负责操办葬礼。她告诉保罗·莫杭："转天，一艘贡多拉船运载着他的棺木离开东正教的教堂，前往圣米榭尔水上公墓，那里柏树的树枝长得高过了粉色围墙的白边。"

迪亚吉列夫也是莫杭的好友，莫杭在几天后抵达威尼斯，可惜没有赶上葬礼。香奈儿和米西亚两人向他讲述了葬礼的过程：她们在饭店房间里守灵，等待黑色的棺木送来。为了不惊动其他人，她们选在半夜请人送来棺木。隔天一早，黑色的贡多拉船运着他的灵柩从丽都岛前往希腊东正教教堂，然后穿过一个礁湖抵达水上公墓。后来，莫杭在作品《威尼斯记》中描述这场葬礼："人终有一死，渡船运送灵柩驶向圣米榭尔水上公墓……无论何时，我看到那驶向公墓的船都会想起我的朋友。主持葬礼的牧师站在船上，船夫在船尾，葬礼的操办人在船头。教堂门口的圣马可银色狮子将世间烦恼藏于展开的双翼之下，我想起了迪亚吉列夫这样一个奋斗了一生的人，如今终于安息。"

迪亚吉列夫长眠于威尼斯东正教堂的墓地；40年后，作曲家斯特拉文斯基辞世，也迁葬于此。就像香奈儿描述的那样，柏树依然长过了粉墙的白边。如果在海鸥悲鸣的时候闭上双眼，你可以幻想她就站在这里，和米西亚一起悼念好友。葬礼上，两位女士都身着白裙立于黑棺之前，悲悼这位伟大的当代芭蕾大师，直到生命的尽头都还念念不忘他的芭蕾。

在威尼斯，香奈儿坐在塞特妻子鲁西的游艇甲板上。格朗皮埃尔摄于1936年。

希望的梦土

1931年1月19日，好莱坞著名制片人萨缪尔·高德温在巴黎宣布，经过好莱坞一再邀请，香奈儿决定去好莱坞发展。在一篇《纽约时报》的报道中，他声称，经过三年的不懈努力，终于说动这位时尚女王起驾去好莱坞，帮助他解决电影中“困扰他许久的时尚难题”。

无疑，高德温的计划是相当大胆的。当时美国正值经济大萧条，有四分之一的劳动力处于失业状态。即使如此艰难，这位制片人依然相信数百万美国民众愿意走进电影院，在好莱坞的娱乐片中逃避现实、获得安慰。高德温决定和香奈儿签约，以确保他的电影明星台上台下都能穿着巴黎最时髦的设计。实际上，香奈儿设计的服装不是第一次出现在好莱坞的银幕上。1930年，在派拉蒙出品的电影《百老汇的王室家族》中，女演员艾娜·克莱尔曾穿过一套香奈儿设计的黑色露背晚装，配一条红色狐狸毛围脖。但是和高德温的合作，意味着香奈儿将在好莱坞扮演更重要的角色。据《纽约时报》报道：“香奈儿大师将亲临好莱坞，改造好莱坞片场的时尚品味，像巴黎一样，设计出领先当季流行半年的精品，这就解决了电影里的晚礼服老是比实际流行慢半拍的问题。因此，可以预见香奈儿女士将以她独到的手法来改变美国女性的穿着，让她们见识一下巴黎的时髦，也许能比巴黎还领先潮流。”

页图：在纽约第五大道1200号的露台上，模特身穿浪凡的外套和晚礼服（左），香奈儿的雪纺晚礼服（右）。爱德华·斯特晨摄于1931年。

高德温雄心勃勃，他的拍片计划都是耗时费钱的皇皇巨制。自从1929年见到香奈儿和俄罗斯的狄米崔大公，他就开始极力游说她进军好莱坞。狄米崔大公后来娶了一位美国豪门千金奥黛丽·埃默里。婚后，狄米崔和香奈儿还保持着友好的关系。（香奈儿一向善于和旧情人搞好关系，尽管她有时嘴巴不饶人，也会讽刺挖苦他们。）1931年，一位采访过高德温的美国记者在《柯莱尔斯》杂志上写道："1931年，在蒙特卡罗，狄米崔大公将高德温介绍给香奈儿认识。两人相见甚欢，彼此愉快地交谈，殷勤地交换赞美，相互激发创作灵感，最后落实到一份大买卖。香奈儿最终同意去好莱坞设计电影服装，这对她来说，是一次实验，是一场百万美元级的豪赌。"

实际上，这场豪赌的代价远不止百万美金。香奈儿经过一番犹豫后，最终同意和高德温签署了100万美元的合同。但是更进一步的支出总是必需的，高德温还在片场为香奈儿成立了一个特别的戏装部门，雇用了100名工人，负责剪裁、缝纫、试衣和染色等。无论对于高德温，还是香奈儿，如此大手笔的投资，似乎说明了他们都过度自信。《纽约客》驻巴黎特派记者珍妮特·弗兰那更是挖苦道："从没有一个服装设计师在异国他乡受到如此重视和礼遇。考虑到巴黎对香奈儿所代表的时尚和经济利益上的意义，香奈儿女士此次从巴黎远赴加州，一定比当年比利时画家安东尼·凡·戴克专程跑到英国为国王查理一世画像还要意义非凡。但是百年后，从留存的影像上看，她的作品可能不会那么出彩吧。"不久之前，有过一个设计师进军好莱坞的先例，不过结局最终是不欢而散。1925年，高德温的对手，另一个大制片家路易斯·梅耶曾聘请过法国知名设计师厄特至好莱坞。厄特是出生于俄罗斯的服装设计师兼插画师，曾在巴黎为女装大师保罗·普瓦雷工作过。每次回忆起在好莱坞的日子，厄特都一脸厌恶，他说好莱坞的明星都是"文盲、神经病和丑八怪"。他说那些好莱坞的制片人缺乏对"优雅、美丽和品味的基本审美"。

当然，香奈儿比厄特更身价百倍。高德温的投资也比梅耶更大手笔。但是对于这位大制片人的盲目自信，他的很多竞争对手和敌人都持怀疑态度。就像《柯莱尔斯》杂志所说的："全球的时尚界都在关注这事，电影圈也是如此。有一件事相信所有人都会同意：香奈儿女士给自己选了一份最艰难的挑战。这位时尚女王正要对全球的女公爵、女伯爵和女王开讲何为时尚。但是，大明星哪里肯这么容易乖乖就范。那些了解电影明星和她们穿衣之道的人都晓得：她们肯定要反驳的。现在关键不是香奈儿要去好莱坞做什么，而是好莱坞要对她做什么。"

但是，不管前路如何艰辛，高德温开出的条件实在太诱人，让香奈儿无法拒绝。毕竟百万美元的生意，对当时已被美国经济大萧条影响的巴黎时尚圈来说是笔大买卖。曾经挥金如土的美国客人如今已两袖清风，仓皇离开，连香奈儿也被迫半价出售商品。就像弗兰那从巴黎报道的："华尔街的金融危机也重创巴黎，珠宝精品店云集的巴黎和平街大受打击，因为很多客人纷纷取消订单，损失惨重。丽兹酒店酒吧里的美丽女士们都要自掏腰包付鸡尾酒钱。房地产商们更是打出跳楼价：'房主周三必须返回纽约，割肉大减价，出售城堡一座，距离巴黎只有一小时车程，原装细木护壁板、六间全新浴室。现金交易，不买后悔。'"

1931年2月25日，香奈儿这位把女性从紧身胸衣和大蓬裙中解放出来的时尚女王，将过去的辉煌抛诸脑后，登上了欧罗巴号邮轮，去好莱坞奔赴锦绣前程。陪伴她的是闺密米西亚，不幸的是，在3月4日抵达纽约时，两人都患上了感冒。她们刚把行李放在皮埃尔酒店，香奈儿就对高德温发动了众多媒体的公关能力大感佩服。《纽约时报》记者描述道："面对几十个采访者的发问，香奈儿显出有点惊讶的样子。尽管被满坑满谷的媒体包围，又生着病，香奈儿还是光彩照人，身穿一件jersey针织面料的简单红色衣裳，搭配短裙，那是在法国一战时一款蔚为流行的设计。"香奈儿还和美国媒体讨论了所谓的时尚戒律：时髦的女人该打扮精致得体还是狂野出格，长发是否即将回归时尚，男人使用香水是恶心还是优雅。

在纽约逗留10天后，香奈儿和米西亚坐火车前往洛杉矶。高德温悉心打理一切，大力为香奈儿造势。香奈儿乘坐的火车是全白色的，火车上供应顶级的法国香槟酒、俄罗斯鱼子酱给那些贴身记录香奈儿抵达好莱坞的美国记者。当这列白色火车抵达洛杉矶的站台，女星葛丽泰·嘉宝亲自前来迎接香奈儿。各大报纸纷

前页图：葛洛丽亚·斯旺森在电影《今夜不再来》中的剧照。香奈儿设计造型，1931年。
左上图：香奈儿，曼·雷摄于1930年。
右上图：香奈儿在La Pausa别墅的卧室，罗杰·夏尔摄影，1938年。
下图：葛洛丽亚·斯旺森在电影《今夜不再来》中的剧照，1931年。

纷用“女王见女王”作为头条标题。随后，香奈儿和米西亚马上被接往高德温的宅邸，那里已准备了盛大的欢迎派对等着她们。香奈儿会见了很多好莱坞的名流巨星：女星玛琳·黛德丽、法国女星克劳黛·科尔伯特、导演乔治·库克等。号称默片时代最伟大的导演之一的埃立克·冯·斯特劳亨据说还亲吻了香奈儿的手，并问道：“您是一位女裁缝师，是吧？”听了这话，香奈儿没有生气，要是平时她一定会尖嘴利舌地让对方下不来台。后来她回想起这段插曲时说：“这位大导演说话挺过分，但他就是这个调调。”

不久，她和高德温合作的第一部歌舞喜剧片《全盛时期》开拍，香奈儿也着手进行她的服装设计工作。电影的编剧和主演是喜剧演员艾迪·坎特，扮演一个江湖骗子的助手，巴斯比·伯克利负责作曲。和荒诞不经的故事情节相比，装扮时髦的高德温女星们更让人印象深刻。香奈儿没有时间控制电影中所有的服装设计，但她还是凭借对服装的敏锐直觉，为扮演天真无邪少女的女主角芭芭拉·维克斯设计了四个版本的戏装，每一件都符合角色气质，简洁生动，让女主角无论站立坐卧还是跳舞，都充满美感。

香奈儿下一个工作是为1932年2月上映的喜剧电影《希腊人对他们有说法》（又名《三个百老汇女孩》）设计戏服。为了符合审查制度，电影的名字在最初舞台版本上做了些许改动，将“它”改成“他们”。但观众依旧不买账，《时代周刊》对这部电影的评论是：“高德温的电影总是徒有其表，只重门面。”但这篇影评对香奈儿的服装持肯定态度，她为三位百老汇拜金女郎艾娜·克莱尔、琼·布朗德尔、玛吉·伊文斯设计了30套服装，一部分设计在好莱坞完成，一部分设计是在香奈儿返回巴黎后，远距离遥控下完成。

香奈儿和高德温第三次也是最后一次的合作，是为饰演歌剧首席女伶的葛洛丽亚·斯旺森在电影《今夜不再来》中设计戏服。不过这次整个设计工作是在巴黎完成。斯旺森，这位架子极大的当红女星，在后来的回忆录《斯旺森谈斯旺森》中描述了和香奈儿的相处。因为斯旺森突然怀孕，导致整个设计过程差点喊停。她在书中写道：“可可·香奈儿身材娇小却性情刚烈，快50岁了，戴着一顶帽子，那是她在工作时的一贯打扮。她在6周前给我量的身，可是当她发现我现在塞不进她设计的礼服时，她狠狠地盯着我。那是件黑缎单肩及地长裙，我们两人都认为这套礼服是一件伟大的艺术品。我说，我可以穿上束腹来掩饰我的肚子；但她却嗤之以鼻，说任何人在一条街外都能看到我大腿上那条束腹的勒痕。”

“扔掉该死的束腹，给我立刻瘦五磅！”香奈儿厉声吼道。“你没有权利让肥肉破坏裙子的曲线。明天，我们要给紫貂领子的晚装大衣定装。”她又歇斯底里地大叫：“听好了，至少减掉五磅肉。”

次日，斯旺森带着一大卷外科用的松紧带来到了康朋街。她提议用这些有弹性的松紧带束身，而且一直做到膝盖，甚至膝下20寸。香奈儿原先的表情是不可置信、拒绝接受，但是斯旺森以孕妇不能减肥为由将她说服，最终香奈儿决定让斯旺森穿紧身束腹来掩盖多余的肉，还仔细交代了束腹的做法。“虽然香奈儿的裁缝师满肚子不情愿，但还是妥协了。他们先用白色胚布打版，效果还不错。然后香奈儿指示用弹力绷带制作紧身束腹，效果更好了。虽然得在三个人的帮助下，我才塞得进去。一切就好像美国魔术大师哈利·胡迪尼的魔法一样，当紧身束腹的扣子全部扣齐，我就有了绝对的自信，然后，我高举双手让他们把这袭黑色单肩晚礼服从头上套下，它就像是手套一样完全勾勒出曲线。”

1931年夏天，斯旺森乘船前往纽约，行李里面是“香奈儿设计的一整个衣柜的新装，还有一打结实的弹力带内裤”。当电影在加州正式开拍，特制紧身胸衣完美地掩盖了斯旺森的“孕味”。“开始我总是很紧张，担心胸衣会崩线穿帮或在屏幕上看出小腹，但几周过去，一切都安然无恙。毕竟是香奈儿的胸衣，质量一流。”

但是好莱坞却没有这双慧眼，《今夜不再来》成为香奈儿和高德温合作的最后一部作品。电影在圣诞节上映，媒体的评论都很客气，《纽约时报》评论这部电影是“非比寻常的出色作品，部分归功于香奈儿的服装设计才华”；但票房却平平。在好莱坞经历短暂的风光迎接和排场后，香奈儿离开了。《纽约客》评论说，好莱坞的巨头们认为“香奈儿设计的服装骚劲不够，她只是把女性打扮得更有女人味，而好莱坞是想让一个女人看起来既能够正经，也能狐媚”。

VOGUE
MAY-FIRST 1928
PRICE-35 CENTS
New York Fashions
© The Condé Nast Publications Inc.

不管如何铩羽而归，香奈儿还是得到了100万美元的酬劳，高德温最终爽快地买单，分毫不少。香奈儿在好莱坞也不算一无所获，至少《名利场》杂志将香奈儿列入了1931年的名人堂。评选理由简洁有力："因为她是第一个将现代主义运用到服装上的设计师；因为她跻身于法国艺术精英中而毫不逊色；因为她对艺术充满热情，精明地将商业运作和个人才华与原创理念完美结合；最后一个理由是她来到美国，做了一次漂亮的尝试，试图为好莱坞灌输风雅时尚的观念。"

如果说好莱坞对香奈儿的设计并不领情，那么香奈儿对电影的魅力一样毫不在乎。在法国，她又开始与一些当代最知名的艺术家携手合作设计舞台戏服，包括和毕加索、考克多在《安蒂岗妮》和《蓝色列车》中合作；1926年和考克多再次合作，为舞台剧《奥菲斯》设计服装（考克多将死神描绘成一位身穿亮粉色晚礼服和皮草大衣的美丽女子）；1929年，又为俄罗斯芭蕾舞团的舞剧《阿波罗》设计服装，斯特拉文斯基负责作曲，乔治·巴兰钦编舞。

这些成就对好莱坞却算不上什么，虽然香奈儿对这种不屑做了漂亮的反击。若干年后，当被问起这段好莱坞之旅，她轻蔑地说："燕雀安知鸿鹄之志。"她后来在和密友克劳德·德雷的对话中表示，即使面对好莱坞如泰山压顶般的巨大影响力，她也要强调自己的独立性。她说："美国人想束缚我，你看到了，我创造的是非同一般的时尚潮流。我不想自贬身价，也不想为人所用。在好莱坞，明星只不过是制片的仆人。"从此，香奈儿发誓不再受雇于任何人，也不管美国文化将如何引导世界潮流。1946年，她停止了康朋街的设计工作，向好友保罗·莫杭表达了自己的这个想法："我听人说，巴黎将不再创造时尚，取而代之的是纽约。我却不相信这点。不可否认，电影中的时尚对全球都有着原子弹一般的巨大影响，在电影院，胶片传播的影像能传遍世界。但是，我这个喜欢看好莱坞电影的人，却还没看见好莱坞能塑造出一个时尚形体、一种颜色或一种风格。好莱坞电影能影响到明星脸、轮廓、发型、手部、脚趾、迷你酒柜、客厅的冰箱、带时钟的收音机等。但是直到今天，它还是无法很好地处理'人体'，以及和人体密切相关的深刻内心戏——这一块，是伟大设计师和古典文明的特权。"

页图：在纽约，小黑裙变成黄色。乔治·勒帕泊绘，美国版 *Vogue* 杂志，1928年。

假使这番话说得还不够清楚，她继续再下猛料抨击好莱坞：“葛丽泰·嘉宝或许在银幕上是最伟大的女演员，但是服装品味却是世界上最差的。”

不管香奈儿对自己的好莱坞之旅有多失望，在美国那段日子依然是很重要的，就像在她童年幻想中的父亲曾将美国描述为满载希望的梦土，那里遍地黄金，会让他发财，所以他才毅然把女儿们丢给修女。克劳德·德雷讲述了一个香奈儿和米西亚曾在比佛利山迷路的故事：两人在比佛利山迷路，找不到想去的地方。在寻路中，米西亚发现一个门柱上写着“香奈儿”。米西亚一直都对香奈儿讲述的童年故事深信不疑，她看到那个名字，失声惊呼：“一定是你爸爸！我们可以去找他，然后把他带回来。我会离开塞特。”香奈儿只是尖酸地提醒米西亚，塞特早就和她分手了。故事的后半段，香奈儿没有说，但是在她和好友的对话中，可以看出香奈儿对美国的矛盾心理。

一方面，香奈儿的香水在美国大卖，造就了她的财富。（“他们喜欢买各种各样的奢侈品，”她曾对德雷说，“尤其是香水。”）但另外一方面，内心深处那个朴素的小修女又让她下意识地拒绝美国的诱惑。她曾带着不屑的口吻，对德雷描述她在好莱坞住的酒店套间：两间卧室和四台电视，其中有一台电视还装在浴室。“一边泡澡一边看电视，真是奢侈的享受。英国人喜欢把一切藏起来，而美国人喜欢炫耀一切，美国真是舒服得要命。”

在香奈儿的内心，她应该清楚父亲早就不在了；但是她似乎比较愿意相信他只是淹没在茫茫人海中而已。很多年后，在丽兹酒店贴满白色墙纸的卧室里，香奈儿常被噩梦困扰，尽管她为了入睡服用了安眠药。她曾对好友克劳德说起，梦里有一个景象会一直重复出现。克劳德本身是一位很受尊敬的精神分析学家，当克劳德对我描述这个梦时，她突然对早已长眠地下的好友充满同情，眼里饱含泪水，说：“在香奈儿的梦里，无边的黑夜中，常出现一列白色的火车，车厢里都是花，到处充满了花香，车厢侧面还写着可可·香奈儿的名字。车厢内载着一具尸体，就是香奈儿的尸体。”

我问克劳德是否向好友解过这个梦，她摇了摇头说：“那是她的梦，我没有立场告诉她这个梦的意思。但是那辆白色列车肯定对她具有重要的意义，你应该明白吧？”

我其实不确定自己是否完全理解，香奈儿总是保持神秘，越接近她的世界，越难真正理解她。也许，在那些银幕闪烁的服装设计里，在那些试图解释她的传记电影里，我们都找不到她的灵魂；反而是在她梦中的记忆碎片，在那列穿越美国、运载着她的遗体、刻有她名字的白色列车上，才发现她的灵魂所依。为她描述美国是希望的梦土的父亲死了，随着父亲的死亡，香奈儿内心里某些部分也死去了。漫长的岁月让香奈儿最终变成一个秘密，一个当代的传奇，那些被她抛在身后的往事也随着她的离去，在我们眼前迅速展开。

香奈儿身穿皮草，佩戴着钻饰。卡尔·拉格斐绘。

钻石，女人最好的朋友

1932年11月1日万圣节，天空低垂着铅块一样的乌云。巴黎在美国经济萧条的巨大阴影笼罩下，一片愁云惨雾。在这样黯淡的日子里，香奈儿女士却大胆举办个人钻石珠宝展。展览场地选择在圣奥诺雷街29号，这是一栋法国18世纪风格的堂皇建筑，也是当时香奈儿的居所。在此之前，香奈儿有很长一段时间住在丽兹酒店。她不时地在康朋街总店楼上的寓所招待朋友，后来又搬到这条巴黎最为显赫的街道，当然最后还是搬回了丽兹。住在圣奥诺雷街的人非富即贵，香奈儿宅邸不远处即是英国大使馆和法国总统府爱丽舍宫。视野宽阔而修剪齐整的花园，从香奈儿宽敞的卧室套间向前展开，一直延伸到加百利大道。香奈儿也以同样华丽的室内装饰来呼应这栋庄严贵气的建筑，有她最喜欢的中国乌木漆面屏风、镜子、平台式钢琴、豪华地毯和窗帘。她曾对好友保罗·莫杭描述道："那座宅邸铺的全是按我的意思特别织就的茶色高级丝毯，看起来像上好的雪茄。茶褐色天鹅绒窗帘装饰着金色绲边，就像是缠绕着金丝带的皇冠。"

巴黎的公主、公爵夫人和大使夫人们全都参加了香奈儿的珠宝展开幕酒会，在随后的两周，数千人来参观，票价是每人20法郎。即使是这样，这次珠宝展仍然没能赚到什么钱。

这些珠宝是钻石商会借展的，商会在几个月前就委派代表来见香奈儿，希望她能在经济如此萧条的情况下帮忙推广钻石

页图：香奈儿身穿俄罗斯风格羔羊皮绲边大衣，帽子上别着她自己设计的珠宝。
斯特摄影，1937年。

EXPOSITION
DE
BIJOUX DE DIAMANTS
créés par
CHANEL
du 7 au 19 Novembre 1932

chez Mademoiselle CHANEL
29, Faubourg Saint-Honoré, 29

AU BÉNÉFICE DES ŒUVRES
"SOCIÉTÉ DE LA CHARITÉ MATERNELLE DE PARIS"
et
"L'ASSISTANCE PRIVÉE A LA CLASSE MOYENNE"
reconnues d'Utilité Publique

ENTRÉE : 20 FRS

香奈儿钻石珠宝展的门票。

珠宝。所有门票收入都捐给慈善机构（包括幼儿慈善团体，其中一个慈善机构的初始赞助人是路易十六的皇后玛丽・安托瓦内特）。虽然这个展览办得有声有色，华丽非凡，但在惨淡的经济现况下，钻石展毕竟还是不合时宜。经济崩盘，巴黎街头失业、无家可归的流浪汉与日俱增，钻石再怎么闪耀，也无法照亮如此黯淡的寒冬。

圣奥诺雷宅邸雕金砌玉的豪华大墙遮挡了外界的凛凛寒风，在这个天地里，香奈儿女士开创了新的珠宝设计风格。她佩戴真假珠宝混用的饰品，在20世纪20年代刮起一场前所未有的时尚风潮。的确，真假混用成为她独特的珠宝设计风格，也只有她能自信十足地将贵重的宝石和玻璃制品混搭，让人真假难辨——就跟她述说自己的故事一样扑朔迷离。在珠宝展的宣传册上，她介绍道："值此经济恐慌的时代，一种对所有事物讲求真切的本能渴望再度觉醒。"这话让她的钻饰笼上一股神秘氛围，令人更想一探究竟。蜡像人台佩戴着光芒耀眼的星星和彗星，模特如此逼真，让人忍不住想去触摸，检查一下它们的睫毛和头发是不是真的。可惜它们都被隔在玻璃橱窗内，如同被锁住的睡美人，虽然它们眼睛都是睁开的。它们在镜子映射出的钻石的华丽光芒中，眼睛一眨不眨地凝视前方。参观者鱼贯穿过每道门的警卫，在警卫的盯视中隔着一段距离欣赏钻石设计。没有人知道隐藏在香奈儿内心的秘密：其实这些美丽的钻石，描绘的是她小时候在奥巴辛孤儿院见到的马赛克地面图案。在中世纪，修道院僧侣观察夜空天象，并以鹅卵石在长廊上铺设马赛克图样，记录下星空的缩影。

有一个人凭借慧眼多少看出了香奈儿点石成金背后的端倪，这个人就是《纽约客》的巴黎特派记者珍妮特·弗兰那。弗兰那没有找到繁星点点首饰设计背后的源头，但是她注意到香奈儿在珠宝展宣传小册子上签名的变化。“颇值得玩味的是，她把名字中间断开了：把Gabrielle Chanel变成了Gabri elleChanel。在她的职业生涯里，她从来没有比现在更具有女人味（elle，法文的“她”）。在这个经济日益恶化的时代，大家都认为奢侈品早已不合时宜，她也要跟着没落，而她竟然在大环境最恶劣的谷底，反其道而行之，将这些贵重宝石打造得如此精美绝伦，‘在最小的体积内蕴藏着最大的价值’，就像她在经济繁荣时期逆势而行，推出玻璃制的仿真珠宝。因为‘在那个华丽年代，奢侈品太易得，而这些服饰珠宝反倒没有真珠宝的傲慢’。这批借来的钻石，光是钻石本身的估值就达到5000万法郎之巨，每日每夜都有警卫枕戈待旦地守护。香奈儿满是中国乌木漆面屏风和玫瑰石英枝形吊灯的华宅已让人目眩神迷，而整个钻饰系列设计得如此简单大气，更令人赞叹不已。”

弗兰那和其他的媒体记者一样，都被香奈儿钻石珠宝的魅力与原创设计所打动。“每一件首饰都可以变化佩戴方式，展现出多样风貌：珠宝冠变身为手镯，耳坠成为胸针，星星可以装饰到吊袜带上。一物多用的设计，使得珠宝的投资更为超值。”变化多端的设计饶有趣味，充分体现了香奈儿的巧思和她的自信。或许展览为期短暂，但是这些星星则暗示了永恒的价值。这个钻饰系列，再一次展现了她结合绝妙幻想与精彩写实的惊人天赋。

巴黎媒体对香奈儿钻石珠宝展的赞誉也传到了美国，多家报纸进行了连篇累牍的报道，也不失为经济危机的愁云惨雾中一个令人舒心的正面消息。无论是曼哈顿还是密尔沃基的读者都读到了巨细无遗的报道。（像《费城记录报》评价香奈儿的钻石流苏头饰不仅“闪现惊人创意，且展示出绝美的低调华丽”。）和往常一样，弗兰那从巴黎为纽约带来第一手的报道：“香奈儿女士钻石设计取材于星空，不对称的星星，是耳环的设计；一弯彗星光芒的弧线，环绕着粉颈，成为最耀眼的项链；灵动的光芒圈在手腕，成为华丽灿烂的手镯；月牙形状的头饰，也可作为帽子上的别针；还有一件‘太阳’，仍是一贯的简洁，且光芒四射、灿烂夺目，是举世难见的珍品。”

“香奈儿珠宝展在巴黎开展没两天，戴比尔斯公司的股票就在伦敦证交所上涨了20个百分点。”

事实再次证明香奈儿的影响力，至少在她的手中，无论华尔街股市如何涨跌，时尚生意比金融市场更能稳定获益。不过，这不是香奈儿第一次以珠宝设计来展示她的影响力、社会关系和事业成功。她曾将西敏公爵送给她的珍珠和祖母绿随意地别在斜纹软呢外套和素面羊毛衫上，而且她就如此轻松地令所有上流社会女性纷纷效仿。这种对珠宝的随性态度是违背传统价值观的。正如摄影大师塞西尔·比顿在《时尚之镜》一书中写的：香奈儿“有一种化繁为简的天分，她的设计耀眼出众”。在她的强力影响下，“女人都摒弃了华丽繁复的装扮，取而代之的是极简设计的斜纹软呢外套和裙子。当她们摘除了所有赘饰，穿着得如同西联电报员般干净、质朴时，香奈儿为这种简约的服装添上珠宝，如大块的祖母绿、红宝石、一圈又一圈的珠链，来造就一种低调的奢华感”。

另一件足以证明香奈儿无人能及的强势的事，是她雇用贵族来设计珠宝。在此之前，她也曾让俄罗斯贵族替她工作。香奈儿本身就是一个不把阶级当回事的人，这个出生于穷乡僻壤的女人，一路晋阶，跃过阶级的层层壁垒跻身巴黎的上流社会。她和艾提安·德·波蒙伯爵关系的演变，最能说明她是怎么颠

香奈儿1932年的“钻石珠宝”系列，开创以铂金结合钻石的时代。
左上图：“彗星”项链，瀑布般的彗星星尾总共镶嵌649颗钻石。右上图：以发冠方式佩戴的“流苏”项链，钻石流苏由一条镶嵌有68颗钻石的项链穿成。左下图：“蝴蝶结”颈环。右下图：“流苏”手镯。罗伯特·布列松摄于1932年。

覆了这种社会阶级观念的。波蒙伯爵的豪华晚宴和化装舞会曾经是巴黎最具标志性的社交大事，他会根据身份地位细心筛选邀请名单。香奈儿刚认识米西亚时，只是一个女裁缝，尽管两人交情甚笃，时常同进同出，但只有米西亚会接到上流社会的请柬。米西亚在回忆录中写道："那时候，我清楚地了解到上流社会的人不屑与商人为伍，做生意的人不要妄想得到上流阶级的垂青。只有在生意人自己的地盘，上流人士才肯屈尊跟他们打声招呼。所以波蒙伯爵没有邀请香奈儿没什么好大惊小怪；但她是我的朋友，无视她就等于无视我。她没有获邀，我也为之不快。"从米西亚的这段话中，可以看出两人之间虽然不乏心机算计和占有欲，但友谊基础依然如磐石般坚不可摧。如果说米西亚为此耿耿于怀，香奈儿自然更不好过，但是她很快从一个女帽设计师迅速转型，成为引领潮流者，最后所有上流社会人士都将她奉为时尚标杆。这样的华丽转身后，自然没有一个贵族敢拒绝邀请她。当香奈儿声名鹊起，波蒙伯爵不仅盛情邀请她参加舞会，把她尊为贵宾中的贵宾，还在20世纪20年代后期同意为她设计珠宝。香奈儿后来向保罗·莫杭透露，其实她并没有原谅波蒙伯爵曾经的冷遇，她觉得伯爵根本不值得原谅。"我从不雇用游手好闲的人，伯爵很拼命工作呀！他不仅在我这儿领一份薪水，还私下跟我唱对台，暗地挖走了我的买手。他在自己的豪宅里另辟了一家小珠宝设计室，然后挖我的墙脚，一边还替我工作，我当然把他解雇了。我不喜欢让半吊子的人白白占据工作岗位。不论是小说里的角色还是在现实生活里，以这种游戏心态对待工作都是不道德的。"

不管香奈儿和伯爵在工作上如何不欢而散，她依然和他保持着正常社交往来，依然会去参加他华丽非凡的"法国大革命"主题化装舞会。伯爵离开后，她雇用了大文豪雨果的曾孙尚·雨果，与另外一位意大利西西里岛"蓝血贵族"佛杜拉公爵为她设计珠宝。佛杜拉公爵为香奈儿设计了几款非常出名的经典作品，包括镶着马耳他十字架的铐式手镯（十字架的设计灵感同样来自奥巴辛孤儿院地面的马赛克图案）。佛杜拉公爵从1933年开始为香奈儿工作，几年后，他去纽约独立发展，成立了一家私人定制珠宝工作室，发展得非常好。

在众多为香奈儿工作的男性中，保罗·艾里布是她最重要的工作伙伴兼情人。两人同一年出生，有着类似的成长经历，都来自外省。保罗原名保罗·艾里布纳加雷，1883年出生于法国西南部的昂古莱姆，1900年来巴黎发展时，他把名字简化为保罗·艾里布。艾里布是个雄心勃勃的插画家，23岁那年他自行创办了一份讽刺画报《见证》，他的作品引起了时装大师保罗·普瓦雷的注意。当时这位女装设计师声望正如日中天，1908年，普瓦雷聘请艾里布帮他创作时尚插画画册。

普瓦雷在回忆录里盛赞艾里布说："艾里布是个非常与众不同的年轻人。他是巴斯克人，身材圆圆的，有一种混着神学院学生和包工头的双重气质。如果在17世纪，他必会成为一个御用神职人员。他戴着金边眼镜，穿着宽领衬衫，系着松垮的水手领结。他说话很轻柔，总像在说着什么悄悄话，说到某个重要的词他会放慢语速，争取把每一个音节都发清楚，像他说'极好的'，就是'极——好——的'。"

艾里布为普瓦雷所画的插画得到了很好的反响，他成了著名的插画家，帮人打理造型，同时也设计面料和家具，身价扶摇直上。保罗第一任妻子让娜·迪瑞丝是一个美丽的女演员，她还曾为香奈儿女帽的畅销出过力。1911年，艾里布以妻子为模特，画了一张她头戴香奈儿宽檐女帽的插画作为文艺刊物《戏剧画报》的封面。1914年，在《见证》倒闭后，艾里布和艺术大师考克多的朋友一起创建了一份新杂志 *Le Mot* ，借由这个契机，他顺利打入米西亚的时尚圈，也看到了圈中人物所有的时尚荒谬和乖戾。

在第一次世界大战期间，米西亚获得许可将伤兵从前线载回巴黎，她说服几个衣帽商将货车改装成救护车，还叫艾里布做她的司机。关于当时米西亚的穿着有几个版本，其中一个是说她穿着普瓦雷设计的护士装，另一个说她穿的是斜纹软呢职业外套。而艾里布打扮得像深海的潜水员（原因迄今仍是个谜），考克多穿着普瓦雷设计的男护士制服，米西亚的前夫塞特则穿着灰色的灯笼裤。

1919年，艾里布去美国闯天下，他娶了一位美国豪门之女，梅百丽·霍根。

上图：香奈儿佩戴珍珠项链，尚・莫罗摄于1938年。
后页图：香奈儿，鲍里斯・李尼兹基摄于1936年。

卡尔·拉格斐所作的香奈儿画像。

到美国后，著名制片人塞西尔·德米尔邀请他为电影《十诫》设计戏服。德米尔随后还让他执导电影《换夫》。《换夫》票房的惨败也无损他对艾里布的信任。他继续让艾里布担任另外一部《圣经》主题大片《万王之王》的艺术指导。有传言说，艾里布后来被解雇是因为耶稣受难那一场大戏被他搞得一塌糊涂。反正在1927年电影上映前，他已离开好莱坞回到巴黎，在圣奥诺雷街开了一家室内设计精品店（资助他的自然是他腰缠万贯的美国妻子）。

艾里布何时开始和香奈儿约会已不可考，但香奈儿1932年11月举行钻石珠宝展时，两人已经过从甚密。他代表香奈儿，专程去伦敦和有关部门磋商这批珠宝从巴黎运到伦敦的进口税问题，当时他许诺展出门票所得会捐献给玛丽皇后发起赞助的慈善团体，但是珠宝展最终还是取消了，没能在伦敦展出。

艾里布有着旺盛的精力和魅力，他的所作所为相当引人争议，到处拈花惹草，同时对政治极其热衷。1933年，他曾说服香奈儿出资让《见证》复活，随后的几年，香奈儿还匿名为他担任插画模特，变身为法国的象征玛丽安娜，和那些外国领袖（美国总统罗斯福、英国首相麦克唐纳、德国的希特勒和意大利的墨索里尼）一起出现在政治讽刺插画中。《见证》是右翼刊物，在艾里布看来，沙文爱国主义远比政党政治更重要。他是一个反犹太、反德国、反法西斯和反民主的狂热的法国爱国主义者，就像他在杂志导言里极力宣扬的："《见证》是法国纯血，请即订阅。"

香奈儿的好友，女作家柯蕾对艾里布一直深怀戒心，1933年7月在圣特罗佩，她见到香奈儿和艾里布在一起，就在写给后来成为她丈夫的马瑞斯·高德凯特的信里，清楚表述了对艾里布其人的厌恶。柯蕾是艾里布第一任妻子让娜的好友，让娜十年前被艾里布抛弃，没多久就染病辞世。柯蕾对艾里布的反感不仅仅是因为他对她好友的不忠，她在写给未来丈夫的信里描述了她如何在圣特罗佩的一家店内看到米西亚，米西亚兴奋地告诉她香奈儿打算和艾里布结婚。过了一会儿，柯蕾就觉得有一双"凉凉的、细致的手"捂着她的眼睛——"原来是可可·香奈儿的手。然后，紧跟着，我就看到艾里布了。""艾里布还在那里向我抛飞吻。当我急着想脱身的时候，他礼貌地拥抱我，还温柔地把我的手夹在他脸颊和肩膀之间以示亲昵。"柯蕾没有解释为什么她对见到艾里布感到如此憎恶和恐惧，不过艾里布的反应是："你可真淘气，看到我像看到鬼一样。"她回应道："那么你还不放开手？"她在信里继续描述道："他听闻后，面不改色，继续全身心散发出愉悦和热情……他身材纤细、一脸皱纹、满头白发，笑起来露出一口崭新的假牙。他说话声音像鸽子——这不是很有趣吗？因为这会让你联想到古书里关于恶魔幻化为维纳斯的鸽子，口吐魔咒的传说。"

香奈儿坐在巴黎丽兹酒店套间的梳妆台前。尚·莫罗摄于1938年。

香奈儿本人对艾里布的描述也很矛盾，她告诉保罗·莫杭："他是我见过的最复杂难懂的男人。"香奈儿说："他批评我，说我不够单纯。"尽管艾里布从事的珠宝、家具和室内设计都极尽奢华之能事，他自己对于华丽生活也十分向往，但他却开始对香奈儿圣奥诺雷街29号的豪宅鸡蛋里挑骨头。她对莫杭所说的话，比她在回忆录里写过的前前后后任何一段罗曼史都更能看出艾里布与她之间的互动。"他说：'我不懂，为什么你需要那么多房间，那么多摆设？你现在的生活会毁了你，你真的太浪费了！你需要那么多仆人吗？你这里也吃得太好了。如果你知道我喜欢简约的生活，那我会来得更勤，搬得离你更近些。我厌恶毫无意义的举动、铺张浪费和心机复杂的人。……'我回答他：'好吧，我会让我的生活简单些，我会降低生活标准。'"

为了他，她放弃租住圣奥诺雷街的豪宅，在康朋街不远处租了一个两居室的朴素房子，房间里只有她最爱的中国乌木漆面屏风，两个暖炉，她喜欢的一些书和几块小地毯。"可是当艾里布看到我远离奢华，他却表现出嫉妒和不快。我告诉他：‘这里非常方便，能常出去吃便饭，我会在这里开始我的简单生活。’”鉴于艾里布的躁怒，香奈儿建议他也和她一样过起简单的生活，但是艾里布极端不愿意。最后两人在吵了几个回合之后，双双搬进了丽兹酒店。

1934年2月6日巴黎爆发了一场暴动，成千上万的游行示威者从巴黎的协和广场向圣奥诺雷街和爱丽舍宫行进。这次示威游行曾被定性为右翼分子攻击民主政治，但实际上这场暴乱非常具有争议性（甚至参与游行示威者对于基本诉求也莫衷一是）。《纽约客》驻巴黎特派记者弗兰那报道说：“2月6日晚上，没人知道有多少人聚集在协和广场，也许有4万人，也许有6万。左岸、玛德莲教堂和里沃利街上，更有成千上万的人想要加入游行的队伍。”

不管最后如何给这场游行示威定性，弗兰那指出：“这场运动最大的意义是各个党派和阶级的会师，充满了革命热情且感染了无数人。过去几年，法国每个阶层的人都饱受政府苛捐杂税、政客骗子的压制。在那个夜晚，巴黎各个阶层的人走出家门加入抗议的队伍，从共和党到共产党，从中年退伍荣军到保皇党的青年——那些青年除了在梦中为放逐的国王奋斗，从未为任何事而战，这次却加入

香奈儿在办公桌前。弗朗索瓦·克拉摄于1938年。

了游行。在马蹄、步枪和警棍镇压下，这些背景天差地别的人们，捐弃了党派成见，加入游行的队伍，互相打气，为了共同的利益而战。”

其他的媒体报道角度和弗兰那截然不同：共产党报纸 *L'Humanité* 告诉读者，这场运动是巴黎工人阶级的反法西斯运动；而右翼保皇派报纸 *L'Action Française* 则称这是反社会主义、反共产主义、反激进、反共和、反犹太和互济会的运动；社会主义媒体 *Le Populaire* 则指责退伍军人和右翼分子企图借这场运动推翻民主，实行独裁统治；保守民族主义的 *Le Jour* 持相反观点，认为是这些勇敢的战后退伍军人击败了左派的独裁统治。在众多版本中，中间派《晨报》的评论最接近真相：2月6日的暴乱是“一日内战”。

对于这场暴乱的结果，弗兰那说：“那天超过2000挺机关枪向2万人开火，官方的统计数字是20人死亡，非官方数字是70人，实际远远不止。法国人的日常开支和薪水的比例比其他国家高出30%。巴黎春季时装周期间，出租车司机罢工加上暴乱，使得几个大品牌的平均损失达到了每家100万法郎之巨。”

这场暴动对香奈儿的影响也是难以衡量的，她的春季时装发布会一如既往在2月5日举行，将将避开了暴动。但是巴黎当时充斥的紧张气氛，无疑影响了客户订单。当然，香奈儿已经深深感到了经济大萧条带来的影响，但她依然乐观以对。她认为自己有责任保护时尚业不受到“商女不知亡国恨”的指责。因此，她署名撰写了多篇立场坚定的时尚文章，如1933年2月在《圣保罗先驱报》发表的文章中写道：“或许在这样一个充满伤感和艰难的时刻，谈论时尚有点不合时宜。但是换个角度想想，难道时尚业不是法国乃至整个世界最伟大的一种产业吗？”香奈儿随后借用艾里布的政治套路发表激情洋溢的雄辩，虽然她讨论的是国际主义，而艾里布说的是爱国主义。她说：“时尚带动了羊毛、棉布和丝绸工业，为百万男女制造工作机会，让他们挣钱养家糊口。皮革业、人造花业、编织业和染色业都是如此。还有，诸位认识到这些商品对运输业的重要意义了吗？时尚可以振兴铁路、航海运输、海关、大商人和小店主的生意，不管规模大小，也不论销售员是男还是女，这就是时尚产业存在的意义。”

页图：香奈儿在丽兹酒店的房间里。弗朗索瓦·克拉摄于1937年。
张照片刊登在1937年的 *Harper's Bazaar* 杂志里，作为香奈儿5号
水的广告。这是香奈儿第一次用自己的形象推广香水。

香奈儿还不忘向美国的读者喊话，她说："我在为时尚而战，我让时尚存活，我让羊毛业，也让你们城市里大大小小的商店从中得益，为此我深感自豪。我知道，我在为减少失业而战，借此我还能顺道帮帮农民，比起你们那连小麦都卖不出去的悲惨世界，时尚界至少好多了。"但是香奈儿在文章结尾处却露出一丝不确定："男人们，希望明天，当看到被我打扮得漂亮时髦的女人时，各位能充满自信。我毕竟是个女人，没法自负到假装今天就能看到明天的命运。"

当香奈儿回顾自己和艾里布的关系时，她觉得冥冥中注定两人就是无缘。"我和他的关系只是一时被激情冲昏头脑，"她告诉好友保罗·莫杭，"我厌恶激情！真的很厌恶，激情就是一场热病。这个热情高涨的男人无视他人的存在，他把其他人都当作没有生命的工具。天气、幸福、邻里关系，这些世俗的东西根本入不了他的眼。"或许香奈儿表达了太多不满的言语，从她对艾里布的描述中可以看出她对他已感到深刻的厌倦。她说到前男友如卡柏男孩、西敏公爵都是柔情脉脉，唯独对艾里布是牢骚满腹。她对莫杭说艾里布嫉妒她比他成功。"当我想到他在我身边营造的热情氛围，我就忍不住焦躁。"她说，"他让我筋疲力尽，他毁了我的健康。他动身去美国发展的那个时期，也是我声名更上层楼、获得国际性赞誉的时期。我事业的蒸蒸日上和他的黯然回国，形成了强烈的对比。"

香奈儿分析，艾里布对她的态度也有很大程度源于他对法兰西的狂热。"在他看来，我代表了他不能掌控的巴黎，因为这一点他才在恼怒中去美国投奔制片人塞西尔·德米尔，跑到加州德米尔无聊又惨淡的电影公司去谋职。"她尝试去分析艾里布的心理，认为他的感情很难用语言去准确概括，他的内心有她称之为"那些鬼魅般的纠结"。如果她真的这样描述过艾里布，那就刚好呼应了之前柯蕾认为他是恶魔的观点。"艾里布爱我，他对我的爱包含了想毁掉我的愿望。这一点，他不会向我承认，也不会对他自己承认。他希望我崩溃、丢脸，他希望我去死。如果我能完全属于他，如果我走下坡路，无助、瘫痪、贫穷、开一辆小

后页图：克里斯钦·贝哈德的插画，刊登于1937年7月美国版的 *Vogue* 杂志

Chanel dines at home
in printed pyjamas,
sweater, barbaric jewels.
(Two small Chanels)
Striped linen, flannel jacket.
Checked tussur, chiffon cape-veil.

车，他会非常高兴。”

但是香奈儿坚强得如她设计的钻石，她没有被摧毁，她也不可能被摧毁，她生命里有一个重要的因素是她爱人无法掌控的。“他很在意我的过去，因为他是一个有强烈民族感的巴斯克人，”她对莫杭这样说，“他身上有着一个‘西班牙人’似的强烈妒忌心。”艾里布，这个盛气凌人的法兰西爱国者形象在香奈儿的话语中慢慢显现——一个热爱乡土的人，在自己祖国成了一个没有安全感的局外人。他迫切想知道她的过去，想了解这个闯入他世界的女人的来路。“艾里布想和我重新开始，一步一步，慢慢走入我那个没有他在场的过去，他让我袒露一切。一天，他带我回到奥弗涅，沿着我少女时期的轨迹。我们甚至找到了我阿姨家……当我走在酸橙树下，我真的感觉我好像从少女时期把这辈子又过了一遍。我走在他后面，他自顾自往前走着，借口要找个地方住下，说要去我阿姨家。即使过了那么多年，阿姨对我的态度依然没有改变，她们告诉他说，如果我出现，她们是不会欢迎我的。他回来了，带着满意和舒心的笑容，终于相信我和他讲的一切都是真的。”

香奈儿这里提到的“阿姨”究竟是谁？或许这才是最令人好奇的谜，至少艾里布可能比她以往的情人都更接近她的童年时代。他本来对香奈儿的过去所知有限，他只清楚她从圣奥诺雷街搬到康朋街再搬到丽兹酒店；但是如果她带他去奥弗涅，那他在那里发现的“阿姨”是谁呢？她口中的阿姨，或许是经过美化了的奥巴辛。在修道院里，艾里布终于了解了香奈儿的过去。在那里，他走过漆黑的楼梯，穿过大门进入铺满星星和十字架马赛克的长廊。但无人能证实他是否真的去了那里，艾里布的突然离世，让他无法讲述他知道的那部分故事。

1935年夏，艾里布乘坐夜行列车奔赴香奈儿的La Pausa别墅，他经常去那里度假，和香奈儿一起享受别墅的奢华生活，分享她的床和床上的铸铁星星。9月21日，他在和爱人在网球场欣赏地中海的蓝色美景时，突然心脏病发作而辞世。从此，香奈儿再没有使用过那个网球场，任那里荒草丛生，野花遍地，直到今天还是如此。香奈儿远离众人，独自伤心。多年后，她告诉密友克劳德·德雷，艾里布去世后，即使是她最爱的La Pausa别墅都不能让她获得安慰。此时功成名就的香奈儿外表已如钻石般坚硬，但也许她内心深处最柔软珍贵的一块已经干瘪、死去了……

香奈儿，霍斯特摄于1937年。

2009
l'ombre de Coco

秘密穿镜而过

有关可可·香奈儿的各种流言、八卦等乱七八糟的传闻从报纸传到了互联网，其中有一件事一再被人提及，那就是她曾与纳粹同流合污。在二战期间，她和一个德国军官的风流韵事让自己的声名受损，也让她的时尚传奇有了一笔抹不去的污点。

事情的真相并非黑白对立一般，其中的灰色地带，很难用对错评价。香奈儿一向矛盾的性格和心理，让她在二战时期的记录并不完美。但在当时大时代的背景下——那时的法国混乱不堪，未来飘忽不定，上演着一幕幕可怕的悲剧——香奈儿做出这样的选择确有苦衷。这样分析不是要为香奈儿辩白，她本人也一定会对“辩白”这个字眼愤怒不已，因为她曾宣布，她和那个德国男人的关系并没有什么错。在她眼里，那个男人甚至不是德国人，因为他母亲是英国人，且他们平时都用英语对话；两人达成了某种默契：仿佛康朋街31号的寓所是仅属于他们的一方净土，而不是德国占领下的巴黎。

这个德国人名叫汉斯·冯·丁克拉格，比香奈儿年轻13岁，两人开始约会时她已经58岁。对于两人之间悬殊的年龄，香奈儿其实并没有真正盲目到她那句著名回答的程度。塞西尔·比顿曾这样写道，当香奈儿被问及是否真的曾和一个德国男人走到一起时，她回答说：“的确，爵士，当一个女人到我这

页图：卡尔·拉格斐画的香奈儿肖像。

香奈儿在审视模特Muriel Maxwell身上的衣服。霍斯特摄于1939年。
后页图：香奈儿肖像，她身穿同一款白色绉领黑色外套，搭配环状白
的造型出现在乔治・霍宁根・休内拍摄的肖像照中。

个年纪时如果还有机会恋爱一场，是不会想着要去看看对方的护照的。”或许在那个时候，香奈儿到了人生颇为尴尬的阶段，尽管她可以撕掉护照上出生日期页，却无法在看着镜中渐渐老去的自己时，同样漠视岁月的侵袭。尽管她对好友保罗·莫杭说她审视自己时，总是苛刻得让一切都无所遁形：“坚硬的镜子能照出我坚硬的另一面。自我审视就是我在和另一面苦苦斗争。”但是也许当她面对德国情人时，这份清醒就消失无踪了，她对他的过去，就像对他的护照一样，睁一只眼闭一只眼，正如她对自己的前尘往事一样视若无睹。

冯·丁克拉格的好友都叫他Spatz，这个绰号就是德语的“麻雀”，暗示他思维敏捷，举止活泼。实际上，他身材高大，一头金发，十分英俊潇洒，供职于德国驻巴黎大使馆。他1896年12月15日出生于德国的汉诺威，1928年来到巴黎，成为社交圈里的花花公子。1935年，他和妻子离婚后，先后和几个既富有又风趣的巴黎女人交往过。在某个社交场合，他结识了香奈儿女士，两人虽然一见如故，香奈儿还说对他有种似曾相识的感觉，但两人很久以后才开始恋爱。

关于“麻雀”在巴黎的职务性质，众说纷纭。有些人认为，“麻雀”不过是一个单纯的外交官，态度亲善，偶尔放纵一下；但也有人认为，他就是一个德国间谍。可以确定的是，早在战争爆发之前，他就引起了法国情报部门的高度注意。埃德蒙·查尔斯-胡可以说是香奈儿传记作者中最勤勉的一位，据她所引用的档案，冯·丁克拉格“隶属于德意志宣传部，借着新闻官的职衔掩护身份。他在巴黎的实际职务其实另有一份机密的授权合约，自1933年10月17日起生效，为期1年”。除此之外，查尔斯-胡找不到关于“麻雀”更进一步间谍活动的记录。但是另一位香奈儿传记作者皮埃尔·戈兰——他本人在二战期间是为盟军服务的法国特工，明确指出冯·丁克拉格在巴黎从1935年起就为Abwehr工作，这是一个直接听命于威廉·卡纳里斯（德国军事情报局局长，海军上将）的德国军事情报机构。如果这个情况属实，那在当时波谲云诡的国际形势下，“麻雀”的真实身份就更加扑朔迷离了，因为卡纳里斯曾经几次参与刺杀希特勒的计划，还一直与MI6（英国陆军情报六局）保持着联络，于1945年4月被纳粹处决。戈兰对其资料来源言之凿凿，宣称“法国反间谍机构做的大量调查显示，‘麻雀’丁克拉格是Abwehr组织一名非常重要的特工，在瓦格上校手下工作”。瓦格是卡纳里斯的侄子，他也曾指出冯·丁克拉格对希特勒并不忠诚，令人更加确信“麻雀”其实是一个双重间谍。

如果说“麻雀”的记录是模棱两可的，那么可可·香奈儿的记录就更加令人费解了。巴黎警方档案中有大量关于香奈儿的卷宗，记录日期最早甚至可以上溯到20世纪20年代，她当时首度成为嫌疑人。关于她的很多情报都非常离谱，甚至十分可笑，不过偶尔也会闪现珍贵的事实。首先，档案里披露了她护照的一些细节，上面写着她的生日是1886年8月21日（把她的真实年龄抹掉了3岁，她实际生于1883年8月19日）。1923年8月的记录显示，她成功申请到去英国和其他国家的签证，上次签证的时间是1921年（7月25日去西班牙，10月6日去德国，10月10日去荷兰，10月15日去了瑞士）。

在1929年年初，香奈儿被当局进一步监视，可能是因为她和薇拉·阿克莱特的友谊，薇拉和第一任丈夫巴特离婚，随后嫁给阿尔伯托·隆巴蒂上校。隆巴蒂夫妇被法国当局列为间谍嫌疑人而受到监视，和他们过从甚密的香奈儿也被牵连进调查名单。1929年1月26日，一份报告中把香奈儿描述成“早年曾是社交界女王”，不仅在法国上流社会大受欢迎，甚至在政界和外交界也长袖善舞。监视报告记录显示：她1910年在一位“美国”朋友（也许是对亚瑟·卡柏国籍的错误记录）的资助下，开始经营自己的事业；1921年至1924年期间，香奈儿成为西敏公爵的情人；她拥有一辆劳斯莱斯汽车，并要为圣奥诺雷街29号的宅邸支付5万法

香奈儿和“麻雀”汉斯·冯·丁克拉格，于威拉尔·苏·罗伦，1949年。

郎的年租。

监视报告里也有一些涉及西敏公爵的条目，记录他去巴黎看望香奈儿，还暗示了公爵风流成性，他甚至垂涎法文称作是“小巧手”的香奈儿的女裁缝师们。他每年都要请她们去自己位于法国米米藏的城堡度假。关于这点，香奈儿还能为自己慷慨让员工每年去米米藏度假而骄傲，她曾对保罗·莫杭说过：“我每年都组织一次员工度假，每一次都会花掉我数百万，但我一点都不心疼。我为这三四百名女员工盖‘度假营’的房子，支付旅费……给她们整整1个月的带薪假期，超过了法定的14天。”

无论那些女裁缝师度假安排的细节如何，法国内政部又找到了充分的疑点，在1931年10月1日下达了另一个警方调查计划，再次把香奈儿和隆巴蒂夫妇列为调查对象。这个计划从一开始就莫名其妙，指示对于两对夫妇的行踪，事无巨细都要一一造册，而两对夫妇是指隆巴蒂夫妇和香奈儿夫妇。这位子虚乌有的香奈儿先生连名字都没有，却赫然出现在报告里，并被认定是香奈儿公司的共同所有人；而且这两对夫妇还被指认说，他们都在蔚蓝海岸马丁海角拥有产业，并且毗邻而居。之后的警察报告也完全没有更正过这些显而易见的错误，哪怕香奈儿女士从未结婚压根儿就不是什么秘密。对于蔚蓝海岸的房产，大量资料都显示香奈儿是唯一的所有人，不仅包括La Pausa别墅，还有那幢花园里的小房子，隆巴蒂夫妇不过是常在那儿小住罢了。

警方可以说是吃力不讨好，尽管费尽功夫，还是没能发现隆巴蒂夫妇在巴黎或是别处有任何可疑行为。阿尔伯托·隆巴蒂是意大利骑兵军官，生于1893年8月，比他的太太薇拉年轻8岁。薇拉1914年9月来到法国，在一战期间与弗雷德·巴特邂逅，当时她在法国西郊的美国医院做护理义工，而弗雷德是美国NBC驻伦敦记者。两人1916年结婚，次年11月他们的女儿布丽吉特出生。这段婚姻于1929年6月结束，当时薇拉已经和隆巴蒂相好。几个月后，也就是1929年11月，薇拉和隆巴蒂举行了婚礼，隆巴蒂的证婚人是意大利驻法大使馆武官，薇拉的证婚人则是嘉柏丽尔·香奈儿。

卷宗中进一步的报告显示，法国警方不仅把隆巴蒂夫妇设定为间谍，甚至怀疑他们不止为一个间谍机构工作。警方报告说他们有一个德国管家，而且经常会往国外拨打长途电话。隆巴蒂是每天往慕尼黑、日内瓦和伦敦打电话，而薇拉的国际长途电话甚至会从早上6点打到11点。在电话里，他们一直都讲英语和德语，电话费每月高达1000—2000法郎；警方还查明，薇拉每月从香奈儿那里获得3万法郎的收入，这个数目高得古怪（在当时，一个警长的月薪仅是此数字的1/10）。薇拉和她的丈夫开过晚宴派对款待西敏公爵和其他欧洲贵族；而且，薇拉不仅持有美国外交护照，还在好几个国家的大使馆都有很多有用的人脉。这对夫妇有一辆克莱斯勒汽车，通常是薇拉驾驶，经常开去伦敦、都灵和别的地方。报告里还记录着，当隆巴蒂先生待在巴黎家中时，常常整晚研究城市环境，绘制巴黎地图。

1931年1月20日，内政大臣送了一封密信给巴黎警察局局长，命其更加严密地监视隆巴蒂夫妇和香奈儿。调查要求务必滴水不漏，搞清“嫌疑人的国籍和他们行动的实质”。尽管警方这回拼了命，历经艰辛却仍是一无斩获，几乎没有证据能证实这三个人有什么卖国之嫌。报告中提及香奈儿资助保罗·艾里布的政治讽刺刊物《见证》，以及其另一本被警方认为是左翼杂志的《未来》。还有一些含糊其词的推断说香奈儿是作家和金融家亨利·佐格布的情人（在其他人的回忆中，亨利的名字从未和香奈儿有任何交集，除了他的妻子是康朋街的老主顾）；在一项比较靠谱的1934年的记录中，还记载了香奈儿和温斯顿·丘吉尔的友谊。

两人这份长年积累的友谊，对如何看待二战中的香奈儿有着重要的意义，就如薇拉，她也同香奈儿和丘吉尔都保持着友谊。两位女性都会向丘吉尔寻求帮助，也会主动施以援手，虽然丘吉尔不太可能要求她们做什么。他们之间往来的一些证据仍然封存在剑桥的丘吉尔档案里，彼此的信件内容多少都关涉二战时期的国际大事，也流露出三人过去的友谊和各自不同的立场。

把这三个人以不同方式联系在一起的人是西敏公爵，他的名字在丘吉尔档案中细细归类的通信和日记里也常常出现。他们曾在西敏公爵的苏格兰领地上一起钓鱼、打牌，也曾一起在米米藏猎野猪；他们一起驾着公爵的游艇在地中海航行，还经常在伊顿一起参加乡村家宴、骑马、打野味。两人拥有许多共同的记忆，分享着彼此的快乐；他们的过往交结在一起，即使当情势充满不确定性，即使未来太黑暗难以把握，两人的友谊也毫不褪色。

但无论如何，那些政治干扰友谊的情形总是难以避免，尽管丘吉尔是个公私极为分明的人。1939年9月，西敏公爵发表了一份声明表示反对对抗德国的保卫战，丘吉尔写了一封情真意切的劝慰信："我知道，站在这一阵线，的确会让你陷入无尽的痛苦和烦忧。"丘吉尔没有提及公爵是The Link（一个支持德国的右翼组织）的成员，也没有提及他公开的反犹太立场，但却成功地让公爵重新回到英国阵线。从此，公爵的爱国心占了上风，并向丘吉尔证明，只要能够赢得战争，他将响应丘吉尔的一切号召。伊顿被军队征用，而西敏忠于祖国的信念再没有动摇过。

如果像法国安全部所相信的那样，薇拉和丈夫是双重间谍，那很难确定他们站在哪一方。在巴黎，薇拉持续为香奈儿工作直到1937年，由于不明原因，两人的工作关系终止了。薇拉之后写信给丘吉尔说："她把我扫地出门，这可真丢脸。"但是丘吉尔每次去巴黎时还是会看望香奈儿，他们的友谊依然温暖如初，就像当初香奈儿还是西敏公爵的情人时一样。因此，香奈儿也近距离地目睹了丘吉尔被爱德华八世退位危机笼罩时的沮丧。考克多在他的报纸里刊载了他和丘吉尔、香奈儿1936年末在丽兹酒店套房里晚餐时的情景，丘吉尔喝得酩酊大醉，为国王不爱江山爱美人迎娶辛普森夫人的决定痛心疾首。1939年9月1日，战争爆发之后，丘吉尔继续来探望过香奈儿。那时，香奈儿仍住在能看到芳登广场的套房里，丽兹酒店的档案记录了在德国占领巴黎前一个月，丘吉尔还来看过香奈儿，并一直和她保持着电话联络。

因此，丘吉尔肯定知道香奈儿在战争爆发后立刻准备关闭公司的打算。那个夏天，巴黎的派对还是如旋风一般，热情不减。其中包括艾提安·德·波蒙伯爵的最后一场大型化装舞会，香奈儿打扮成济慈诗歌里描写的"无情美女"。她还出席了芒德夫人在凡尔赛宫的花园派对，席上共有750名宾客，参与表演的有杂技演员、小丑和三头大象。其间她还和她的忠实客户辛普森夫人，也就是温莎公爵夫人相谈甚欢。在狂欢的空隙，香奈儿一直在设计她的高级定制服系列——吉卜赛舞裙，黛安娜·弗里兰曾在 *Harper's Bazaar* 杂志上倾情赞美这个设计，她“穿着吉卜赛大摆裙，织着华美至极的锦缎，小小的波列罗外套，秀发里插着玫瑰花”；同时，香奈儿也在为她的朋友萨尔瓦多·达利的新芭蕾舞剧《酒神节》制作戏服。

达利为俄罗斯芭蕾舞团创作的这部芭蕾舞剧，灵感来自路德维希二世对瓦格纳音乐的迷恋和狂热。尽管达利这出舞剧充满了浓烈的超现实主义荒谬色彩（一群龙套舞者拄着拐杖出现，舞台布景是一只硕大无朋的白天鹅，胸前开了一个大洞），但似乎还蛮抓得住那一刻的时代精神。克里斯汀·迪奥则说：“巴黎在大难当头的1939年晕头转向，荒唐事接连爆发，灾祸接踵而来……国难当前的巴黎，看上去却是前所未有的纸醉金迷。我们从一场舞会旋转向另一场……恐惧着那终将到来的浩劫，我们在歌舞升平中醉生梦死。”各大时装屋依然一派繁荣景象，黛安娜·弗里兰1939年7月曾如此描述巴黎：“满城皆是时装买手——有的痴，有的癫，有的倦，也有的炫极一时。”在这最后的自由狂热中，巴黎似乎举城同欢。正如珍妮特·弗兰那在《纽约客》中所分析的：“空气里都是音乐和金钱的味道，自从去年夏天德国慕尼黑的苦难日子开始之后，人们第一次开怀享受快乐时光……昂贵的饭店里住满了美国和英国的游客……法国工人一直在工作；法国的出口贸易也在增长；贸易顺差持续上升，经济已经从谷底渐渐复苏。形势一片大好，法国人完全处在不设防的状态，忘记了战争阴影，继续在巴黎的浪漫氛围中享受难得的好光景。欢乐气氛在某种意义上，已经成为巴黎一个严肃、固有的重要政治指标，一派欢欣鼓舞，弥漫在法国的空气中。”

在满城狂欢的情形下，香奈儿9月开始缩减业务的行为就显得格外不同寻常。她把员工辞退，只留下一些骨干在精品店里销售香水（这个决定是为了确保在德军占领巴黎后，她在康朋街的店不会被征用）。“现在不是时尚的时候。”

这个宣言现在回想起来不仅令人欣然赞同，更加令人肃然起敬，然而在当时，香奈儿关闭店铺却被看作是懦弱和背叛的行为。

诋毁香奈儿的人都认为香奈儿是用战争做借口来惩罚她的女裁缝师，因为她们都参与了1936年6月的大罢工，香奈儿本人也有好几天被拦在罢工警戒线外，无法进入她的精品店。在和员工几经协商后，香奈儿做了一个不太可能的让步，答应把生意转型为员工共同拥有制，她只保留管理权。当然，这个协议随后不了了之，罢工潮也偃旗息鼓。战后她在和保罗·莫杭的对话中，陈述了关于这场罢工，她独特的版本："1936年，和其他地方一样，我们也在搞静坐罢工（想出这个点子的人真是个天才）。在这个充满欢乐的美妙时光中，手风琴声飘满屋子。"她宣称，她一直都付给女裁缝们比别处更高的薪水，所以这场罢工不是为财，而是为了要求能够经常看见她，获得心灵上的满足。"这是一场为爱而争的罢工，是为了满足内心的渴望。"

尽管当时竞争者艾尔莎·夏帕瑞丽正在巴黎崛起，香奈儿精品店的生意在大罢工后还是蒸蒸日上，所以，香奈儿完全不可能押上自己的事业来进行打击报复，更不会为了和员工算旧账，拿战争当借口削减业务。在晚年接受她的朋友马塞尔·黑德里希的采访时，她对此事做了更简单的解释："因为战争，我停止工作。我店里的每一个人都有亲人穿上了戎装——她们的丈夫、兄弟，或是父亲上了前线。战争爆发后两个小时，我的店里就空无一人了。"

战争爆发后，香奈儿彻底断绝了与兄弟吕西安和阿方斯的往来，他们本来也没在她的巴黎生活中占有一席之地。对她已辞世多时的姐妹们，还有她的小姑姑阿德里安娜（她已经嫁给她的男爵，终于成为一位受人尊敬的女性），香奈儿仍然保持着深厚的亲情；反之，她对兄弟们的态度却很冷漠，她慷慨地给予他们资助，只要他们不来烦她。1939年10月，香奈儿写信给住在克莱蒙弗朗的吕西安，他仍住在那所她十来年前买给他的房子里。她在信中说："我很难过，我不得不告诉你这些坏消息。我的业务已经大幅削减，我自己也不得不缩减开销……如果时局一直这样每况愈下，你接下来就不能再指望我的任何资助了。"她给阿方斯也寄去了同样的信，他住在偏远的塞文山脉的乡村里。香奈儿从此再没有见过她的兄弟们，吕西安1941年3月因心脏病逝世，阿方斯死于战后。据香奈儿传记作者埃德蒙·查尔斯-胡的记录，阿方斯的两个女儿安托瓦妮特和嘉柏丽尔曾经去巴黎康朋街试图拜访这位名人姑母，但是她们被打发走了，从此，再没相见。

虽然巴黎日益颓败，但是香奈儿还是一如既往，住在丽兹酒店的套房里。*Harper's Bazaar* 的编辑卡梅尔·斯诺在1939年10月最后一篇新闻报道里写道："巴黎几乎已经陷入永夜，沦为一座空城。出租车消失了，所有的电话线都被切断了，几英里内都看不到一个小孩。你知道巴黎人是多么爱狗，可现在他们把狗都送走了。"英国艺术家诺埃尔·科沃德是一名被派遣到巴黎的英国联络官，他报告说，丽兹酒店还在营业，当防空警报拉响时，能看见可可·香奈儿走进酒店的防空洞，一个仆从拿着她的防毒面罩，尽量低调地跟在后面。芒德夫人也在酒店安顿下来，还有其他社会名流；考克多也住在香奈儿为他付款的一个房间里；还有艾尔莎·夏帕瑞丽，她继续维持着时装生意。她在自传《震荡人生》里写道："我很好奇人们是否充分意识到在此刻宣传推广时装业对法国有多重要。"她形容时装"充满女性优雅，摒弃一切残忍和仇恨"。其他时装设计师都持同一观点，包括英国设计师爱德华·莫利纽克斯、浪凡和法国高级定制服联合商会主席吕西安·勒隆（虽然克里斯汀·迪奥和皮埃尔·巴尔曼当时还只是勒隆的助手，但是他敏锐地观察到，那些时装屋依然保持营业，还"出于爱国情操，提供了成千上万的工作机会给工人们"）。夏帕瑞丽的战时系列依然保持着几年前受到达利灵感启发的超现实色彩，不过更令人吃惊的是她赋予时装的实用性："有一袭晚礼服被伪装成日常穿着，而夜晚，当一个女人走出地铁要去出席一个正式晚宴时，她只要拉开丝带，这件日常穿着的连衣裙就会瞬间变身为一袭长礼服。颜色也丰富多彩，有马其诺防线蓝、外籍兵团红、飞机灰，还有羊毛连身衣，可以让人们方便地放在床边的椅子上，在突然空袭的夜晚可以迅速套上，逃到地下室去。还有一件白色的，据说可以抵挡毒气。"

但是没有什么能够抵抗1940年5月入侵法国的德军，德意志第三帝国的士兵

上图：香奈儿的甥孙女嘉柏丽尔·拉布吕尼。
后页图：香奈儿丽兹酒店套房里的穿衣镜。墙上钉着她的部分设计图和甥孙女嘉柏丽尔的照片。弗朗索瓦·克拉摄于1937年。

6月初已逼近巴黎，夏帕瑞丽加入了撤离大军。在丽兹酒店，香奈儿把自己的物品打包装在几个刻有她名字的行李箱里，寄存在酒店，还预付了两个月的账单。她原先的司机已经被征召入伍，他的继任者建议说驾她自己的劳斯莱斯逃难绝对不明智，于是他们开着这位新司机自己的车驶离巴黎。同行的还有几位女员工，包括奥伯特夫人，她与香奈儿相识于微时，那时她们还在穆朗城，她从香奈儿创业之初就开始为香奈儿工作。经过艰苦漫长的车马劳顿，她们到达了比利牛斯山，这儿有一套香奈儿买给外甥安德烈·帕拉斯的房子，香奈儿前任情人艾提安·巴勒松退休后颐养天年的住所就在附近。战争一爆发，安德烈就已经整装入伍。不过他很快被德军俘虏，关押在德国的集中营。他的女儿嘉柏丽尔还清楚地记得香奈儿到达比利牛斯山的情景："她和女仆一起乘车来了，还有其他几个女人，其中有奥伯特夫人，为了安顿好这个大部队，我很费了一番功夫。随后，可可姑婆不知用什么方法运出来的全金梳妆台也到了，这是我的教父西敏公爵送给她的。"让小嘉柏丽尔最难忘的记忆是，香奈儿听到法国投降时的悲痛欲绝："在法德签订停火协议时，姑婆还和我们在一起。大家围坐在收音机前，听到投降的消息时，她失声痛哭。"

小嘉柏丽尔当时13岁，已经懂得投降意味着什么。停火协议1940年6月22日签署于贡比涅森林，30年前香奈儿曾在那儿骑着艾提安·巴勒松的马驰骋。希特勒策划了这场耻辱性的投降仪式，故意选择这个德国一战战败后被迫签署停战协议的地点，以报一箭之仇。

当夏天过去，香奈儿焦躁地想返回巴黎，最后她和玛丽-路易斯·布斯凯一起制订了返程计划。玛丽-路易斯·布斯凯是香奈儿的朋友，也是来比利牛斯避风头的，两人上一次见面还是在艾提安伯爵的化装舞会上。两个女人结伴同行，先取道维希，贝当元帅和赖伐尔在那里建立了伪政权联合政府。香奈儿后来在和马塞尔·黑德里希的对话中回忆道："每个人都在欢笑，开怀畅饮香槟酒。太太们都戴着华丽的大帽子，海边度假胜地也是人满为患，我说：'看，又到了欢畅的夏季！'"

酒店的房间都满了，玛丽睡在库房的长椅子上，而香奈儿则被安排在不透气的阁楼上。当晚稍事休息后，她们弄到了足够的汽油，向巴黎出发。但是路都被封锁了，最终，几经周折，她们到达了森林温泉旅馆波旁-拉香博。这间旅馆乏人问津，香奈儿订到了一间带浴室的房间。在这儿，香奈儿终于能够洗去一路风尘。“当我从浴缸里出来，水都变黑了。”她曾这样对黑德里希诉说。不过在1940年8月香奈儿终于抵达巴黎时，她又觉得自己蓬头垢面了。满面蒙尘，此次到达丽兹时的印象，令她永难忘怀；实际上，她也曾这样对皮埃尔·戈兰描述整个巴黎沦陷时期：“完全没有尊严，真是脏乱不堪。”

当她一抵达丽兹酒店的大门，她就看到不仅门口立着德国哨兵，大堂里也有穿制服的军官。酒店的大部分房间包括香奈儿那个能看到芳登广场的套房，都被军方高层和高阶纳粹军官征用了，其中就有戈林元帅。（酒店经理的太太永远都不会忘记这一幕：戈林站在门房对面，炫耀他在卡地亚定制的嵌满钻石的指挥棒。）对于接下来发生的故事，香奈儿在每次讲述时都会略有出入，但她为黑德里希刻画了一个最详尽的版本。酒店经理助理通知她必须先去德军司令部，她回答说：“你什么意思，就这么蓬头垢面地过去？我应该先换洗一下……”她让助理帮她先找个房间梳洗。“你去司令部，然后告诉他们香奈儿女士到了。我清洗整洁后就会过去。我早就学会了，有求于人的时候，最好把自己收拾干净了。”

几经协商后，酒店为香奈儿女士在靠近康朋街的一侧安排了一个顶层小房间，环境当然比不上之前能看到芳登广场的套房，谁让套房让德军给占用了呢。德军不准进入酒店在康朋街的一侧，而其他居民也不准踏进饭店被德军征用的部分。同时，酒店的部分员工成立了一个小小的抗战组织，记录纳粹头子往返于柏林和巴黎的行踪。

冯·丁克拉格还不够资格住进丽兹，香奈儿可能是在巴黎别的地方和他再次相遇。但是不管见面的情况如何，她让他帮忙释放外甥安德烈，当时安德烈还被关在国际集中营里。但是“麻雀”无能为力，由此可以看出他在德军中的影响力有限。即使如此，香奈儿1941年还是和这位德国爱人走到了一起。一直有舆论暗示她和德国人的恋爱关系其实是一种利益勾结。从1937年至1966年一直担任香奈儿女仆的杰曼妮·德曼格对种种谣言的愤怒溢于言表，在1971年香奈儿过世后，为了捍卫香奈儿，驳斥无聊的指控，她还在一封信中写道：“香奈儿女士为了不和德国人合作，一直拒绝重开时装屋！”

另外12家设计师品牌都在继续营业，包括巴黎世家、格蕾夫人和吕西安·勒隆，吕西安当时仍是法国高级定制服联合商会的主席，还拒绝了德国人让他带领一干核心设计师及员工搬到柏林的要求。这个要求明显是想把德国变成新欧洲的时尚中心。勒隆宣称：“巴黎的高级定制服是搬不走的，不论是全体搬，还是一点一点地搬。它要么就在巴黎，要么就什么都没有。”结果，所有的设计师都坚守巴黎，但是他们设计的产品随着那些讨厌的黑市贩子、骗子和通敌者一道，不可避免地流向德国军官的妻子和情人们。

与此同时，香奈儿的日子却有着天壤之别，过得相当平静。除了“麻雀”，她刻意避免和任何德国人沾上关系。他只去香奈儿康朋街的寓所看她，从不去丽兹酒店（也许是不想引起德国高层官员的注意，同时也是遵守在酒店里军民分离的规定）。香奈儿的女仆提及冯·丁克拉格时说：“他是一位绅士……香奈儿女士几年前和他在圣莫里茨相识……他经常来康朋街看女士，但是我们从没见过他穿制服……我可以发誓香奈儿女士从未接待过任何一个德国人，除了冯·丁克拉格男爵。”

香奈儿最亲近和最信任的朋友们，包括米西亚·塞特、塞尔吉·里法和尚·考克多都经常和这对恋人见面。香奈儿和“麻雀”都强烈表达了对这场战争的憎恨，且两人一直保持着用英语交流的习惯。他们一起去过几次香奈儿的La Pausa别墅，在那里遇到了别墅的建筑师罗伯特·斯特赖茨，他已成为当地反抗组织的成员。罗伯特请求香奈儿帮忙营救一个被盖世太保抓走的心理学教授朋友，香奈儿爽快地答应了。香奈儿可能不知道，这个抵抗组织把她的La Pausa别墅宽敞的地下室当作藏匿和接头的据点，还将她的花园作为犹太难民从法国逃往意大利边境的补给站。

不过，香奈儿大多时候都表现得好像德国人不存在一样，马塞尔·黑德里希可做不到像她这样无视德国人的存在。作为一个在德国战俘营待过的法国官员，他对香奈儿拒绝承认现实的自我催眠感到同情，他说香奈儿没有和那些德军显贵做生意，不像卡地亚，卖珠宝给戈林。“所有人都知道，她不会对他们假以辞色，香奈儿女士从未和戈林说过话，更别说微笑谄媚了。她宣称，她根本不把德国人放在眼里，而我确信，她说的是事实。她对我说：‘这会让他们尝尝滋味，一个并非不名一文的女人，居然完全无视他们。’”

香奈儿与德国人的隔绝行为毕竟不够彻底，虽然“麻雀”在法国被占领期间尽量保持低调，但他始终是一个德国人。实际上，他也不是香奈儿唯一打过交道的德国人。一个灾难性的错误判断把她卷进了和更多纳粹高层的交集，也导致了一次去马德里的错误旅行，此行让香奈儿的名誉蒙羞。这个灾难的导火索不是“麻雀”，而是他的朋友泰奥多尔·毛姆上尉。毛姆的童年时期是在比利时度过的，他们家在重返德国前，一直在比利时经营纺织品生意。他是一名骑兵上尉，非常可能也和Abwehr有关联，表面上，他是在德军占领巴黎后，被派来督导法国纺织工业的。“麻雀”没能帮香奈儿把外甥安德烈从集中营解救出来，香奈儿转身去求毛姆帮忙（经过姨母漫长痛苦的奔走，安德烈在德国关了4年才被释放）。当时战争已经进入胶着阶段，一个古怪的计划抓住香奈儿和毛姆接触的契机，开始成形：香奈儿要扮演信使的角色去马德里说服丘吉尔，来启动和平进程。

这项不可能完成的任务有很多明显超乎常情之处：香奈儿缺乏政治或者外交经验，英国首相怎么可能会接受她的提议？不过最大的挑战还是到底有没有哪一个德国高层会认真考虑这件事。于是毛姆带着这个计划在1943年秋天赶赴柏林，他找到了一个最好的听众，就是纳粹国外情报首脑瓦尔特·施伦堡。他和Abwehr长官威廉·卡纳里斯一样，都在寻找机会和盟军谈判，尽管这样做可能会有被希特勒处决的风险，希特勒严禁手下与同盟国进行任何协商。当施伦堡在德国战败后被英国人审讯时，他回忆说，希望香奈儿至少能给丘吉尔传递这样一个讯息：德国高层军官已经开始对希特勒不满，希望能尽快结束战争。他觉得

左图：香奈儿、温斯顿·丘吉尔（右）和他的儿子伦道夫（左）1928年在西敏公爵位于法国米米藏的猎场。后页图：一封香奈儿在二战期间写给丘吉尔的私人信件的开头部分。

香奈儿此举意义重大。他的计划是将香奈儿送到马德里去会见那里的英国大使，塞缪尔·霍尔爵士，香奈儿和他很熟悉。施伦堡一直都想和霍尔建立联系，早在1942年7月他就萌生了这个念头，现在可以借香奈儿的力来推动进程。这次行动代号为“流行帽子”（德语为Operaton Modelhut，即Model Hat）；从这个不言而喻的花哨名字，就可以看出德国人有多么势在必行。

当毛姆返回巴黎后，计划看上去反而没有之前那么明朗，部分原因是香奈儿希望薇拉·隆巴蒂能陪她一起去马德里。薇拉当时还住在罗马，她的丈夫则藏身于意大利南部，她需要获得德国人的批准才能去巴黎，再转道到马德里。她策划的版本和香奈儿有很大分歧，所以她们实在不太可能合作无间。薇拉描绘说从

[Crest: HOTEL RITZ MADRID]

...CIÓN TELEGRÁFICA
...ZOTEL, MADRID

Hotel Ritz
Paseo del Prado
Madrid

My dear Winston

Excuse me to come & ask
a favour from you
in such moments as
these. My excuse must
be that it is not for
myself – I Had Heard
for some time that Vera
Lombardi was not very
Happely treated in Italy
on account of Her being

香奈儿那里收到一封信，由一个德国军官在罗马转交给她，她的前雇主在信中要求她返回巴黎协助重开香奈儿精品店。薇拉拒绝了香奈儿的邀请，三周后薇拉以英国间谍的罪名被捕。香奈儿的传记作者埃德蒙记录说，薇拉为此责备香奈儿，认为这是香奈儿对她拒绝的惩罚。但事实并非如此，香奈儿说她一直都很看重和薇拉的友谊，还特别出面托人把她从罗马监狱释放出来。

不管双方动机如何，两个女人终于一起启程去马德里。就在那儿，薇拉想离开马德里返回意大利被拒绝了。她声称自己是一个忠实的英国子民，而香奈儿才是一个敌军间谍，看起来，马德里大使馆的工作人员没有听信她的一面之词，丘吉尔在伦敦的工作人员也不相信。细读香奈儿在马德里写给丘吉尔的信，它看起来没有什么不妥，无非就是为薇拉的行为求情，准许她回到意大利。而“流行帽子”无疾而终，甚至还没有真正开始就已经被放弃了。这点从施伦堡在英国接受调查时的证词中可以得到证实，尽管他说这一行动正式开始时间是1944年4月，又让事情蒙上一层迷雾。

因为实际上香奈儿早在1944年1月就试图联系丘吉尔，当时她的女仆杰曼妮·德曼格还为她整理了去马德里的行李，显然德曼格知道香奈儿此行的特殊意义。但英国首相却早在1943年12月德黑兰会议后就病倒了，德曼格说：“女士想去马德里会见她的朋友，丘吉尔先生也答应从德黑兰回来后和她见面。她把赶到丽兹酒店与她会合的薇拉夫人也一起带去了。她们一起离开巴黎，一起去马德里的英国大使馆。当时的大使是塞缪尔·霍尔男爵。她们没能见到丘吉尔本人——因为他在德黑兰会议后疲惫不堪，便取消了西班牙的行程，途经开罗和突尼斯后返回英国。”

即使如此，也很难证明丘吉尔真的同意过和香奈儿在马德里见面，因为在她经由英国大使送给丘吉尔的信里，也没有提到任何有关这次会面的事宜。她写在马德里丽兹酒店专用信纸上的这封信现在依然被保存着。信上没有注明日期，但当它被送到丘吉尔位于唐宁街的专员秘书办公室时，还附有一张驻马德里使馆工作人员写于1944年1月10日的短笺：“请把此信转呈首相，这是自称首相私人朋友的香奈儿女士所要求的。”她在信件的开头称丘吉尔为“我亲爱的温斯顿”，信中大部分用英文书写，而以法文结尾。无论是那些指责香奈儿，还是维护香奈儿的人，在他们看来，信里的那些细节内容都至关重要，是他们的依据所在。

“请原谅我在这个时期请求您的帮助。我这么做的理由是，这不仅是为我自己——我多次听到薇拉·隆巴蒂在意大利的处境并不妙，就因为她是一个英国人，而丈夫是意大利军官。

“您对我很了解，一定清楚我竭尽全力想要帮助她摆脱这种困境，事实上，情形曾经坏到发生这样的悲剧——她被法西斯关进了监狱！为了解救她并把她带回我身边，我不得不寻求一些重要人士的帮助。

“实际上我成功地做到了，却置她于一个百口莫辩的境地，因为护照是意大利的，而签证则是德国签发的。我明白这样看上去有点可疑——但是我亲爱的您，请想象一下，在巴黎沦陷的4年里，命运会让我遇见形形色色的人！能有机会和您谈谈所有这些事，我是多么开心啊……”

写到这里，香奈儿又把话题转回法国，解释薇拉想返回意大利找她的丈夫，而只要丘吉尔一句话就能让薇拉的难题迎刃而解。她祝愿丘吉尔的身体早日康复，信的结尾充满感情，附言中还婉转提及她希望能从丘吉尔的儿子伦道夫那里获得更多的消息。

或许事情就到此为止了，但是，当香奈儿安全返回巴黎后，丘吉尔办公室又陆续收到了薇拉的来信。第一封信的日期是1944年2月19日，薇拉从马德里丽兹酒店寄给西敏公爵的大女儿厄休拉，厄休拉帮忙转给丘吉尔。信上说：“我已经给您和本尼（即西敏公爵）写了三封信，也发了三封电报，想让外交部介入来帮我，但是没有任何回音。我无法理解这一切。伯托（阿尔伯托·隆巴蒂）正处于生死关头，他们却把我扣留在这里两个月。希望您或者安东尼（艾登）立刻帮帮我。我只想立即返回意大利南部，请让他们立刻批准解除我的护照禁令，并且批示加急办理。我实在不理解，我能逃脱几乎已经是个奇迹，他们为什么不准我回去，何况我在那儿还有用处。你可以设身处地想一下，我有多焦急，我还不知道B（阿尔伯托）是否被抓了……”

丘吉尔没有直接回复薇拉，而是回了一封加急电报给厄休拉：“如果她的丈夫在意大利敌占区，那我们其实完全无能为力。如果他在意大利的解放区，那就不会有任何危险。”

1944年8月8日，薇拉又从马德里寄来一封信，这次是直接寄到丘吉尔手中。“我真的不敢打扰您，向您絮叨我在这儿犹如一场醒不了的噩梦般等待着，在终于逃离可可和德国人之后，能获准返回意大利。”她这样开头，然后就开始一一絮叨。她的丈夫已经从意大利南部返回罗马，已经重编自己的队伍，“如果还剩下什么散兵游勇可以整编的话”。他写信给在马德里的薇拉时说，他看到了伦道夫·丘吉尔。据薇拉所说，温斯顿的儿子还给她带了这个口信：“让薇拉立刻写信给我父亲，让他批准她回罗马的家。我肯定他会马上帮助她。”

“无须对您赘述我的人生经历，”她继续写道，“您认识我那么久了……例如，自从1914年起在我的战争记录中，已经有了7枚勋章。花了16年的时间为可可卖力工作，这段生涯可真是很好的历练……1937年，她把我扫地出门。这相当令人丢脸和委屈，后来我再也没见过她，直到1944年12月（原文如此，据推测应为1943年12月），她授意她的德国朋友和狱卒强行把我带到巴黎她的面前。我已经写了一份报告，我能记得的被监禁和绑架的所有细节，我都详细记录了下来，我知无不言，言无不尽。我发现可可和7年前真的是大不同了……”

她还说她能够在马德里现身，全凭智取香奈儿。“我成功地哄骗香奈儿帮我逃离到这儿。尽管她现在狡猾得甚至像只狐狸，但我还是做到了。我很想当然地以为我的个人困境就此结束了。”不幸的是，香奈儿没有成为怀疑对象，倒是她发现自己被人盯上了。“这根本不可能发生在我身上，从我一贯忠贞不贰的大不列颠立场出发，我从没想过竟会被自己人怀疑有什么叛国行为。直到现在我还不能相信，而且竟然沦落到请求允许我自我保护的地步。在我被抓前，我在罗马战争中只身一人战斗，身边唯一的同伴是我的爱犬老虎。从阿尔伯托的处境来说，

卡尔·拉格斐所绘的香奈儿肖像。

也很不幸，这归咎于我的政治取向，他在欧洲战场上历经惊险，却到处被追捕。我敢诚实地说，那时没有任何一个人对我们伸出援助之手……”

薇拉哀怨的故事中，压根儿没有提到之前她催促丘吉尔与墨索里尼结盟的事，相反，她现在又声称和这个独裁者势不两立。“我的名字就在墨索里尼的私人黑名单上，因为我是一个在意大利军队里宣传英国精神的英国太太。我想告诉您，温斯顿，如果没有您作为楷模，和您骑在本尼的大马上的照片，我绝对无法支撑这一切。”尽管薇拉声称自己孤立无援，但还是能每日收听新闻：“在那些死寂的夜晚……裹在一块毛毯之下。而阿尔伯托的军官朋友们也会静静走进来，从英国和您的消息中汲取一点希望，来鼓舞自己。”这儿，她在广播之外还加入了自己的一些回忆。“他们从来问不厌，问我是否真的那么了解您，您对我们来说就代表着英格兰，代表着公平追求真理和希望。我们最喜欢的一个故事是您、阿尔伯托、本尼还有我一起在伊顿吃洋葱的事。他们最爱听这个故事，我总是不得不变着花样说您吃了多少洋葱。也许您是真的喜欢吃洋葱；也许这么做只是为了让阿尔伯托高兴，因为他那么喜欢洋葱……您永远也想象不到，这些简单的小故事能多么激励军士的士气，因为您就代表着公平和正义，而这就是我的英格兰最重要的真谛所在。”

党卫军少将施伦堡本人在接受战后长期审讯的时候，对这些事件也有所交代——抄录在同盟最终审讯报告内。不幸的是，他的证词中却有着明显的失实之处，譬如关于这个风雨飘摇的行动的日期；他还说成是香奈儿去柏林会见他，却令人好奇地对她去马德里的事闭口不提。当然这也不是没有可能，香奈儿两趟都走了——施伦堡编造是在柏林会见她的谎言，也不能为他带来什么好处。但与此同时，无论是英国的情报记录还是法国警方的沦陷期档案里，都没有关于香奈儿去德国的证据。但在法国警方档案里有一个有趣的细节：德国安全部门记录里提到香奈儿曾使用西敏的化名（因此又激起不少揣测，说西敏公爵多少知道些香奈儿参与了这个最终流产的和平任务）。法国警方情报记录里还显示她有两份从巴黎到西班牙的签证，一份是1943年12月17日，一份是1944年3月16日。

如果取信施伦堡的说法，那香奈儿只去了柏林。是毛姆和阿尔伯特·施佩尔的左右手，党卫军少将沃尔特·施尔伯最早引起他对香奈儿的注意。“这个女人和丘吉尔非常熟悉，她能在政治谈判中说服丘吉尔，帮助法德一起对抗苏联，因为她相信大家的终极利益是紧密相连的。”在施伦堡的指示下，香奈儿“被带到柏林，陪她一起来的还有她的一位朋友，就是那个汉斯·冯·丁克拉格”。施伦堡告诉审讯员，他相信冯·丁克拉格可能“和Abwehr有工作联系”，但是他也不完全肯定。当施伦堡会见香奈儿，还有冯·丁克拉格、毛姆和施尔伯四人时，大家都同意“释放那个隆巴蒂夫人，她出身于英国的上流人家，又嫁给一个意大利人，应该从意大利拘留所中释放出来，让她去马德里做中间人。隆巴蒂夫人是香奈儿女士的旧识，她和丈夫曾因一些和香奈儿有关的政治原因被监禁”。

施伦堡的审讯报告里还说：“隆巴蒂夫人的任务是将香奈儿写的一封信交给马德里的英国大使馆官员，然后再上呈丘吉尔。隆巴蒂在马德里，香奈儿在巴黎，施伦堡在柏林，而冯·丁克拉格则负责三方的联络工作。”

“一周后，隆巴蒂夫人被释放，又乘飞机被送到马德里。但是当她一抵达那里，就拒绝执行指派给她的任务，还作为德国特工向英国当局交代一切……由这个显而易见的失败来看，香奈儿和隆巴蒂夫人之间的沟通完全无效，施伦堡也不知道之后还是否能通过这个女人和丘吉尔建立沟通渠道。”

在施伦堡接受讯问以前，丘吉尔的工作人员一直都很难形成对这个行动的明确观点。事件本身已经很混乱，还搅进来薇拉写给丘吉尔的信，以及英国驻罗马大使查理斯爵士的夫人对薇拉行为的进一步汇报。这项被当作最高机密的事件，接受了英国首相办公室、英国外交部和盟军总司令部为期几个月的官方联合调查，1944年12月的调查报告得出这样的结论：“没有明确的信息……显示隆巴蒂夫人是为执行特殊任务而被德国情报机构送到马德里的；较为清晰的是，为了给德国人造成一个隆巴蒂夫人如果被释放去马德里，会对他们很有用的印象，香奈儿女士的确夸大了隆巴蒂夫人的社会地位。隆巴蒂夫人本人则对这个和平任务的意图很好奇。”报告里也记录了在马德里“隆巴蒂夫人从罗马收到一些秘密信件”。在提交给罗马的英国大使的总结里，认为她无须被继续驱逐出意大利，但她并“无意反法西斯”，也不能“完全洗清嫌疑”；还提醒大使说“她还在警方的监视下”，而且应该对她保持警惕。

1944年8月在法国内地军光复巴黎后，香奈儿也遭到了盘查。不过她很快就被释放了，这点很让人奇怪，因为那些和德国人有瓜葛的女人们——有相同关系的——都遭到了野蛮处置，被剃发、撕碎衣服后光着身子游街，被围观群众辱骂，有的还被严刑拷打。因此一般只能猜想丘吉尔插手了这件事（虽然还有耸人听闻的阴谋论说释放香奈儿是为了避免英国皇室，据说就是温莎公爵夫妇与纳粹的关系被揭露出来）。

但是根据她的女仆杰曼妮说，香奈儿确实被传讯过，只是时间非常短，旋即获释。她被释放的背后并没有所谓的有力人士插手。当时得到消息说两名男子正等着讯问香奈儿时，杰曼妮正和她一起在丽兹酒店的房间里。杰曼妮还记得香奈儿问了她时间——正好是早上八点半，两名男子来到楼上房间要把香奈儿带走。“他们非常得体，要女士跟他们走。她去盥洗室更衣，一边交代我说：‘杰曼妮，如果我不能马上回来，你请丘吉尔夫人（当时在康朋街）去告诉丘吉尔先生。’”杰曼妮留在丽兹酒店心惊胆战地等着，然后去了康朋街。但是就在她到达康朋街时，香奈儿已经被法国内地军释放，比她先到了。根本不需要任何人去找丘吉尔先生帮忙，至少杰曼妮记忆中是这样：“因为对香奈儿女士根本就没有任何严重的指控。”

丽兹酒店经理太太——她几乎知道所有发生在酒店内和周围的事情，非常肯定香奈儿收到过好几封丘吉尔的信，信中丘吉尔表达了对她的信任和友谊，且对她与德国人合作的事既往不咎。不过即使如此，她在巴黎的处境依然很危险。英国情报部门人员马尔科姆·蒙格瑞奇在巴黎解放那天抵达这里，他在回忆录里如此形容：“一切都分崩离析。警察局，这个不是与贝当政府勾结就是被它污染的地方，正在粉饰太平……白天还不是那么触目惊心，尽管我碰巧看见：甚至连巴黎法院和监狱这样的地方，也已经一片狼藉；法官们都失踪了，或自己也被逮捕了，监狱里塞满了所谓通敌卖国的人，大家互不相识，也不知道会判什么罪。当夜幕开始降临，人们才会意识到什么是轰然倒塌：街灯一片黑暗，两旁紧锁并且被木板封死的高房内死一般寂静，就像盲人的眼睛；我能想象房间里那些缩成一团的人们，希望他们能够幸免于难，如果他们能隐藏得够好。之后，沉入无边深夜，可以听到急促的脚步声，突然的哭声、枪声和尖叫声，却没有经过任何有效、仔细的调查。在这一天，不知道有多少人被打倒，头发被剃光，虽然有人倾尽家财只求获释，但是还有成千上万的人遭殃。”

蒙格瑞奇还讲述了在曾被盖世太保占据的宽敞公寓里，他和一队法国内地军度过几晚的经历。他们的首领后来被发现有通敌卖国的记录，他的二把手“可能来自黑社会”。他们拥有绝对的权力逮捕和审讯嫌疑人，甚至就地处决。“如果一户住宅没有给他们开门，他们就把门推倒。房子里的每个人都蜷缩在他们面前，无论被命令什么都得立刻照做……内地军的行为表现麻木不仁得令人发指，而且傲慢残暴。”

在这样的社会背景下，香奈儿能逃脱惩罚的确很不寻常，毕竟那么多人被关押在臭名昭著的弗仑监狱里，光复后那里的情况据说比盖世太保时期还要糟糕。作为英国军情六处的官员，蒙格瑞奇花了很多时间“去理清那些被当作通敌卖国者逮捕的英国谍报人员的状况……出于显而易见的理由，他们为我们工作时必须要在表面上和德国侵略者保持良好的关系，导致他们现在即使不被判处死刑，也要面临严厉处罚”。在弗仑监狱，他遇到了所谓通敌卖国者中最非同小可的一群，他们当中有知名政客、高级国民公仆，那些头发蓬乱的海军上将和将军们依然穿着制服，戴着奖章；还有外交官、作家、演员、新闻记者，他们和歹徒以及妓女一起关在一个污秽拥挤的牢房里，这情景很像《乞丐歌剧》的一幕，让人无法分清无辜和罪恶的区别。

蒙格瑞奇还为在巴黎的所见所闻闷闷不乐，他看到“每个人都在互相检举揭发”，其中“很大程度都是挟怨报复”。那些在德军占领期间，没有逃离法国或加入地下组织的人都在某种程度上被扣上通敌卖国的帽子。“那些为德国士兵理过发的理发师，卖水果给他们的水果商，为他们服务的餐厅侍应生，和他们上床的妓女，唱歌给他们听的表演者，还有那些逗他们发笑的小丑，这些人都被当作通敌卖国者。我为他们难过至极，他们全都遭受了种种莫须有的指控，特别是当我有时看到这些受害者被施刑的时候——不幸的女孩被剃光头发……害怕得语无伦次，浑身发抖地被送往监狱。”

香奈儿的几个密友也已经濒临被横暴清算的危险边缘了，蒙格瑞奇得知他法国情报处的同仁已经盯上毕加索：“在德据时期，毕加索在巴黎的工作室受到极热情的礼遇，不仅获得少有的特权，还有不少德国军官来访。任何这样的细枝末节，都不会被放过……全都会登记造册，被细细思量，这个奇怪的时代就是这样。”塞尔吉・里法最初因为接受维希政府任命其为巴黎剧院的负责人而被终生禁止返回巴黎舞台，后来这一惩罚被缩短到只有一年。考克多总算澄清了他在德占期间为何多次接受德国大使馆派对邀请的问题。尽管玛丽-路易斯・布斯凯在德占期间每周四下午都在家开沙龙取悦“和气的德国人”，但仍然毫发无损。事实上，她作为 *Harper's Bazaar* 的法国编辑声名鹊起，她的好友塞西尔・比顿后

左图：薇拉・巴特在怒鲨号游艇上。
右图：巴黎解放后，美国士兵在香奈儿康朋街精品店外大排长龙只求得到一瓶香奈儿5号香水。塞尔吉・利多摄。

来称她为“时尚圈的弗洛伦斯·南丁格尔”。但是电影明星阿莱缇却难逃惩罚，因为她曾和一位德国官员约会，而在1944年9月初遭到逮捕。关于她的乳房被割掉的流言传遍了巴黎，但事实并没有那么可怕，她只是被剃光头发，但还是被批准出狱，完成了电影《天堂的孩子》的拍摄。

蒙格瑞奇在巴黎期间，还和香奈儿在她的寓所里共进过晚餐。他有机会近距离观察她的魅力，看她周旋于各个社会阶层的访客和为军情六处搜集信息的情报人员之间。带他去康朋街的人是“香奈儿的一个在巴黎久未现身的老朋友F，身上布满了金色穗带。F曾参与巴黎许多联络行动，当时已经功成身退”。蒙格瑞奇对香奈儿的第一印象是：“她娇小纤细，好像别人打一个喷嚏，就能把她吹倒。她的骨架很瘦弱，好像一分钟内就会瘫倒成灰，就像伦敦大轰炸时期被炸毁的房子一样。她身上有很多不同形状、闪闪发光的金属配饰，非常个性化，好似英国前首相艾德礼晚年出席庆典晚宴或者在温莎公爵城堡都身着古代嘉德骑士团的盔甲一样，我很为她娇小的身躯能承担如此重量啧啧称奇。”

然而随着晚餐的进行，蒙格瑞奇认识到香奈儿虽外表柔弱，却很擅长保护自己。对于英国军情六处的人出现在她的沙龙上，她没有显出一丝焦虑。她对F的态度则是一种对老友的语气：“别异想天开了，我亲爱的F（她称呼他的姓氏），给自己弄这么一身金穗子，我完全没觉得有什么特别。我还不知道你啊！”即使在大肃清的法国，香奈儿也能举重若轻地让自己成功抵挡任何指控，任何事情都不能让她紧张失措。就是这种泰山崩于前而不惊的气定神闲才让拿破仑成为一个伟大的将军。她只是在橱窗上贴了一个告示：美国大兵(GIs)可免费领取香水。这让那些想要得到著名香奈儿5号香水的士兵，在店门外大排长龙。如果这时法国警察敢动她一根头发，必然要引起众怒。赢得了喘息时间，香奈儿开始向左右两派都寻求实际帮助，努力果然没有白费，她和她的公司都免于被扣上通敌卖国的帽子。

蒙格瑞奇还注意到香奈儿仍然会在谈话中提起在英国的往事：“她和F回忆起旧时光……我听到有好多年她都是一位英格兰公爵的女伴。如果问她那段时间是否经常见到丘吉尔，是的，她说她和丘吉尔很熟，过去常和他一起打牌，当然总是故意输牌，不然他就会发脾气。”这三个人，金穗带的F、英国情报人员、香奈儿女士一起坐在柔软的沙发上，在天擦黑的时候，点上两根蜡烛一起吃晚餐。“非常滑嫩的肉片，入口香醇绵柔的红酒，丝滑的干邑白兰地，还有其他美味佳肴，这些都是那时的巴黎很难享用到的好东西。我和香奈儿女士只吃了一点，大部分食物都让F先生解决了……”

“即使在这样昏暗的夜晚，香奈儿女士看起来依然如此苍老虚幻。我几乎产生这样一种感觉：坐在我和F之间的她好像会在这个深夜化为轻烟消失。我和F踮起脚尖离去，只留下香奈儿女士和我们留下的狼藉为伴：咖啡杯、白兰地酒杯和烟蒂，那上面有她印上的一抹深红色唇印。”

事后，蒙格瑞奇想起草一份关于香奈儿的报告，但是又觉得乏善可陈，除了他很肯定“无论大肃清如何变本加厉，也不会清算到她头上——实际上，事情已经证明了”。当他回想起这个夜晚，他想知道一个更严谨的特工是否能发现更深入的细节：“她是如何在德军占领期往返于西班牙的？她是否提供了免费香水给德军？这些年里，谁是她的客户、助手和密友？唉，面对她时，我所能做的只有倾听，带着一丝敬畏和着迷，看着她用巧妙的方式逗弄金穗带的F。”

在巴黎解放后的几周，即使在别的地方战争还在继续，但是巴黎看上去终于渐渐恢复太平。银行账户解冻了，住宅的百叶窗打开了，女人们又重新出现在街上，之前被剃了光头的人也戴上了假发。德军消失不见了，美国大兵也不再拥进香奈儿店里去领免费的香奈儿5号香水。“麻雀”的影像从香奈儿寓所的镜梯上消失了，在她的私人沙龙上再也不见他的身影。当她面对那些指责她的人，她的狡黠和勇气依旧。只是当危险离去，她就很少出现在康朋街或者丽兹酒店。香奈儿女士当然并未消失，但她的确逐渐淡出人们的视线，好像随时可能从此一去不返。

香奈儿肖像，尚・考克多绘于1933年。

重返时尚舞台

1945年7月7日，希特勒的前国外特务头子施伦堡从法兰克福飞往英国克罗伊登机场，接受英国国家安全局历时几个月的审讯。据英国情报部门最初的调查报告："押送施伦堡的飞机在一个晴朗的夏日飞过伦敦上空。"这是他第一次俯瞰英格兰，根据押送的英国官员说，施伦堡出神地俯瞰脚下这个巨大的都市，他目光焦急地想看看这个大不列颠帝国的首都是否遭受了德军的破坏，但是他没有看到创伤和战火留下的疤痕，在一番无望的搜寻后，他放弃了，并喃喃自语地说："我真不敢相信这座城市竟然毫发无损。"

如果这个片段是真实的，那么施伦堡当时肯定没有看到大伦敦区的全貌，在伦敦大轰炸中很多地标性建筑都被摧毁，其中也包括克罗伊登的夜巴黎工厂，这里制造的美容产品中，有一部分是为香奈儿生产的。工厂建立于1934年，主要生产香水、爽身粉和香皂（一个月能生产60万块），然后出口到全世界。工厂的地理位置极为优越，靠近铁路、公路和机场，离三个英国皇家空军基地也很近。这使得工厂成为德军的攻击目标。1940年8月11日，工厂遭受德军空袭轰炸，破坏严重。

与此同时，夜巴黎的老板兼香奈儿香水公司的合作伙伴——威泰默兄弟——皮埃尔和保罗携带家眷从德军占领的巴

前页图：香奈儿在一个模特身上为她回归后的首个系列做调整，1954年。

黎逃到纽约。他们已事先计划好避难的路线，走海路经过西班牙和巴西。历经重重险阻，皮埃尔1940年8月5日在纽约上岸，保罗也在两周后抵达。尽管两兄弟在战火中颠沛流离，但他们还是保住了生意根基。两人在巴黎郊区的工厂里继续生产香奈儿香水产品，即使纳粹试图吞并他们的产业（当时犹太人的财产都被德军侵占），威泰默兄弟依然保持着自主经营权。

虽然香奈儿以自己的名字命名了香水，使得香水大受欢迎，但是令她深深不平的是，她觉得她在香水生意上的应得利益被严重稀释了。和威泰默兄弟之间的纠纷成为可可·香奈儿历史中最麻烦的一段。她和他们打官司的过程相当复杂，但是重要的是她试图用德占时期的反犹太法驱逐她的合作伙伴。这个策略后来被证明是失败的，且严重地使她的名声蒙尘。

香奈儿使用这个策略到底是否受到了反犹太主义和独裁主义的影响，这个问题一直都是争论的焦点，但从未得到解答。没有任何证据指出香奈儿表达过反犹太言论。但是达尔文·波特所写的传记《没拉拉链的白兰度》描述了一个奇怪的场景：可可·香奈儿穿着蓝色牛仔装（这个想法实在不可思议），1949年在巴黎约见马龙·白兰度。传记里引用马龙·白兰度的话："香奈儿是我遇到过的最迷人的女士，虽然我痛恨她嘴里讲出的每一个字，但我还是像催眠一样被她吸引。即使她责怪犹太人让法郎贬值，她也还是那么有魅力。"

更有权威性的言论来自香奈儿的密友克劳德·德雷，对于香奈儿女士声称绝无种族偏见，却又自相矛盾的言论提供了一些看法。"她爱她的犹太医生胜过她的家人。"她对这位医生一直非常忠实，她常说："比起很多基督教徒，我更喜欢我的犹太朋友们。固然有很多犹太人都很伟大，不管是讲希伯来语的还是意第绪语的，可是这里碰到的，怎么都是些无家可归的呢……"

最后一句话是什么意思呢？不得而知。香奈儿言下之意实在令人费解。她和好友保罗·莫杭谈起闺密米西亚时，又说了另一句令人不解的话。这两句话后来常被引用，作为她反犹太的把柄。米西亚是天主教徒，但香奈儿曾对米西亚下过如此荒谬的断语："让她得以保持犹太灵魂的，正是犹太人自己。"

香奈儿正在调整一款1950年的设计，卡尔·拉格斐绘。

更为清晰的记录来自米西亚最好的朋友包罗斯·瑞斯泰略伯（他也是塞特的秘书），巴黎成为德占区的第一个冬天，他的日记为米西亚和香奈儿的不同观点提供了一些背景资料。1940年12月21日，包罗斯记录了与尚·考克多一次“很忧伤的午餐”。“下午4时给可可·香奈儿打电话，她对我非常和善，让我的心情为之好转。她强烈希望她和威泰默兄弟的香水生意纠纷能尽快解决。”6天后，他拜访了米西亚。“米西亚对反犹太法使巴黎变成一座监狱表示气愤不已，认为这是对巴黎根本精神的全盘否定，她说的真是对极了。”当天晚上，他在米西亚家，和香奈儿在一起的还有阿尔古公爵，犹太裔的公爵夫人安东妮特，欧洲巨富罗斯柴尔德家族成员。“可可发表了一番反犹太的长篇大论。这番话很危险，毕竟当着公爵的面，又涉及安东妮特家族的犹太背景，幸好她随后转移了话题。”

实际上，在和那些最著名的犹太家族做生意时，香奈儿没有表现出任何不满，在他们社交时也没有任何障碍（在法国和英国的上流社会经常能看到这种表里不一的现象）。她的朋友和客户包括罗斯柴尔德家族，黛安·罗斯柴尔德男爵夫人事实上还是香奈儿最早的支持者之一，一战前就已经在香奈儿巴黎和杜维埃的店里购物。玛丽-海伦·罗斯柴尔德在1954年曾大力说服香奈儿重返巴黎时尚界。同样自相矛盾的偏激言辞也出现在她和詹姆斯·布雷迪的对话中。詹姆斯是一名年轻的美国记者，在巴黎为《女装日报》撰写文章，他1961年和香奈儿成为朋友。在香奈儿去世很久以后，他写道：“她是一个充满偏见的矛盾体，如果陈年葡萄酒味道不醇，或者法郎贬值，她就会说：‘看，又是犹太人，都是犹太人搞的鬼。’可是她最亲密的朋友玛丽-海伦·罗斯柴尔德男爵夫人却是犹太人。她抱怨黑人味道‘与众不同’，但又会为某个职业拳击手神往不已：‘这个男人和我，啊，我们共舞真美妙！’”

詹姆斯没有批评香奈儿这些言论，也无损他对她的好印象：“我对时尚的了解，都是她教的；还有很多人生道理。”和香奈儿其他朋友及仰慕者不同，他对香奈儿的偏执言论没有保持沉默，詹姆斯希望能让这一偏见消失。但是香奈儿试图利用反犹太政权却是无法回避的丑陋事实，《时代周刊》如实记录了这一事件，虽然该刊曾评选香奈儿进入20世纪百大杰出人物榜。约翰·厄普代克在《纽约客》里写道："她妄想利用大屠杀的企图，实属不智。"

不排除这样一种可能性：香奈儿利用反犹太法，只是为了对付威泰默兄弟，因为她对自己只能分得香水公司10%的股份感到愤慨不已，并不是她真的敌视犹太人。在纳粹入侵法国之前，为了增加自己在香水公司的收入，香奈儿曾和威泰默兄弟不时发生小冲突。1940年皮埃尔逃离巴黎之前，将公司股份卖给一个飞机制造商费利克斯·艾米奥，香奈儿对他出售股份的行为暴怒不已。其实威泰默只是把香水公司的股份放在费利克斯那里，因为他不是犹太人（因此纳粹登记香水公司的所有者是雅利安人，双方协议战争结束后，他要将股份还给威泰默兄弟）。皮埃尔借此让生意免于被德国人接管。但是这么一来让香奈儿重新控制公司的计划破灭，她本来想借威泰默兄弟逃离法国之际，夺回主控大权。

威泰默兄弟偷梁换柱的巧计一箭双雕，让香奈儿和纳粹都无计可施。但这一计划日后却给费利克斯带来极大麻烦。战后，费利克斯被控以"与德国人合作"的通敌罪名，甚至被指为"资敌"。但是战时香奈儿的香水被销往德占区，获得和在盟军区同样的成功。香奈儿香水公司的战时销售记录显示，香奈儿5号香水和其他款香奈儿香水，包括俄罗斯皮革、岛屿森林、栀子花、香奈儿22号一起从巴黎出口到欧洲各国。与此同时，威泰默兄弟在纽约以商人的身份积极展开反希特勒的行动，证据就是1943年7月 *Harper's Bazaar* 杂志的夜巴黎广告上，敦促读者购买战争债券来支持盟军："给我们坦克、飞机和枪支，我们将打垮日本人和纳粹。"夜巴黎还在1942年发行了一款爱国香水，名为"勇气"，外包装是红白蓝的英国国旗和星条旗，广告文案是："香水气息应时代而生，呼应激动人心的军乐，反映今日壮丽的灵魂。"随后一则广告以希区柯克的悬疑电影为灵感，在黑白色调的照片中，一位女性越过肩膀看向一个影子模糊的男人，广告词为："勇敢做自己。"

标志性香奈儿套装，20世纪50年代——上图为香奈儿最喜爱的模特之一玛丽-赫莲娜·阿尔诺。森特·佛拉诺摄影。后页图为卡尔·拉格斐插画《香奈儿1958》。

这则广告语对可可来说则别具意味。她开始发行一款新香水，红色商标的“香奈儿女士”，以此来对抗威泰默兄弟。1946年，据她的律师说，香奈儿新研制的香水样品获得了绝对成功，足以与那些由夜巴黎生产的香水竞争，她把这些香水命名为香奈儿1号、2号和31号。这个律师名叫勒内·德·尚布伦，也是一个很有争议的人物，他是法国战时总理大臣赖伐尔的女婿，赖伐尔1945年以卖国通敌罪被判处死刑。早在20世纪30年代，他就为香奈儿出谋划策，一出道就在和威泰默兄弟的官司上吃了败仗。

左图：卡尔·拉格斐插画《两种风格，两个世界之间的可可》。
后页图：20世纪50年代的香奈儿经典套装，模特是玛丽-赫莲娜·阿尔诺。彼得·芬克摄影。

战争期间，尚布伦住在母亲的美国亲戚家，他返回法国后，继续为香奈儿做事。当传记作者皮埃尔·戈兰采访他时，这位律师回忆说香奈儿预计推出的香水颇受好评，并激起了威泰默兄弟的反击。这对兄弟已经在他们的美国香奈儿公司砸下了大笔投资，单单广告费就已达百万美元，而香奈儿女士的有力竞争，无疑会使他们的投资缩水。尚布伦对戈兰解释说，香奈儿将那些红标香水样品送给她的老朋友伯纳德·甘伯和斯坦利·马库斯——两人都拥有美国最具影响力的百货公司，包括萨克斯第五大道百货公司——他们都是在美国香水业界一言九鼎的巨子。

尚布伦说：“某天下午，皮埃尔、保罗和他们全部管理人员冲到我的办公室，一群人异口同声地叫着：‘她到底想要什么？’”

香奈儿想要什么？其实当天早上的会议上，他们就很清楚了，双方签署了一份新协议，这份协议让香奈儿重获财富：1947年5月后，香奈儿每年将会从全世界销售的所有香奈儿香水中收取2%的专利权使用费，每年从各个地区的收益将达100万美元。她还获得以往专利权使用的赔偿金。另外，香奈儿还有权在世界各地生产并销售“香奈儿女士”香水，但她并没有那么做。事实上，她现在已经富有得不需要工作了。

无论如何，她重返事业的大计并没有提上日程——那些常规款的服装系列仍是前几季的设计——战后，可可·香奈儿似乎已经游离出时尚评论家的视线，她被时尚中心放逐，被世人遗忘。马塞尔·黑德里希形容她“深藏在她的香奈儿堡垒里”；皮埃尔·戈兰观察到“她退隐在被世人遗忘的历史边缘，曾经声名显赫的生活对她来说恍若隔世”。

如果说看起来她的节奏已经放缓，香奈儿却从未停下脚步。她经常往返于La Pausa和洛桑的豪华酒店，从蒙特卡罗到阿尔卑斯滑雪度假屋，有时也会去伦敦、纽约和巴黎小住（她的一个甥孙女埃莱娜·帕拉斯曾和家庭女教师一起在巴黎康朋街的寓所逗留）。在瑞士，她和绰号“麻雀”的德国外交官汉斯·丁克拉格男爵重聚。自从德军撤离巴黎之后，男爵终于在此找到了栖身之所。香奈儿的外甥安德烈·帕拉斯（也就是埃莱娜的父亲）因为战时曾被纳粹关押在监狱里，导致健康状况恶化，一直未能完全恢复。为了爱人和外甥（或许她自己也很需要），香奈儿想尽量寻找一个中立地带，哪里会比瑞士更适宜呢？那里有皑皑白雪和无际的冰川，空气纯净，天空晴朗。于是，香奈儿在日内瓦湖畔给她的外甥买了一栋别墅，隐于郁郁葱葱的林木荫蔽之下；而在那几年时间里，她也谨慎地继续着和“麻雀”的地下恋情。两人的关系结束后，他搬到巴利阿里岛，不过香奈儿还是会按月给他寄一笔津贴。皮埃尔·戈兰说：“在那些熟悉男爵的人眼里，他当时已是一个潦倒的老花花公子，但他却还维持着自己仍是个爱好逸乐的多金青年的假象。”

瑞士还为沃尔特·施伦堡提供了避难所，他的肝病日益恶化。当他结束在伦敦的审讯后，这个希特勒的情报头子返回德国接受纽伦堡军事法庭审讯。施伦堡后来形容伦敦的审讯过程非常艰难，从伦敦回来他告诉纽伦堡的律师说：“我完了。在伦敦的八个星期，真是暗无天日。我一度想自杀……”英国军情五处的官员记录施伦堡证词的最后报告中显示出他挫败的心情：“他语无伦次，无法组织有条理的口头陈述和书面陈辞，审讯他比审讯那些没受过教育的平民还困难。”

他的战时记录同样难以理出头绪，因为施伦堡不仅试图与盟军议和（证据就是那个无疾而终，代号“流行帽子”的行动，香奈儿正是这个行动中的关键角色，施伦堡等人本想通过香奈儿的私下调停，与丘吉尔达成某种妥协），这可以理解为他对希特勒不满的信号，而且他还在战争最后几个月参与成功营救千名集中营囚犯的行动。虽然有人认为他这么做是出于个人目的，在预见了德国必败结局后为自己攒一些好名声。也有人对他更多的是表示同情，比如福尔克·伯纳多，一位瑞典外交官，他曾负责调停从德国集中营释放两万名囚犯，也在纽伦堡法庭上为施伦堡释放囚犯的行为做证。

施伦堡自信不会被同盟国严厉审判，至少他在1945年7月的第一次审讯时是这么想的。初期的审讯报告指出：“他以一种彻头彻尾的现实主义态度，来面对成为盟军阶下囚的困境。他还存着希望，相信同盟国不至于将他逼入绝境……事实是，施伦堡似乎一直相信同盟国会高抬贵手，因为，自从1940年起，他意识到德军大势已去，所以一直竭力改善和那些曾被德军迫害的同盟国家、士兵和人民的关系，积极和西方强国寻求和解，为自己预留退路。”

在这一事件上，虽然施伦堡最初在纽伦堡军事法庭上只是作为证人出庭，但是他最终还是被视为战犯起诉，并定案获罪。1949年4月14日，他被判处6年监禁，他从1945年6月开始被拘留的时间也计算在6年刑期内。但是，施伦堡因为肝病和胆囊问题不得不保外就医，被送往纽伦堡市医院。1950年3月，他因为健康问题获赦。他的身体状况持续恶化，财务状况也每况愈下。当他恢复健康后，他开始着手写回忆录（书名被恰如其分地定为《迷宫》）。

第二年，1951年5月，他战时的联络人罗杰·梅森，瑞士军情处主管安排他去一名瑞士当地医生处治疗（这位弗朗西斯·朗医生，后来在他的《一名乡下医生的回忆录》中记录了和施伦堡的交往过程）。朗减免了施伦堡几个月的诊疗费，但是账单数额不断上升，施伦堡最后仍然不得不向他人寻求财务援助。瑞恩哈德·多瑞斯教授既是研究德军情报部门的领导权威，也是研究施伦堡生平的专家，他详细叙述了施伦堡后来的经历："施伦堡联系可可·香奈儿，解释自己的财政问题。如果这名医生没有记错，这位高级定制服女王，乘着一辆拉着窗帘的黑色奔驰轿车而来，给了施伦堡3万瑞士法郎。这位医生没有提供其他的解释，而在战争期间，施伦堡确实曾向香奈儿和其他时尚圈人士施以援手。"

施伦堡死于1952年3月，终年42岁，他死后出版的回忆录中完全没有提及可可·香奈儿。香奈儿也把这个人从自己的历史中删除，然而施伦堡并不是唯一被她抹去的人。战后数年，她曾多次尝试写自己的回忆录，但是从来不能终卷。她最初是和路易丝·德·维尔莫兰合作，路易丝是一位优雅的小说家，也是二战刚结束时英国驻巴黎大使库珀的情人。后来香奈儿又和米歇尔·德翁合作，当时香奈儿常住洛桑美丽海岸酒店，1952年底，她抽出一个月和德翁在La Pausa别墅共处一个月，就是为了要德翁帮她代笔写回忆录。可是当他根据她的回忆完成手稿后，她却不肯付梓出版（但是她跟德翁合作就是为了写回忆录呀）。

为香奈儿撰写回忆录的作家中，保罗·莫杭应该是最成功的一个，他不仅是她的好友，而且同时流亡瑞士。保罗曾为维希政府工作。自1921年起，两人已认识25年之久。当年米西亚·塞特邀请莫杭参加香奈儿在康朋街举办的新年派对，这位年轻的作家被香奈儿讲述的和亚瑟·卡柏的浪漫爱情故事所打动，他把这一桥段作为他首部小说的灵感源泉，名为《里维斯和伊琳娜》，出版于1924年。不知道两人在圣莫里茨的巴德鲁特宫酒店偶遇时，香奈儿本人是否读过他的手记；最后的成书，《香奈儿的态度》（内容就像标题一样，既简短又尖锐）一直到他去世后的1976年才出版。尽管香奈儿在他们的对话中，故意对很多事情都避而不谈，但在莫杭的回忆中，虽然香奈儿在1946年时已远离时尚界多年，

安娜·圣·玛丽身着香奈儿外套及裙子。亨利·克拉克摄于1955年。

俨然已经重塑人生甚至淡泊名利，莫杭却仍然一针见血地洞察到，香奈儿压抑着内心翻腾的激流和无法克制的活力。

莫杭在《香奈儿的态度》引言中写道："香奈儿是复仇女神，她激流般的声音，仿佛喷涌不止的火山熔岩，她说出的字句像枯枝爆裂一样铿锵有声，她的辩驳干脆敏捷，语调越来越像上了年纪的人，日益专断，自相矛盾，愤世嫉俗……她感到自己被过往所困，又企盼挽住时光……突然置身于一个陌生的年代，戴高乐时代，她闪烁着坏脾气的双眼仍然炯炯有神，眉峰被勾勒得更加鲜明突出，强硬得像黑色大理石雕塑。香奈儿，这座奥弗涅的火山，整个巴黎都误以为它已经休眠了。”

时光荏苒，香奈儿的朋友和敌人们（有时敌友是同一个人）相继辞世。薇拉·隆巴蒂1948年死于罗马。狄米崔大公在1941年终于被长期折磨他的肺结核病夺走生命，逝于瑞士。香奈儿一直保持联系的旧情人，艾提安·巴勒松和西敏公爵在1953年相继辞世。至于米西亚·塞特，她和香奈儿一直保持着剪不断理还乱的联系，尽管风风雨雨不断，两人情谊至死方休，也算得上一段佳话了。米西亚的慢性病致使她双目失明而且染上毒瘾，1945年她深爱的前夫离世更加剧了她的病情。据米西亚的传记作者亚瑟·高德和罗伯特·菲兹德尔所言，和米西亚一样，香奈儿也使用麻醉剂，考克多和其他许多巴黎艺术圈的人都有此癖。不过香奈儿和米西亚的药物有很大区别："香奈儿的药物是无害的镇静剂，而米西亚的药物是为了让她遗忘现实。”因为依赖药物，米西亚渐渐失控，在晚宴派对上或者走在街边市场上就当众注射吗啡。“一次在蒙特卡罗，她进入一家药店要买吗啡，被吓坏的香奈儿小心翼翼地恳求她控制毒瘾，但是米西亚的字典里没有‘小心’这个词。”最终，她被警察逮捕，她只得在污秽的警察局监狱里过夜，其后才被一个大人物朋友救出。事件发生后，她依然和香奈儿去瑞士购买吗啡补给，在这次自瑞士返回巴黎的途中，米西亚与世长辞，卒于1950年10月15日。

在米西亚被死神带走的那个晚上，香奈儿就坐在她的身边。翌日一早，香奈儿又折回来为好友整理遗容。香奈儿亲自为米西亚梳头，化妆，给她戴上首饰，还为她穿上白色裙子，以白色鲜花环绕着她。白色丧服专属于逝去的皇后和少女，就像21年前迪亚吉列夫在威尼斯临终前许下的遗愿："我希望看你们穿着白裙。”

那些出现在米西亚葬礼上的人还嘲笑香奈儿，说她给米西亚抹了太多胭脂，这让米西亚的遗体看起来很可笑，而香奈儿本人也瘦得像一具骷髅。香奈儿仍然毫不屈服，拒绝变老，拒绝被人视而不见，也绝不因为悼念逝者而甘愿隐身或是作忏悔状。她抹上深红的唇膏——一道血红的划痕，既像是一个伤口，又像是一种挑衅；用黑色渲染眉形，就宛如在脸上绘了一幅自己的肖像。有流言说她去瑞士做了整容手术，传说她的五官都翻新了，甚至整得变形。但是她看上去仍像一头小公牛，无畏而又倔强地挑战相机的镜头。她拍照的姿势一直都是手拿香烟或放在嘴边作欲抽状，也许是玩火的姿势，也许是为了表示她手上总有一抹不灭的光。

她曾对保罗·莫杭说：“我因为机缘巧合成为设计师，因为机缘我又制造香水，现在我要去做点别的什么，但是做什么呢？我不知道。再一次，机遇会决定一切。但是我已经做好准备。我不会离开太久，我什么都没打算，但是当时机到了，我就能感到我将抓住什么，并且牢牢掌握。”

就像最后的结果，无论是命运的安排抑或直觉，香奈儿想要重返时尚界，绝对超过其他任何事。然而就像以往的职业生涯一样，她总能躬逢其盛，时机掌握得恰到好处。1947年克里斯汀·迪奥发布新风貌时，她克制着自己的轻蔑，勉为其难地观看。迪奥的设计不讨她喜欢，也不受大众欢迎，尽管两者的观点完全不同。对于刚经历德军占领而一片萧条的法国，迪奥的服装奢华得不合时宜，因此遭到人们的抵制。

南希·米特福德大胆地穿着迪奥的华服走在巴黎街道上，她在给一个朋友的信里写道：“人们骂着污言秽语，因为迪奥用比紫貂更华美的服装体现了上流社会的穷奢极欲。”在此之前，迪奥的设计曾在巴黎街上取景，义愤填膺的女人们辱骂模特，然后攻击其中的一个，撕开她的衣服，迫使摄影不得不中止。米特福德用半开玩笑的口吻写道：“我知道我不久也会遭遇同样的命运……”

香奈儿也被迪奥激怒了，因为迪奥成功地带回紧身胸衣的潮流，而这正是早在一战时期她就秉力扫除的元素。她在20世纪20年代末30年代初曾对贝蒂娜·巴拉德说过：“是我创造了让女人能生活、能呼吸、感觉舒适、看起来年轻的时尚。”如今巴拉德看她重拾这一宣言，她相信香奈儿“能重返设计舞台，让女人逃离无聊，并让她们看起来青春动人”。但，香奈儿已无法重返青春，当她在1954年2月5日发布她的回归之作时，她已经70岁高龄。即使选在5日这天——有她的幸运数字——也无法让她免于被法国媒体猛烈攻击。

但香奈儿盛装而来，无畏地直面那些抨击，唇膏和指甲都是浓郁的深红色，一如一年前，她为好友玛丽-海伦·罗斯柴尔德设计的那条塔夫绸裙的颜色。这是一件即兴创作的晚礼服，但耀眼出众，赢得了广泛的赞美，玛丽-海伦·罗斯柴尔德甚至声称，就是这条红裙子说服香奈儿重回时尚王国。当香奈儿斗志昂扬地归来时，据报道发布会的美国版 *Vogue* 的时装编辑贝蒂娜·巴拉德观察："法国时尚媒体都翘首期盼着香奈儿战后的第一个发布会，就好像猫窥伺鼠洞一样。"贝蒂娜和香奈儿关系密切，所以很清楚她在不知疲倦地设计，尽管当时她"忍受着肠胃的病痛。她坐在镜梯的顶端，周围是少数几个亲密好友。看着那些观众的面孔反射在镜子里，她心里很清楚，这些人固执己见，手中已经握好毒辣的笔准备嘲讽一番。转天媒体开始了盲目又暴力的攻击，时尚写手们似乎妄图用吼闹和语无伦次的批评彻底否定她过去的成就。但是他们的攻击只是点燃她的斗志……"

这些野蛮的言论足够使一个女人失去自信，其实不管她设计的服装如何，可能法国媒体都会持批评态度，这或许是对她战时行为的惩罚。香奈儿展示的新设计和迪奥的紧身胸衣截然不同，依然奉行一贯简约流畅的风格，媒体认为这是了无新意的重复，是一次失败的展示。《曙光报》评价这场发布会是"一次悲伤的回顾"，简直比香奈儿1939年最后一场秀还要复古。"套装的羊毛面料暗沉无趣，单调的黑色平淡乏味，与阴郁的印花没劲地搭配在一起。模特的体形还停留在20世纪30年代的审美，没有胸部，没有腰身，没有臀线。"《费加罗报》用一种施舍的语气说："这场发布会挺让人感动的，你能感觉像是回到了1925年。"但是《战斗》的专栏评价更为严厉，还影射了香奈儿的面部拉皮传闻，并责备她的发布会是"1930年的幽灵"，观众"看到的只是对过去一种令人失望的写照，只看到一个假惺惺的黑色小身影大步走向深渊"。英国的报纸一样毫不留情，《每日快报》称这是场"大灾难"，《每日邮报》也批评说是一"大败笔"。

但是贝蒂娜在美国版 *Vogue* 上则力挺老友香奈儿，尽管她的法国同事，法国版 *Vogue* 编辑"非常反感这个系列，就像绝大多数媒体和买手一样"。的确，香奈儿的新系列似曾相识，延续大于革新，但正是这一点，让贝蒂娜非常欣赏，她的观点得到了她纽约主编的有力支持。“我为香奈儿的设计拍摄了三幅大片，*Vogue* 支持我的潮流判断，在3月刊上以开篇版面进行报道。卷首页是玛丽-赫莲娜·阿尔诺，一个名不见经传的模特。香奈儿按自己的形象为她做造型，玛丽身穿一件海军蓝jersey针织外套，双手深深地插在口袋里，靠在墙边。敞开的宽松外套里面搭配了一件白色细棉衬衫，衬衫下摆塞在写意优雅的裙子里。她卷起海军蓝色的外套袖口，露出白色的衬衫袖边，戴着一顶海军蓝水手草帽，脑后飘扬着缎带。战前我也有过同一款套装，整体感觉就像是一曲美国经典民谣《斯旺尼河》，让我充满亲切感。我自己都想拥有这样的衣服——我怀念像这样舒适、充满年轻活力的服装，我能肯定，其他女人如果看到了，也会想要。”

但是贝蒂娜的支持无法弥补那些流失的订单，康朋街的气氛是严峻的，它的香水公司承担了一半这次回归发布会的开销。据传记作者皮埃尔·戈兰记录，他后来采访了这场秀的重要角色，皮埃尔·威泰默，他下定决心力挺香奈儿重返时尚界，但是，对于这次投资是否明智，公司内部亦不乏质疑的声浪。在媒体排山倒海般的冷嘲热讽之下，他依然保持着平静。几天后，他特地前去康朋街拜访香奈儿，当时她正在试衣间工作，虽然她的手指正受风湿之苦。她告诉皮埃尔她必须先完成工作，随后就回去埋首工作了。皮埃尔坐在那里等着，看着眼前这个他已经认识了30年的女人。几个小时过去，外面天色已晚，香奈儿终于放弃和病痛的手指对抗，威泰默陪着她，两人穿过街道走到丽兹酒店。

据戈兰的描述，有那么一刻，香奈儿突然好像已被疲惫击溃，但她仍对威泰默说出她的决定：“我在坚持，而且一定要坚持下去，那些反对的人最后都会懂的。”威泰默回答她：“你是对的，你必须坚持下去。”香奈儿什么都没说——她不再回击。有史以来第一次，在多年来与他你来我往的唇枪舌剑之中，她保持缄默不语。就在穿过德国人曾经进进出出的丽兹酒店旋转门之前，香奈儿转向威泰默，对她多年的商业伙伴说：“谢谢。”就这样，在那一刻，两人终于心照不宣地化干戈为玉帛。

26000.

香奈儿名媛

是美国，为可可·香奈儿卷土重来大声喝彩；是美国，让她再次扬名，将她高举成一个20世纪的偶像，让她的脸变得世人皆知，就像她的传奇小黑裙和珍珠配饰一样。而且正是《生活》杂志——美国最畅销的一本杂志，不仅仅在一周新闻摘要，更是在名人风向标——为她发布的一切带头鼓掌喝彩。在1954年3月1日，《生活》杂志用了4整页篇幅刊登了可可·香奈儿的故事："世界最著名香水背后的名字。"当中既没有提到战争，也没提到法国对她如枪林弹雨般的种种责难和质疑，有的只是全心全意的欣赏——仿佛美国与战后充满反思和指责的法国离得够远，可以尽情欣赏一个单纯的香奈儿。和 *Vogue* 的贝蒂娜·巴拉德一样，《生活》满怀热情地期待香奈儿再度开始做她一直擅长的事情。"她的时尚风格与她在20世纪30年代鼎盛时期时相似——那些蕾丝晚装优雅婉约，套装舒适合身，在看过那些'堆砌'而成的风格后，它们的出现令人眼前一亮……"

在接下来的6个月里，由模特玛丽-赫莲娜·阿尔诺在美国版 *Vogue* 上展示的舒适套装和连衣裙，受欢迎程度远远超过了所有人的预期，美国的订单如潮水般涌来。在纽约，贝蒂娜·巴拉德给自己订购了这个回归系列中的海军蓝套装，其他时尚界人士都对这套衣服称赞不已，充分证明了她确实慧眼识英雄。在回首往事时，她写道，这套衣服有"一种不可思议、

页图：1963年11月22日，美国总统约翰·肯尼迪和夫人杰奎琳在达拉斯，
奎琳身着粉红色香奈儿套装。

永不过时的香奈儿个性，挑战了那些嘲弄她的人”。到了第二个系列发布时，《生活》杂志立刻就对香奈儿的成就热情讴歌，并且认为，那些曾被看作是吃老本的设计，本身就在塑造着未来。“她已经引领着一切。”杂志这样写道，“71岁的嘉柏丽尔·香奈儿创造的不仅是一种时尚，更是一场革命。”

一成不变也可以被看作是一种革新？即使现在回头再看，仍然令人觉得矛盾。但就像贝蒂娜·巴拉德在1960年所观察到的：“‘香奈儿造型’始终如一，并且恰恰就是女人们一直想要的样子。她1954年那次非同寻常的回归能让她东山再起而后屹立不倒，不在于她给时尚带来了任何显著的创新，而在于嘉柏丽尔·香奈儿一直都明白女人真正的渴求，并且一直创造那些能给予女人自信的服饰。一场没有组织的反抗正在酝酿，为了对抗时尚界那些光怪陆离的变化，怪里怪气甚至令穿着的人出尽洋相的新设计，香奈儿就像一个救星一样到来，成为这场反攻的领导者。”

但牵动着新一代追随者的不光是那些衣裳。尽管年事已高，香奈儿本人似乎还是她作品的最佳模特，各种极具个性的服饰珠宝点亮了白色丝质衬衫，就连她站立的姿势也被一大批追随者争相效仿。“她首创了那著名的香奈儿站姿，像猫一样从容，”巴拉德写道，“有着一种玩世不恭的风雅：一只脚朝前，胯部前送，两肩垂下，一只手在口袋里，另一只手则比画着手势。”

1955年到巴黎经营家族企业法乔德出版集团的约翰·法乔德对此也同样印象深刻。作为《女装日报》欧洲办事处的主管（并且从1960年开始成为发行人），他在时尚产业里位高权重，但他却花了4年时间才得到与香奈儿见面的机会。他后来描述说，她是“世界第八大奇迹……史上最伟大的设计师……她的名字在全世界家喻户晓”。但当他终于获邀到康朋街的香奈儿寓所里共进午餐时，香奈儿却表现得相当自谦，只不过仍然保持她伶牙俐齿的一贯风格：“我只是个小小的裁缝，试着令女人变得年轻漂亮。其他那些画着漂亮草图的设计师，那些男孩，他们不了解女人，也不知道女人是怎么过日子的。他们挖空心思把女人弄得怪模怪样，像个外星人。”

并不是每个人都认同她。虽然克里斯汀·迪奥在1957年死于心脏病，但他

左图：1963年11月22日，约翰·肯尼迪总统偕夫人杰奎琳在达拉斯，之后肯尼迪遇刺。
右图：1963年11月22日，在肯尼迪总统遇刺数小时后，杰奎琳·肯尼迪走在安放丈夫遗体的灵车旁边。她仍然穿着香奈儿套装，上面已染上了她丈夫的血。

的品牌在年轻的伊夫·圣罗兰手中继续蓬勃发展；与此同时，皮尔·卡丹和安德烈·活希源（在1961年创建自己的品牌前一直为巴黎世家工作）也因他们新颖的现代主义风格而备受推崇。不过，能够引起共鸣的还是香奈儿的设计，其中之一就是一种在淡然端庄之下透着帅气的衣着风格，同时又保持着创作者的女性化意念。正如她在20世纪20年代也曾汲取西敏公爵的衣着元素为灵感，在他之前还借用过卡柏男孩的，香奈儿得心应手地为中性气质加上了感性的装饰。这不是一种女性主义时尚——它甚至不是时尚，因为它坚持着一脉相承——但却有着一种不羁的释放。“服装的优雅在于行动的自由。”这是香奈儿女士常挂在嘴边的一句座右铭。她将这一哲学实际运用到了她的经典外套上。丝绸衬里，在下摆的接缝处缝一条细链，来营造完美的对称和垂坠感。香奈儿将每一件外套都设计得极为合身，又可以让女人们随意摆动手臂或者把手插进悉心安置的口袋里。有些是针织面料，舒适得就像是对襟开衫，令人联想起她在第一次世界大战期间的设计。还有一些是斜纹软呢，就像她从西敏公爵那里借用的衣服一样柔软舒适，将英国贵族式格调和典型的巴黎式风雅糅合为一体，再一次彰显了她著名的“英伦格调”。就这样，香奈儿外套在50年代涅槃重生，装饰着罗缎绲边和镀金纽扣，纽扣上还雕刻着那些著名的象征符号（有时是一个狮子头，代表她的星座；

简·方达身穿经典香奈儿外套。凯耶摄于1965年。

有时是一朵山茶花，代表她最喜爱的花朵；还有曾出现在她的钻石珠宝系列和La Pausa别墅里的星星图案；以及那个著名的双C标志）。

继经典外套之后，她又添上了手袋，同样镌刻着她过往的印记和象征。“2·55”——因发布于1955年2月而得名——用数字来命名成为它的传奇元素之一，仿佛破译往事的密码，使得这款手袋被尊为经典，令人欲罢不能，喻示着它的流金岁月将一直继续，直到永远。这不是香奈儿设计的第一款手袋——最早的要追溯到1929年——但当她谈到“2·55”时，她所传达的信息既关乎传承，也关乎实用。“我已经受够了老是要用手拿着，却还是常常把皮包忘在某个地方，”她这样描述她原来的手袋，“于是我就加上一条背带，把它挂在肩膀上。”虽说

香奈儿正在给罗密·施奈德搭配衣装设计造型。吉安卡里奥·博蒂摄于1960年。

香奈儿讲起往事向来是绘声绘色、锦上添花的，这个“2·55”却真的是她过去最美好浪漫的象征，蕴藏着一切唯美童话不可或缺的喜悦与哀愁。那些加了衬棉的皮革和菱格纹车线装饰的皮包，据说就是来自她年轻时对于骑马的喜爱，能一直上溯到那个只有小马夫才穿衬棉外套的年代。而那条被用作肩带的链子，也同样令人浮想联翩：一条细细的皮革穿过金色的金属链，也令人联想到锃亮的马缰和马镫，或许还有小时候孤儿院那些天主教修女所系的腰链。“我了解女人。”在她晚年说这话的时候，那条金链已经成为香奈儿经典手袋上一望即知、最具辨识度的元素，“给她们金链。女人爱金链。”或许她只是一如既往地语带机锋，又或许这可能已经是她最坦诚的时刻了，差点就承认了她还没有断绝她与过去的牵连，也从未停止过那种向往，向往那种把女人和男人拴在一起的联系。

在手袋之后，她又推出了香奈儿经典造型中的又一个元素：1957年问世的双色半高跟露跟女鞋。她在照片中就常常穿着这种鞋。与外套一样，它流露着一种英式的绅士传统：西敏公爵和他的朋友们，都曾穿着白色帆布配米色皮革的双色鞋去打高尔夫；而在20世纪二三十年代，威尔士亲王也曾穿着类似的运动型鞋款。这些王公贵族的穿着仿佛预示着，这种曾被认为不登大雅之堂的鞋款终会大放异彩。香奈儿用米色皮革配衬黑色鞋头的款式，既讨巧又实用。“略显方正的黑色鞋头会让双足看起来纤巧秀气，”马萨罗先生如是说，他一直都是香奈儿的鞋履大师，“米色会和腿部融为一体，使双腿线条更显修长。”鞋跟不会设计得太高而影响行走，但高度又正好能让女人摇曳生姿。“会穿好鞋的女人，永远是美的。”香奈儿女士评论道，由此又为她的系列添一句格言：“鞋子是优雅的点睛之笔。”

随着香奈儿的风格元素在全世界都得到认可，她的名声也开始与她的贵客们并驾齐驱。在她早期做女帽设计时，顾客中就包括了许多知名演员和社会名流，现在他们一样蜂拥进她的精品店，乞求康朋街的女神明示神谕。她为年轻一代的法国美人设计造型——罗密·施奈德、让娜·莫罗、阿努克·艾梅，还有碧姬·芭铎，并为《茶与同情》（或译《巫山春色》，一部百老汇舞台剧的法语版，1956年12月在巴黎大剧院上演）中的英格丽·褒曼设计戏服（在同一个月，香奈儿还完成了让娜·莫罗在《朱门巧妇》巴黎首映式上所穿的礼服）。莫罗的倩影总是以香奈儿设计的造型出现——无论是1958年在路易·马勒执导的电影《情人们》中，还是两年后在罗杰·瓦迪姆的《危险关系》里。而罗密·施奈德也一样，其中最著名的一次是在卢奇诺·维斯康提的电影《薄伽丘70年》（又译《三艳嬉春》）中。实际上，瓦迪姆和维斯康提都把他们年轻的女主角交到香奈儿手中，由她去审视和重塑，使璞玉焕发出光彩，使剧中人物更有说服力。而维斯康提早已受惠于香奈儿的提携：他们的友谊可以追溯到战前，当时这个年轻的意大利人曾到康朋街和La Pausa别墅里做客。香奈儿把维斯康提介绍给著名法国导演尚·雷诺阿，雷诺阿的指点让维斯康提获益良多。战前，雷诺阿就委托香奈儿为电影《人面兽心》和《游戏规则》设计戏服。香奈儿为阿伦·雷奈的电影《去年在马里昂巴德》中的女主角德菲因·塞里格所做的设计，使她在欧洲电影界名声大噪。这部电影在1961年上映，有些人将这部电影奉为超现实主义的杰作，另一些人则批评它杂乱无章、不知所云；然而，不容争议的是，这部片子成为一幅优雅的画布，展示着香奈儿各式各样的小黑裙。虽然这部电影的初衷是对传统形式提出质疑和反思，然而透过香奈儿的设计语言，电影很好地表达出它关于对称性的思考。香奈儿不但吸引着欧洲的演员明星和艺术片导演，她的魅力甚至跨越大西洋，成了好莱坞一线巨星的首选，包括格蕾丝·凯丽、劳伦·巴考尔、伊丽莎白·泰勒以及1933年就率先穿着香奈儿的玛琳·黛德丽。高调的曝光率跟着又引爆了香水产品的销售；玛丽莲·梦露的俏皮话更是推波助澜，比砸下数百万美元做广告更深入人心。当这位银幕女神被媒体问到晚上入睡穿什么时，她不假思索地回答："香奈儿5号。"

香奈儿在美国受到了热情拥抱，这就难怪她在与约翰·法乔德会面时，对他的美国同胞盛赞不已；而与此同时，她唾弃法国人，仿佛是要报复他们对她复出系列所做的猛烈抨击。"香奈儿开始对法国人进行长篇大论的攻击——巴黎如

香奈儿20世纪60年代早期的设计。卡尔·拉格斐插画。

今是多么刻薄、多么冷酷、多么可怕。美国女人才是最美的。只有美国人才懂得她。”美国人对她报以同样的热情，于是就有了她1957年9月的达拉斯之行，她从内曼-马库斯百货的拥有者斯坦利·马库斯手里，接过了20世纪最有影响力设计师的时尚大奖。

她在从得州回来的途中，接受了《纽约客》杂志莉莉安·罗斯的采访，这位见多识广的记者居然被她彻底征服了。“我们见过我们这个时代里不少魅力非凡的人物，”罗斯写道，“但没有人能超越嘉柏丽尔·香奈儿女士，这位伟大的时装和香水设计师，3年前从隐遁中复出，推出一系列晚装和套装设计，每一个部分都像她30多年前所做的那些设计一样，如此强烈地影响着女性时尚。74岁高龄，香奈儿女士仍然好看得令人惊叹，深褐色的眼睛，灿烂的笑容，还有像一个20岁女子般勇往直前的活力。在有力地与我们握手时，她以法语说道：‘我非常非常累。’话里透着一个女人的自信，知道自己说得起这句话。因为香奈儿造型在当下如此轰动，我们就特别记下了这个造型的原创者都穿着什么：一顶原色水手草帽；一套本色丝质套装，直裁式外套搭配直筒裙；一件白色丝质衬衫配金色袖扣；棕色配白色的低跟双色鞋。还有很多的珠宝——一枚珍珠帽针；珍珠及钻石耳环；脖子上也戴着一串串珍珠；外套上别了一枚很大的胸针，古金色底上镶满了红宝石、翡翠，还有钻石。”

“这枚胸针是我设计的，而这套服装上什么都没有，非常简洁，”她说，“袖扣是斯特拉文斯基送我的，30年了。什么情形？当然是仰慕——纪念我对他的仰慕！”

在罗斯的采访中，香奈儿话说得滴水不漏——她用英语所做的回答，就像她那些完美剪裁的袖子一样精准。确确实实，她的表现就像所有见惯了大场面的名人一样优雅，懂得如何在聚光灯下闪耀而又不显自负，甚至在罗斯问到她为什么要隐退那么长时间的时候，她依然气定神闲。“她的褐眼闪烁了一下。‘在我心底里我从来没有隐退，’她说，‘一直以来，我都在观察那些新的服装。最后，沉着、冷静，但是怀着很大的决心，我开始做一个美丽的系列。我在巴黎展示它

页图：香奈儿与让娜·莫罗一起坐在她的客厅中。吉安卡里奥·博蒂摄影。

的时候，受到了很多批评。他们说我过时了，说我跟不上时代了。我在心里一笑了之，我知道，我会让他们看清的。’”

她做到了，就在人们嘲笑她耽溺于过去的时候，她指引了未来，她的成功使得法国如今又开始模仿她。“越多越好！”她这样对罗斯说，并且把模仿看作最好的恭维。在另一个采访中，她又重复了这个观点，用似是而非的称赞打击她年轻的对手伊夫·圣罗兰：“圣罗兰的品味非常棒。他越是模仿我，他就越显得有品味。”无论是在她穿着和设计的衣服上，还是在她作为一个独立自主女性的生活方式上，香奈儿对《纽约客》阐述的那些思想似乎都有着不可抗拒的独特魅力。“我必须告诉你重要的一点，时尚永远是包含在你所生活的时代里的，它不是孤立的东西。1925年的时候，时尚的问题是不一样的，那时候女人才刚刚开始在办公室里工作。我鼓励剪短头发，因为它适合现代女性。对那些职业女性，我说，别穿紧身胸衣，因为被囚禁在紧身胸衣里的女人是没法工作的。我推出斜纹软呢休闲款服饰，宽松的套衫和衬衫。我鼓励女性要衣着入时，还要善用香

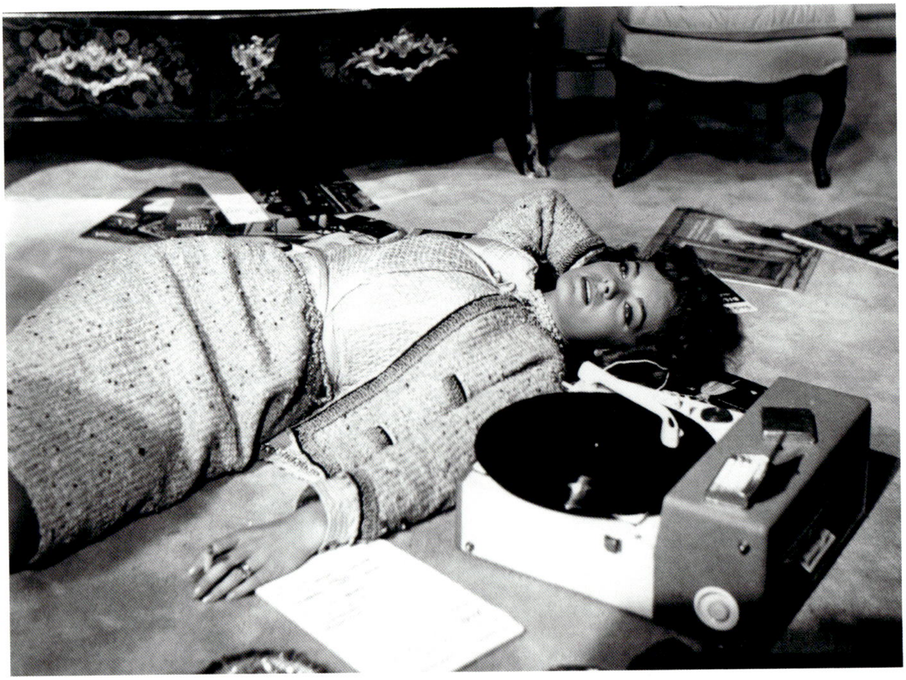

20世纪60年代电影《薄伽丘70年》剧照，罗密·施奈德身穿香奈儿设计的服装。

1962年，伊丽莎白·泰勒身着香奈儿外套，携着香奈儿菱格纹手袋抵达法国。

水——一个不会用香水的女人算不上女人！”

不过，除了香氛和丝质套装以外，做女人还意味着更多。“女人一直是世界中的强者，”她对罗斯说道，“男人总是在女人身上寻找一个可以让他们倚靠的小枕头。他们总是向往那个把他们当婴儿一样搂抱的妈妈。这只是我的看法。我不是教授，不是传教士，我温和地表达我的看法。对我来说，事实就是如此。我年纪不小了，但我感觉很年轻。到了我觉得老了的那一天，我会爬上床不再下来。J’aime la vie（我爱生活）！我觉得活着是件很棒的事！”

香奈儿女士没向《纽约客》杂志透露，除了甥孙女嘉柏丽尔之外，她没有向任何人提起，到最后她还是舍弃了自己的一部分利益，对一个无比坚定的男人做出让步。她没能借用到他的名声，反而对方却拥有了她的名字。如此这般，一段漫长而混乱的关系就此盖棺定论。在1954年的冬天，香奈儿在甥孙女嘉柏丽尔的陪伴下去了纽约，与皮埃尔·威泰默进行最后一轮谈判。此时，他已经是一个身处权力巅峰的男人——被《时代周刊》形容为“香水之王”，“一个清瘦而优雅的法国男人”，他的扣眼上还别着荣誉军团勋章，并且香奈儿女士需要他。嘉柏丽尔·拉布吕尼还记得那年冬天铺天盖地的大雪，仿佛让整座城市陷入一片深沉的寂静——还有那持续了好几个月的漫长会谈。她在整场谈判中都和她的姑婆在一起，最后的结果是威泰默家族买断香奈儿所有的股份。他们要收购时装工作室，买下香奈儿名号的使用权，代价是要支付她每一分钱的开销，包括她在丽兹酒店和其他地方的所有账单。香奈儿保留对创作的控制权，还有她在香奈儿香水公司的专利权利金，但同意不再过问公司的管理运营。嘉柏丽尔认为，她姑婆在与威泰默家族最终签署这份合约时，感到的是解放而不是压制：“她可以自由地去做任何她想做的事了。”

香奈儿女士对《纽约客》说的“我爱生活”，那是一个穿着原色套装的独立女性的不二信条。原色套装准确地定义了她，概括了时装艺术，却又彰显着舒适和从容。多年之后，她仍然坚守着米色衣着之美，与她标志性的红色唇膏形成鲜明对比。“米色让我感觉很自在，”她告诉克劳德·德雷，“因为它自然，不经染色。而红色，因为它是血的颜色，我们内在都充满了热血，所以得要露一点点出来才对。”

她还跟德雷说到了美国：美国吸引着她，美国曾经带走了她的父亲，她像是美国的干女儿。香奈儿的回忆还包括一段逸事，她在去得州领取内曼-马库斯时尚大奖的途中造访了斯坦利·马库斯的牧场：“那儿有一头短角的小公牛，就像我一样，还戴着个花环。”那头公牛旁边还来了另外一头，在马库斯先生的花园里组成了一个奇异的婚礼画面。香奈儿向马塞尔·黑德里希也重复了这个奇怪的段子：“在几束聚光灯组合起来的光芒下，突然出现一对不像样的新婚夫妇：一头很年轻的公牛裹在一件晚礼服里面，两只角中间还戴了顶高帽；还有一头同样年轻的母牛，穿着一件带长面纱的白色香奈儿。”

香奈儿，塞西尔·比顿插画，1969年。

不过她没有感到不快，反而被逗乐了。她是达拉斯和纽约的明星。无论她走到哪里，人们都想知道她的想法，想知道她穿什么，想知道时尚的未来会怎样。如果说她在法国不受待见的话，那在美国，香奈儿女士的生活是一片璀璨，而她设计的服饰也穿在了最璀璨的女人身上，其中的佼佼者当数杰奎琳·肯尼迪。在1959年8月，肯尼迪夫人出现在了《生活》杂志的封面上，被清晰地聚焦在照片的前景中；而她的丈夫则站在她身后，俨然配角。在肯尼迪夫人戴着珍珠首饰、穿着娇嫩的粉红色女装的照片下方，封面标题是“领跑者的美丽夫人”，意指肯尼迪当选下任总统的希望非常之大。内页还有更多的照片——杰奎琳骑在马背上，杰奎琳和女儿卡罗琳一起在海滩上，杰奎琳和丈夫约翰·肯尼迪参议员在一起——还有一篇满是溢美之词的报道：“随着1960年的总统大选活动逐渐升温，美国人将越来越多地看到，这个在铺着国旗的讲坛边出现过的最漂亮的女人……杰奎琳不戴帽子，但风华无限地穿着大多由她自己搭配的服饰，优雅地出现在茶会、户外烧烤派对和工厂参观的活动中，令人眼前一亮。”

这里并没有提到香奈儿，也没有提到其他任何一个设计师，但事实上，肯尼迪夫人的衣着很快就成了肯尼迪与尼克松竞选总统中的一项谈资。作为一个候选人的妻子，她知道穿着低调的政治意味，知道她不能被看作是铺张浪费的人。确实，正如她写信给生于法国，从俄罗斯归化入美国籍，后来成为她首席设计师的奥莱格·卡西尼时所说的：“我拒绝做20世纪60年代的玛丽·安托瓦内特皇后，或是约瑟芬皇后。”可是，就像她的婆婆一样，她早就是香奈儿和其他法国品牌的顾客了。这是个令人头痛的问题，因为她的丈夫已经被强势的国际妇女服装工会主席大卫·杜宾斯基警告过，说杰奎琳必须买美国货。

到1960年9月，当约翰·法乔德在巴黎收到来自《女装日报》纽约总部的紧急电报（“发肯尼迪夫人在巴黎高级时装店买衣服的故事过来”）时，他知道这封电报的重要性。“我们立即开始追查巴黎的每一家设计师品牌。我们发现杰奎琳和约瑟夫·肯尼迪夫人婆媳俩在巴黎都是各家名牌的重要顾客……两位肯尼迪夫人在迪奥、巴尔曼、格蕾、鲁夫、莲娜丽姿、格里夫、浪凡买衣服——而据查，杰奎琳·肯尼迪在卡丹、格蕾、纪梵希、巴黎世家、香奈儿和伯南德等品牌店铺中大买特买，挥金如土。”法乔德发电报回纽约，给出了这样的消息：“巴黎设计师品牌表示，去年两位肯尼迪夫人总共花了约30000美元买巴黎的服装和帽子。”这一个数字，法乔德认为“对于高雅女人来说并不算多”。但这条消息迅速引起了反响，据法乔德指出：“美联社转载了《女装日报》的报道，说杰奎琳·肯尼迪花了30000美元买巴黎时装。事实是，30000美元指的是罗斯·肯尼迪和杰奎琳·肯尼迪加起来的消费金额，美联社却避而不提。”

“一夜之间，共和党人就把肯尼迪夫人的巴黎时装血拼拿来大做文章，炒成了选举议题。共和党人把佩特·尼克松塑造成一个简单的本土女性，穿简单的旧大衣。他们没有说的是，尼克松夫人会购买纽约的伊丽莎白·雅顿，价钱比巴黎的品牌还要贵。”这事很快就愈演愈烈，越传越广。肯尼迪夫人指出她的对手买的衣服一点都不比她自己的巴黎定制女装便宜。这时，尼克松夫人的反驳就出现在了《纽约时报》上：“我都只购买成衣，并且我像其他所有的美国女性一样挑减价货买。”与此同时，《时代周刊》报道说肯尼迪夫人很恼火，因为那些报道说她在巴黎疯狂砸钱购物，评论她那“鬼才在乎的时髦”，还说法国那些名牌设计师工作室里都放着“一尊杰奎琳·肯尼迪的服装人偶，方便随时拿来量尺寸……”“他们开始经常向我放冷箭，就像他们经常攻击杰克的天主教信仰一样。”杰奎琳说道。她还收到信件，批评她的“拖把式”发型。“我心情恶劣极了，这些报道太偏颇了。”她说。那个30000美元的数字也同样令人不平：“我不可能花得了那么多，除非我都穿黑貂皮内衣。”

1960年11月8日，约翰·肯尼迪当选总统；一星期之后，他的夫人写了一封信给《女装日报》，指出媒体关于她为就职典礼购买衣服的猜测并非事实。法乔德在回复中提议刊登这封信的部分内容，来代表第一夫人的“时尚哲学”，内容如约出现在了杂志的开篇部分。“在杰奎琳·肯尼迪搬进白宫时，她将只会穿美国制造的衣服，并且她对此很期待……在接下来的四年里肯尼迪夫人还会有什么时尚新闻呢？她将不会订购很多衣服。她不认为公众人物穿着一件服装，一旦出镜就不

前页图：众所周知的“穿着”香奈儿5号香水的玛丽莲·梦露。艾德·范葛许摄于1955年。
上图：1971年香奈儿5号香水广告中的简·诗琳普顿。赫尔姆特·纽顿摄影。

能重复再穿。她会穿着入时但不过分夸张的时装，简单大方、恰如其分并且能帮助她完成艰难的使命。她会期待‘肯尼迪时尚造型’受到关注，但决心不让有哗众取宠意味的时尚新闻去给她丈夫添麻烦。肯尼迪夫人懂得欣赏好衣服，并且会继续按自己的风格穿衣，但会力求穿着符合官方身份的服饰。身为一个年轻活跃的女性，她根本没有时间一直购物，而且那样的奢侈浪费一直都是她所憎恶的。”

事实证明，肯尼迪夫人并不是只穿美国产的衣服，尽管官方一直坚持要她公开露面时，绝不能落人话柄。总统自然是道德无懈可击的“真君子”，而她的角色就是一个爱国的年轻夫人。然而在表象背后，在这样那样的事情上，有时妥协总是免不了的。1961年6月，在陪同她丈夫去法国进行国事访问的时候，肯尼迪夫人穿上了一件纪梵希的象牙色绸缎礼服，出席凡尔赛宫的一场晚宴。她穿法国服饰、说法语的“亲法”表现，产生了异常强烈的效果，甚至连平时不苟言笑的戴高乐总统都显然被她的魅力所折服，《法兰西晚报》更在头条新闻中宣布：“凡尔赛终于有了一个皇后。”而到了美国总统伉俪要回华盛顿的时候，肯尼迪总统在临别新闻发布会上说道：“我就是那个陪杰奎琳·肯尼迪来巴黎的男人。”

她仍然继续在她的衣橱里添置香奈儿服饰，不惜满世界搜罗。香奈儿的档案里显示，约翰·肯尼迪夫人在1955年至1968年间都是高级定制服的顾客，在她丈夫当上总统之前一直定期订购，除了1957年，那年她在11月生下女儿卡罗琳。1960年以后，她继续订购香奈儿高级定制服，不过是通过她的朋友莱蒂齐亚·莫温克尔（假装替一个表姐妹买的，说是一个西西里的贵族女性），她也通过她妹妹李·雷兹威尔秘密购买过。后来还找到更加巧妙迂回的解决办法，因为通过一个叫妮侬屋的制衣机构，肯尼迪夫人能够拿到在纽约为她缝制的香奈儿服饰。那些服装不是假货或盗版货，而是由香奈儿从巴黎直供面料来定制的。（与其他设计师的高级定制服不同，香奈儿从来不出售设计式样，而是坚守着被称作“逐行复制”的模式，尽可能地保留原版设计。）肯尼迪夫人这样做并没有省下钱来——妮侬屋的价格与香奈儿不相上下，一袭套装从850美元起价，而晚装非数千美元免谈，不过她却顾全了面子，做了一个爱用国货的消费者。

就是这样，在1963年的11月22日，她就穿上了一身做工精致的粉色香奈儿套装（用康朋街31号出品的面料、绲边和纽扣，由妮侬屋缝制而成），陪伴丈夫前往达拉斯。那不是总统夫人第一次穿这身套装，它的原版来自香奈儿1961年秋冬高级定制服系列，在之前的好几个场合中，肯尼迪夫人已经穿着它露过面，其中包括1962年的一次伦敦之行。而且这据说是她丈夫的最爱。在后来一次接受作家威廉·曼彻斯特采访时，肯尼迪夫人回忆起，他们的达拉斯之行前不久，结婚以来总统第一次问她打算穿什么。“‘午餐会上尽是些富有的共和党女性，’肯尼迪告诉她，‘穿貂皮大衣，戴钻石手链。你要像她们所有人一样艳光四射。简洁些——让这些得州佬看看什么叫作真正的品味。’于是她在他房间里跑进跑出，在身前举着一件件衣裳。最后，参酌当日天气状况，被选定的所有着装全都是她衣橱中的老战友：米色和白色的晚装，蓝色和黄色的套装；还有穿去达拉斯的，是一套衬有海军蓝领口的粉色套装，搭配一顶粉色平顶小帽。”

当第一夫妇乘坐空军一号抵达达拉斯的爱田机场时，一束红玫瑰献给了肯尼迪夫人；在后来仅存的少量彩色照片里，穿着那件粉红外套的她看起来容光焕发，她怀里抱着一束怒放的鲜花，在飞机的机翼上方是11月蔚蓝的天空。之后，总统的车队在达拉斯城中巡游，在一辆加长敞篷豪华礼车里，她坐在她丈夫的旁边。总统叫她把墨镜摘下来，因为群众是来看她的脸的。

约翰逊夫人和她的丈夫林顿·约翰逊副总统就在两辆车之后，跟着总统的车。后来，她在日记里写道，那天，万人空巷，太阳点燃的街道沿途都站满了人。“最后一个快乐瞬间是我抬头看见玛丽·格里菲思靠着窗户向我挥手。（玛丽多年以来一直负责帮我改那些从内曼-马库斯精品百货买来的衣服。）”然后她听到一声枪响，紧接着又是两下。一开始，她以为那是庆祝礼炮的声音，但当她的车加速时，她听见有人说：“总统中弹了？”当他们的车靠在一所医院门外停下时，她被特工人员猛力推进大楼里面。“我回过头去看了最后一眼，看见在总统的车上有一抹粉红色，就像一丛飘散在后座上的花朵。那是肯尼迪夫人伏在了总统的身上。”

约翰逊夫人写道，在总统被宣告死亡，遗体被放在灵柩中送上空军一号的时候，她的丈夫在飞机上宣誓就任，而她就站在他的身边。杰奎琳·肯尼迪也在。“她的头发垂落在脸上，但她非常镇定……我看了看她，肯尼迪夫人的衣服上沾了血。一条腿上几乎全是血，而她右手的手套都结块了，血迹——她丈夫的血——都凝固了。那成了一个永远烙印人心的沉痛画面——一个纯真的女人，一身精致的衣裳，上面染满了斑斑血迹。”

“我问她，要不要我叫人来帮她换衣服。她说：‘噢，不要……’然后，几乎是带着一股狠劲儿——如果一个如此温柔、如此尊贵的人也可以有这么一股劲儿的话——她说道：‘我想让他们看看他们都对杰克干了什么。’”

当空军一号带着灵柩回到华盛顿时，杰奎琳·肯尼迪仍然穿着那身染着丈夫鲜血的套装，直到第二天清晨才把它脱下来。当她终于换下这套衣服时，她的仆人把它折起来放进箱子里。几天之后，箱子被送到了肯尼迪夫人的母亲那里，她母亲在上面写上“November 22nd 1963”（1963年11月22日），把它储藏在阁楼里。最终，那套衣服交给了美国国家档案馆妥善保管，如今它仍然收藏在那里，公众无缘得见。那套衣服一直没有被洗过。

随着肯尼迪的遇刺，一切都随风而逝，但那袭香奈儿套装却幸存于世，成为谱写历史瞬间的一项见证，尽管这段历史后来变得支离破碎。在总统死后的岁月里，那套染血的套装仿佛标记着一个纯真年代的终结，一个总统的盛名还没有因他对婚姻不忠和违背原则的绯闻玷污的时代；此后他和玛丽莲·梦露有染的新闻被公之于世，在梦露本人悲剧收场的背景下被解构，被断章取义。而尽管那套香奈儿服装被束之高阁，隔绝在公众视野之外，它仍然活在照片中（其中大多数是影像模糊的黑白照片）；它令人痛心地提醒着一个时代的远去，一个一开始被认为是灿烂的黄金年代的时代，后来却变得一片黯淡。回望过去，即使没有染上总统的血，肯尼迪夫人这套被美国化了的香奈儿，从一开始，就充满着各种复杂与纠结。不管怎样，那袭套装仍然铭记着一段往昔的岁月。后来，杰奎琳·肯尼迪变成了“杰奎琳·O”；那牢牢定格的，她在丈夫葬礼上一袭黑衣、悲痛万分的画面，也换成了她身穿白色短婚纱，与家财亿万的第二任丈夫喜结连理的景象。

不管那些回忆多么痛苦，杰奎琳·肯尼迪·奥纳西斯还是没有停止购买香奈儿。虽然她订购高级定制服不那么频繁了，开始转向活希源和华伦天奴，但她仍然继续用因玛丽莲·梦露而家喻户晓的香氛来包裹自己，甚至不惜调动私人飞机让秘书从丈夫的希腊小岛飞去巴黎，到康朋街的精品店买下一瓶瓶的香奈儿5号香水。

香奈儿女士没有评论过那套染血的粉色套装，不过在杰克·肯尼迪遇刺几年后，香奈儿曾言语尖刻地谈论到他的遗孀。她告诉《女装日报》的詹姆斯·布雷迪，她对穿迷你裙的杰奎琳·肯尼迪不敢恭维："她在穿她女儿的衣服。"女神一言既出，而后却又对 *Marie Claire* 的主编马塞尔·黑德里希说担心自己说得太过分了。但是后来，香奈儿再次申明自己是对的，她一直都是对的。"如果一个人决定了说真话，就必须坚持到底。"

"可可：香奈儿是怎样炼成的？"卡尔·拉格斐插画。

february 1938
HARPER'S
bazaar
INCORPORATI G "VANITY
SPRING FABR
AND TAILOR-MA
INTERIOR DECORATIO
A. CASSANDRE
TWO SHILLINGS NETT

剪刀

当嘉柏丽尔·香奈儿步入她在康朋街的王国，助手会立刻迎上去，将一根系有她专属剪刀的白色丝带挂在她的脖子上，好像是某种特殊庆典戴的项链。其他的剪刀也总放在她触手可及的地方，成排的银质剪刀和镀金剪刀摆放在她的寓所里和丽兹酒店套房的梳妆台上；还有一把放在铺着白色台布的床头柜上，静静地躺在斯特拉文斯基送给她的那尊圣像下方。

在香奈儿老年时，她曾向好友克劳德·德雷展示西敏公爵送给她的金匣子，她指着匣子顶部雕刻的西敏家族徽章说，如果要在公爵徽章旁边加上代表自己的标志，“我会刻上剪刀”。然而，说到这一点，其实从来没有人见过香奈儿亲手做缝纫活——早年岁月里那个初出茅庐的女裁缝师，更早时光里那个孤儿院女童，都已被她远远抛在身后；但她总是挥舞着的剪刀，一直是她用来塑造、重制作品的日常基本装备。

“剪裁至关重要。”她对德雷说。年轻的德雷在香奈儿康朋街的工作室看着她工作，她的身边围绕着一群工作人员，一排模特站在她面前，她不断用别针和剪刀调整她们身上的衣服。香奈儿一直都在忙碌着，直到身边所有人都累得筋疲力尽，因为每套衣服都要调整十几次，如调整褶边、袖孔或者袖子，直到完美得无可挑剔。

就像1960年8月，《时代周刊》在一篇文章中报道的那

前页图：*Harper's Bazaar* 杂志封面，1938年2月。阿道夫·穆宏·卡桑德绘。

样，称她为“优雅时尚的高级女祭司”。“香奈儿的设计最具大师风范。她不是追求标新立异的改革家，她致力于追求细节的完美，哪怕是她的礼服或套装上最不引人注意的地方，比如今年的外套要短一些，更修身一些。香奈儿常常在脖子上挂着一把剪刀，四指紧紧并拢，以独特的‘招牌可可’姿势，轻拍着一套新装的不同部位，她也许会说：‘这儿再做一个褶，要一个聪明利落的褶。’有一套今年的套装前后修改了35次，才令香奈儿满意。”

她的双手经常在模特身上游移，她的手指感觉着衣服下的身体线条，剪刀不停地裁剪着。或许就是因为她再也不会用这种触碰模特的手法，去触碰男人，于是揣测她是“女同性恋”的无稽之谈便扩散开来。但是那些最了解她的人都说她和模特们（其中包括她20世纪50年代最欣赏的模特，年轻的法国女子玛丽-赫莲娜·阿尔诺和美国得州的苏西·帕克）的关系，是糅入了母爱和严师情怀的混合体，绝没有任何越轨的肌肤之亲。

编辑贝蒂娜·巴拉德早年在巴黎的 *Vogue* 工作时，对此就曾有过亲身体会。巴拉德形容香奈儿就像“一位魔法师”，她的话语能够蛊惑人心，让她的宠儿们都变成她的翻版。“她一直都有那种能令人皈依的天性。她热衷于让人们归顺，按她所思所想的方式来穿衣，来生活，特别是那些将她奉为偶像的年轻女孩。我也立即就成为其中一员。” 25年后，巴拉德又亲眼看到这一幕在模特苏西·帕克身上再现，香奈儿和她一起为 *Elle* 杂志拍摄封面，照片里两人看上去与其说是设计师和模特，还不如说是母女更贴切。1959年，帕克的第一个孩子诞生，她为女儿起名为佐治亚·贝尔·弗瑞莲·可可·香奈儿，香奈儿女士还做了这个与自己同名的孩子的教母。

但是，关于香奈儿性取向的流言蜚语依然没有消停，还愈演愈烈地捏造出一些完全不靠谱的故事。香奈儿实际上也被这些有关她的性取向的谣言所伤害，在她去世后不久，马塞尔写道：“香奈儿的哀叹犹在耳边，当她听到那些关于她和女模特有染的传言，她曾愤言：‘我，一个老同性恋！真不敢相信人们竟能臆想出这样的事情。’”马塞尔从香奈儿的言语中感受到她的脆弱和深深的耻辱。“爱早已幻灭，”香奈儿对他说自己已经放弃去爱人，“爱情？爱谁？老头子？太可怕了！小伙子？太丢脸了！如果这样可怕的事发生在我身上，我肯定逃之夭夭。”

如果说香奈儿觉得老来还爱上某个男人简直恐怖不堪，那么她对女性的感觉其实也复杂得难以归类。但香奈儿仍然深谙如何主导别的女性，如何把她们改造成自己喜欢的样子。塞西尔·比顿曾经长时间地观察香奈儿是如何对着她的顾客和模特们发号施令，她就是有能力将她们一个个都变成柔中带刚的中性模样。他后来画过一幅素描，入木三分地刻画了脖子上挂着剪刀的香奈儿。“她痛恨美发师为客人打造那种贴着头皮的波浪发型，就像马车碾过的辙痕，” 他在香奈儿复出发布会前写道，“她会操起剪刀，剪成她自己最爱的样子。她也会让女性收起她们的胸部和臀部。这些女性越来越像假小子，这反映出她们新的解放意识，又反衬出她们以往的耽于性感。”

香奈儿总是剪短模特的头发——还有她自己的，这已经成为每次新系列发布前必经的仪式。但在她的统治之下也有一个特例，那就是热情奔放又性格多变的模特苏西·帕克。贝蒂娜·巴拉德曾看到香奈儿“对苏西言传身教。苏西很崇拜香奈儿，每天下午5点一进工作室，就开始模仿她站立的姿势和轻松写意的穿着，但是她从不会将自己迷人的红色长发剪成香奈儿那么短”。

到底香奈儿有多讨厌长发，只要看看她怎样拿起剪刀冲向长头发的女人，看看狄米崔大公姐姐的惨痛教训就知道了。玛丽在她的回忆录里说，香奈儿根本没有任何预先警告，就野蛮地剪去她的长发。“当我意识到发生了什么状况时，她已经拉掉我的发夹，抓起剪刀咔嚓两下，大把大把地剪掉我满满一头长发。”结果这个造型相当难看，让香奈儿也很失望。“但伤害已经造成了。”

据克劳德·德雷剖析，香奈儿的“长发梦魇也是童年时期阴魂不散的阴影之一”。她曾好几次在不同场合告诉克劳德，她父亲不喜欢闻头发的气味，总是问她上次什么时候洗的头。（这个故事听起来不像真的，但也不是完全不可能。）还是年轻姑娘时，香奈儿就剪了一头短发，但那时还没有一直戴着帽子；而从1954年她的回归发布会开始，她就一直以帽子造型示人，就是她年轻时戴的那

后2页图：香奈儿藏身于康朋街寓所的镜梯上，通过楼梯上的镜面反射，注视着自己的时装发布会，以及观众们的反应。

种小巧的硬草帽。有人怀疑她戴帽子是为了掩盖她上了年纪日益稀疏的头发，但是那些最亲近她的人——像嘉柏丽尔·拉布吕尼和克劳德·德雷，看到的却是香奈儿始终保持自我的尊严，那不屈不挠高高抬起的骄傲脑袋。两位年轻的女性都一直对香奈儿心怀仰慕，也能细腻地感触到她内心的脆弱。她们都目睹过她感情的创伤、她的孤独，和她对自己从未结婚生子的失落和挫败感。

小嘉柏丽尔婚后生了两个儿子，香奈儿经常和这两个孩子在一起，虽然她不会溺爱他们，但是她会给他们小画书，耐心地和他们说话，听他们回答，这些待遇都是成年人鲜有的。（“我儿子纪尧姆记得她一直化很浓的妆，头上戴着帽子。”嘉柏丽尔说，“一天，他正在她的寓所里时，客厅里的枝形吊灯掉了一块

香奈儿，卡尔·拉格斐插画。

水晶下来。他把它放进了香奈儿曾祖婆婆的金蛙嘴里——上一次去时我发现，水晶仍在那儿……”）

嘉柏丽尔回忆有时她的姑婆会告诉她：“过简单的生活，有丈夫和孩子——和你爱的人在一起，这才是真正的生活。”但是，嘉柏丽尔也看到姑婆为了追求自由是如何割断家庭的纽带的。“她一直都为自由而战——无论是想要摆脱童年阴影，还是奥巴辛的艰难岁月——这也是为什么她始终致力于设计那些让女人获得自由的服装。所有核心所在都是自由——为了自由地开车、骑车、走路去上班，你甚至应该忘记你穿了什么。忘怀也是一种自由——所以她自由地忘怀前尘往事。就算她不能真正忘却，她也会将记忆封存于某处，不把沉重的过往背负在身上——就像她设计的那些服装，看上去如此轻灵，仿佛毫无重量。”

她的知己密友克劳德·德雷和香奈儿一样心如明镜，清楚香奈儿从往事中剔除了些什么；但也有人指摘香奈儿对出身来历谎话连篇。克劳德无意审判，她知道香奈儿重塑过去是为了更接近真实的自己。“我记得香奈儿将她写的一页纸剪成一个个细长条，我看着那些纸条越来越小。她说：‘这样你才能了解文字的真谛。’她对人们也是如此严苛……严苛到只带给她一个结果，就是离群索居的孤独。”很多次，克劳德都看到在所有人都回家以后，只剩香奈儿一个人久久地独守康朋街寓所，仿佛一个设计师的全部意志都已消沉，跌入无边的黑暗，从不离身的剪刀被静静放在一边。

每当这个时刻，香奈儿都会说她的人生其实很失败，她失去了所爱的人，没有什么比孑然一身更可怕，唯一留下陪伴她的只有她设计的裙子和大衣。“不被爱的女人算不上真正的女人，”她对德雷说，“无论她的年纪是多大……女人需要爱她的男人那深情的目光，否则和死没什么两样。”

尽管会有这样脆弱的时刻，香奈儿却从不会停下脚步，她的裙子和大衣给了她足够的快乐让她一往无前；总是无休无止地向着下一次发布会的最后期限冲刺，为其他女人设计服装早已成为她的天职。《女装日报》发行人约翰·法乔德这样描述在香奈儿寓所与她共进午餐的情景：（盛着烤小牛肉配豌豆、洋葱、胡萝卜和土豆的银质大盘子，仿若一个春日花园）就连进餐时，香奈儿手里都攥着剪刀。“她开始拉扯身上外套的线头，一一修剪，就好像在做一件新外套。香奈儿一边舞着剪刀，一边像连珠炮似的滔滔不绝，她说话就像机关枪一样射个不停。”

塞西尔·比顿不管什么时候去巴黎拜访香奈儿，她都表现得非常热情，尤其是在他开始为一部百老汇音乐剧做舞美及戏服设计之后，两人往来愈加密切。这部名为《可可》的音乐剧，正是根据香奈儿亲身经历所创作的，由艾伦·杰伊·勒纳撰写剧本，安德烈·普列文谱曲。1965年4月，戏剧制作人弗雷德里克·布瑞森派塞西尔·比顿（他从1954年起就为筹划这部音乐剧和香奈儿接洽）至康朋街拜访香奈儿。后来他在日记里说这出音乐剧“可能永远无法成型。而事实上，香奈儿依然活跃，而且风头正劲，风光无限”。比顿目睹了康朋街的香奈儿总部，人们如工蜂般忙进忙出、充满活力，比他以前来的时候更繁忙；灯火通明，犹如它容光焕发的主人。“楼下的镜宫如今人更多了。楼上的寓所被装潢得金碧辉煌，到处是流光溢彩的金漆家具和水晶……香奈儿一身淡米色，饰以深红和海军蓝双色绲边，看起来更纤瘦了，却依然洋溢着少女气息。她正在对工作人员说个不停……”当他们穿过街道，去她口中的“小客栈”丽兹酒店午餐时，她仍然在继续她的独白，空气中飘荡着她急促干脆的声音。“……她是在对我说话吗？或者她只是为了说而说，不管我在场与否对她都没有太大影响。我们的头越来越低也越来越彼此靠近，她的眼睛颜色像三色堇一样，睫毛浓密黝黑，皮肤光洁如初，身上还散发着令人愉悦的香水气息。她的手就像是一双农民的手，在她不停地把玩手套时，我注意到她身上唯一苍老的部位只有手。”

这部百老汇音乐剧又过了4个年头才搬上舞台，由凯瑟琳·赫本担任女主角，扮演香奈儿从出道到20世纪70年代回归这段经历。《时代周刊》如此报道该音乐剧的预演：“情节和香奈儿套装一样简单，没有悬念。她到底还有没有戏唱？有，她有戏；不，她没戏；有，她有戏；不，她没戏；有，她有戏；是的，她有戏。她的设计在巴黎时装界日益没落，但是（啊哈！）来自大西洋彼岸的慧眼买手却依然捧她。”勒纳的剧本笔墨落在香奈儿的自由精神（“一个女人最需

后页图：香奈儿手持剪刀，正在修改模特身上的裙子。沙罗克·哈塔米（Shahrokh Hatami）摄影。

工作中的香奈儿肖像，塞西尔·比顿绘于1960年。

要的是独立于男人，而不是平等。平等不过是退而求其次。”）和她作为设计师的独立自主上（“什么都可以降价，除了我。”）。

比顿注意到凯瑟琳·赫本和香奈儿的一些共通之处：两人都非常健谈；两人都喜欢找人做伴，不喜欢独处。但剧里都没有着墨于此。“她（赫本）对于如何扮演这个角色没有提出任何自己的想法，与她以往的习惯大相径庭。但她丝丝入扣的表演仍然令人难忘，充满了活力和激情。”开演前几天最令人焦虑，其间发生了几个小插曲，例如：“我看到凯瑟琳·赫本戴着她的香奈儿帽子，觉得整个宇宙都停止了运转，因为她的头发被剪掉了。”一次，她又威胁要把比顿的戏服扔在一边，换上自己的正宗香奈儿。尽管很恼怒女主角的吹毛求疵，比顿还是盛赞赫本这些出自康朋街的高级定制服：“真是完美无瑕。绝对的艺术杰作。”

经过几番旷日持久的争论，赫本终于同意穿上比顿的戏服，两人总算可以友善地合作（尽管这段友谊很短暂）。1969年11月1日，比顿在他的日记里写道，赫本对戏中的一幕非常不平，在这一幕里，一位年轻女演员站在赫本身边，扮演香奈儿的缪斯和模特，还特别剪了一个和香奈儿类似的发型。比顿记下赫本用一种半恼半笑的语气对他说：“没必要让她剪一个和我一样的刘海，就因为我有像劳拉·哈汀这样的好朋友（美国运通的女继承人，赫本多年的亲密好友），而我们又都穿裤装。唉，这都被传了几百万次了，香奈儿自己不也没能幸免吗？她也是‘名声在外’。”

到音乐剧12月正式上演时，比顿几乎是内外交困，一方面老是为音乐剧而忧虑，一方面又对凯瑟琳极为不满（怒骂她是“恶习难改、不可救药的阴险小人”），此时的他对谁都看不顺眼，自己也焦虑易怒。（在和杰奎琳·肯尼迪·奥纳西斯共进晚餐后，他在日记里写道：“杰奎琳真是惨不忍睹，四方脸，双下巴，满脸横肉，手如枯枝，头发乱七八糟，身上就像穿了《太空英雌》女主角芭芭丽娜的塑胶牛仔装一样。”）比顿害怕音乐剧遭到诋毁批评的预感不幸成真——他的设计尤其遭到痛批，不过高达329场次的演出，票房还算差强人意。

而可可·香奈儿本人，她的痛苦更甚于比顿。她答应作为嘉宾去纽约为这出音乐剧首演捧场，为此还特别设计了一袭白色亮片晚礼服。她告诉好友德雷，她被美国人民对她的厚待和喜爱所感动。“当众人都落井下石的时候，只有美国人会给你雪中送炭。”但是她也对这次前途未卜的旅行惴惴不安，毕竟是看着自己的人生被搬上舞台。在《可可》预演前，她在巴黎接受《时代周刊》的访问中说，她很喜欢勒纳的《窈窕淑女》，所以对他很有信心。“我相信他不会做任何出格的事。”即便如此，她还是担心观众因此会对她本人经历的猎奇心理更加浓厚，“我会说我的生活其实相当乏味。让我们拭目以待吧。”香奈儿难得一见地没底气，在讲到选择凯瑟琳·赫本领衔主演的时候，她说：“你知道，她真的，真的身价很高。”她向《时代周刊》强调这点，好像这样就能肯定凯瑟琳·赫本来扮演她是没问题的；但是她没忍住又加了一句：“我一直觉得她有一种大兵气质——她总是演她自己。”《时代周刊》指出：“赫本把自己定义为‘桀骜不驯的码头工人范儿’。”还引用了勒纳认为赫本和香奈儿很相似的话：“她们的本质相同，两位女性都出类拔萃，既独立又脆弱，而且充满女人味。”两人都对工作有种鞠躬尽瘁的热情。“看看香奈儿，在86岁高龄，仍然不停裁裁剪剪。”赫本对工作同样全情投入，“完全沉浸在角色中”，早晨第一个来排练，晚上最后一个离开。“赫本最害怕的是无事可做。”

在香奈儿动身去纽约的前一周，灾难降临了。她的右手不知何故神经受损，突然麻痹。她要去纽约“凯旋”的计划不得不取消，赶快住进了巴黎西郊讷伊的美国医院。德雷发现香奈儿躺在床上，“她的右手无力地垂着”。香奈儿说一位神父来得更早，当她醒来发现屋里竟有位神父时，厉声说道：“你来得太早了！”随后就把他打发走了。1月发布会的准备工作还未完成，等着她去收尾。就算她麻痹的右手已经无法拿起剪刀，但是没有任何事情能阻挠香奈儿女士回到她的战场。那件早就准备好了的白色亮片晚礼服一次没穿就被搁在一旁，还有太多工作等着她去完成……

工作中的香奈儿。道格拉斯・科克兰摄于1962年。

一位伟大的女士

你可以一直寻找有关嘉柏丽尔·香奈儿的全部真相，但永远也不会找到那些缺失的细节：她将自己的过去切成一段一段，零零星星地向外散播，扔掉一些细节，隐藏一些琐事，掩盖她的踪影。有时，在康朋街的寓所或更上一层的香奈儿工作室里（后来由卡尔·拉格斐掌管），你仿佛仍会在楼梯转角处与她不期而遇；而有时，那铭刻于门上的一行字“Mademoiselle Privé”（女士专属），又像个尽忠职守的门卫，阻止任何人擅自闯入。门上这行字从未改变，就像她刚刚离去未久。这里的“女士”，当然除了她没有第二位。

嘉柏丽尔·佩雷斯-拉布吕尼住在法国郊外的一个庄园里，从巴黎乘火车大约1小时就能到达。这是一个静谧的地方，高高的石墙和结实的木门将里面发生的一切都隐藏了起来。拉布吕尼夫人现在80岁了，但她的脸上依稀可见年轻时的模样。她小时候手拿一束白花的照片一直被她姑婆别在丽兹酒店寓所的梳妆台上，高高的颧骨，弯弯的眉峰，从这些轮廓，你就能明白为什么奥伯特夫人看到小嘉柏丽尔时会突然一怔了。奥伯特夫人跟随香奈儿最久，自1910年就开始为她工作，甚至在穆朗，两人就认识了。奥伯特夫人初次看到年轻的小嘉柏丽尔从康朋街的镜梯上走下来，怔了一下，说：“你真像可可小姐年轻时的样子，你一定是她的孙女吧？……”

前页图：香奈儿站在镜梯上（她身后映出了摄影师和他的照相机）。塞西尔·比顿摄于1965年。

现在，嘉柏丽尔·拉布吕尼独自一人生活，周围摆满了香奈儿女士的东西。她的卧室里有一张香奈儿剪短发前的照片：长长的黑发编成辫子盘在她高雅的头上。她的脖子优雅、美丽，难怪考克多称她为黑天鹅。客厅里，书架上摆满了香奈儿收藏的初版书，有些书籍有作者保罗·莫杭和皮埃尔·勒韦迪的签名；她曾使用过的家具还在老位置上：一扇中国乌木漆面屏风，一张放在入口处的桌案，一座亚瑟·卡柏给她的18世纪东方柜子。最引人注目的是一个放在壁炉上方看起来像手工雕的黑色雕塑，还有另一件同样的雕像被香奈儿珍藏在她沙龙的壁炉之上。“这是一块来自中国的陨石，”嘉柏丽尔解释说，“送这件礼物的人告诉姑婆，世上买不到它，因为它来自天上。”说话时，她把手放在雕塑上，就像香奈儿以前做的一样。她停顿一会儿，继续说道：“没有人能够拥有她的精神——她是自由和独立的化身。没有人能够买得动她，她是你收买不了的。”

然后嘉柏丽尔带着我走过走廊，来到一个房间，这个房间装修得很简单，仅一面墙有木衣柜。她打开衣柜门，用手指了指里面，说：“这些都是她的衣服。如果你喜欢，可以试穿一下。”有一件以秋叶的颜色做成的大衣，面料是我所触摸过的最软的斜纹软呢，镀金的纽扣上刻着小狮子。我穿上这件衣服在衣柜的镜子面前照了照，转了一个圈，衣服也跟着旋转起来，轻飘飘的，看起来是穿着一件衣服，但丝毫没感觉有什么重量。把它从尘封多年的衣柜里取出，让它重见天日，似乎意义深远。我脱下大衣，在将它放回去之前又一次轻抚了它，随后又拿起一件镶着黑色花边的奶白色外套，纤长的衣袖衬托着身体的曲线，显得人婀娜多姿，而且衣服袖子裁剪得非常舒适，即使要将手举到头顶也毫不费力。还有一件皮毛领外套，颜色为浅淡的天然羊毛色，这是香奈儿女士最喜爱的质料和颜色。外套的比例非常完美，衬里是日本丝绢，上面印着黑色的书法。我当然看不懂书法写了些什么，只觉得笔画之间的比例非常完美。我注意到这件外套每一处细节都非常细致精确。我将手伸进口袋里，发现里面有一双乳白色的手套。“口袋是用来装东西的，”嘉柏丽尔提醒我说，“就像每颗纽扣都有扣眼一样，衣服上任何一个装饰都有它的用处。”我拿出手套，有一股淡淡的香味。“这是香奈儿5号香水，”嘉柏丽尔微笑着说，“她的手套和她香水的气味都还在……”

我很想告诉你：香奈儿洒的香水依然萦绕在丽兹酒店的房间里。但这不是事实。我在充满香水气味的康朋街待了一整天后，在自己的外套上也可以闻到这股芳香。我没有住进丽兹酒店的可可·香奈儿套房里——当年香奈儿长住的那个套间，被丽兹酒店整修得焕然一新，并以她的名字为名，纪念她。这间套房可以俯瞰芳登广场，广场周边镀金的宏伟建筑使人想起二战前，西敏公爵、丘吉尔和英国王储威尔士亲王曾到这个酒店拜访过她。德军入侵巴黎后，她仍选择住在这里，直到战争结束后还继续住着。这是一间在六层楼上、温度适中的卧室，从房间里可以鸟瞰康朋街的花园和屋顶，卧室门正对着走廊，走廊里有一个小型电

香奈儿画像，
卡尔·拉格斐绘。

梯，这个电梯在丽兹酒店入口处一个非常隐蔽的地方。如今，香奈儿女士的房间已被装饰成米色和蓝色，锦缎窗帘，璀璨水晶和绿松石装饰的枝形吊灯悬吊在床上。只有天花板为白色，如果你躺在床上仰望天花板，就会发现它被喷涂了很多遍，而且很容易想象得出这间卧室曾经的样子：纯白色的墙壁，正如香奈儿女士想要的一样，白墙配白床单，一切都那么简单，朴素得就像修女的单人房间。

尽管丽兹屋檐下也不乏其他尊贵住客，但随着年纪的增长，她孤独地一人躺在这里夜复一夜。丽兹酒店仿佛世俗世界的修道院，它是富人们寻求安静的避难所，但香奈儿在这里休憩时常常被打扰。不久前的一个冬天傍晚，我坐在这间卧室里，听着克劳德·德雷讲述丽兹酒店内发生的事情。香奈儿女士使用这个房间和另一个带浴室的、内门与此相连的房间，就像现在这个样子。如今，壁纸和室内装修都焕然一新，浴室里的水龙头也换成镀金的天鹅状，唯一没有改变的是窗外的风景：黑色的乌鸦和鸥鸟在屋顶上方盘旋，飞向杜伊勒里花园和塞纳河，

香奈儿与她的朋友克劳德·德雷，1970年。

冬季淡淡的阳光渐渐消失在暮色之中，天空由蓝色变为玫瑰色继而变成灰色。“我经常发现她独自一人坐在梳妆台边上，”德雷说，“凝视着下面的花园，眺望着远处的栗树林。她还是像女孩子一样瘦伶伶的，穿着白色睡衣，她的眉毛用黑色眉笔描得很精致，她的首饰放在麂皮包里，一条丝巾绑在她的头发上。‘人不应独居，’她说，‘这是不对的，过去我常想我可以一个人生活，但我错了。’”

香奈儿，媒体尊称她“伟大的女士”，过着王侯般的生活，走到哪里都簇拥着一队随从：管家弗朗索瓦·麦诺德，女仆席琳（香奈儿叫她让娜，跟香奈儿母亲同名），秘书丽罗·伯朗克。有时弗朗索瓦脱下他的白手套，陪着香奈儿女士用餐，或趁她休息的时候跟丽罗在隔壁房间玩会儿纸牌。香奈儿女士把保险柜的钥匙给了弗朗索瓦，告诉他，他可能成为珠宝设计师，就像保罗·艾里布一样。周末的时候，香奈儿总是情绪低落，她会让司机开车送她去拉雪兹墓园，她曾爱过的人没有一个葬在那里，但她还是愿意在墓园中散步，就像一个孩子在另一个时间、另一个地方玩耍一样。

从墓园回来后，她回到了丽兹酒店安静的白色卧室里。当一天结束时，没有人留下来与她聊天，她总会从床头柜里取出剪刀剪掉装着药片的铝箔，然后注射一种类似于吗啡的Sedol。自从目睹了她的情人艾里布的死亡后，多年来，她都是依赖这种药物睡觉。这已不是秘密，克劳德·德雷目睹了这一切：她从床头柜抽屉里的一个小金属盒中取出药剂，像外科医生一样仔细给注射器消毒。德雷说：“我从未见她草率地注射，除非她非常疲劳或时间很晚了。”后来，德雷才领悟到香奈儿对毒品的依赖远比一般药物成瘾复杂得多。“她注射药品是为了替代爱情……Sedol是她对夜晚的最后一道防线——抵御最蚀骨的孤独入侵。”

然而睡眠带来的不仅仅是无梦的遗忘。黑暗里，香奈儿常饱受噩梦困扰，情不自禁地害怕，甚至梦游。有时，她会从床上坐起来，从床头柜里拿出剪刀，坐在梳妆台的镜子前戳刺、乱剪她的睡衣，她会突然醒来，手里拿着剪刀，对她所做的一切惊恐万分；有时，她会梦游走进浴室，打开水龙头，一遍又一遍地洗手。她的女仆奉命锁上卧室的门，以防香奈儿因梦游去酒店的走廊，但无论如何她都不会让人把剪刀拿走，尽管这样做风险很大。

有许多个夜晚，香奈儿曾在浴室里滑倒或从床上摔下来。她告诉她的朋友，她不喜欢看医生，因为这样被人瞧见似乎不太体面，所以她总是试着自己疗伤。马塞尔·黑德里希记得看过她的刀伤和瘀伤，并示范她在没有任何帮助的情况下如何处理伤口。“她把鼻子上破损的皮肤重新粘回去，非常精确，”他边说边做着同样的动作，“像这样，一小块挨着一小块，几乎精确到了毫米。”非常偶然，在某个跌倒后的晚上，她向黑德里希提到了她父亲和她童年梦游的事情，虽然非常简短，但流露出她对幼时亲情的怀念。黑德里希注意到她梦游的毛病又犯了，他对此感到既同情又崩溃。“当时她只有6岁，梦游时，父亲为了不惊醒她，轻轻地将她放回床上。可可说，她当时非常害怕，张开双手使劲地哭：‘他在那儿！在黑暗里！’她父亲说：‘不，不，不要害怕，他不坏，他不会伤害你的。’”

我清醒地躺在丽兹酒店黑暗的可可套房卧室里，想起了这个故事，并且很想知道“他”是谁，香奈儿为什么害怕，以及在她父亲去世大半个世纪之后所发生的事情。当我伸手要打开床头灯时，很不巧，灯不亮，我脖子后面的汗毛一阵刺痛，仿佛房间产生了静电一样。我闭上双眼，眼前浮现了香奈儿在这间卧室里的影像，就像德雷今天早些时候跟我描述的一样：用干净的棉布擦去嘴上的红色唇膏和脸上白色的面霜，眼睛像一汪黑潭，闪闪发光。我想象着在战后的阴影下，在她重返时尚界之前，她床边的剪刀发出的冷光，消过毒的吗啡注射器以及在瑞士，外科医生用手术刀重塑她的脸庞的情景。我想象着香奈儿深夜自己注射完Sedol之后，闭上双眼，白色的天花板和墙壁在暮色中渐渐暗去，就像药物减轻了她的疼痛，使她暂时忘记了痛苦一样。在我渐渐入睡的时候，墙壁开始融入黑暗的阴影中，连着两个房间的门发出轻轻的嘎嘎声，我似乎听到了一阵低低细语，以及走廊里或是我房间里的脚步声……

1971年1月9日，香奈儿女士去世的前一天，尽管是个星期六，但她仍在工作，争分夺秒地设计她的最新女装。第二天早上，她不得不留在酒店休息，因为即使是令人敬畏的香奈儿也不强迫自己的员工在周日加班。克劳德·德雷下午1点钟来丽兹酒店拜访她，发现她再次坐在自己的梳妆台边，精心地描绘黝黑的眉毛，仔细地涂抹红色的唇膏，反复地在镜子面前检查她的装束。

德雷和香奈儿在楼下的餐厅共进午餐，坐在香奈儿女士经常坐的一个隐蔽处。这个位置可以观察餐厅里的其他人，而自己却不易被别人发现。她们在那里坐了很久，直到酒店空无一人，她们才起身离去，乘车前往香榭丽舍大道——“街上挤满了阴郁的人群。”德雷回忆道。穿过巴黎的大街小巷，冬日的阳光隐入薄雾中。香奈儿告诉德雷，她讨厌夕阳，必须戴上她的墨镜。汽车将她们带回丽兹酒店时，太阳已完全西下了，天空中升起了一轮满月。德雷向她告别，当香奈儿的身影消失在丽兹酒店大门时，她喊着说，明天她会去康朋街工作，跟往常一样。

香奈儿女士乘电梯回6楼的套房，她的女仆席琳在卧室里等着她。她告诉席琳她很累，不等女仆脱下她的衣服就和衣躺在床上。晚上八点半左右，她突然大声喊席琳，让她打开窗户，说她闷得喘不过气来。女仆赶紧冲到女主人的床边，试图帮助她，香奈儿挣扎着，试着给自己注射。席琳把药瓶打破，香奈儿用注射器抽药，自行向她的臀部注射。“你看，”她对席琳说，“这就是一个人如何走向死亡。”

第二天早晨，香奈儿在丽兹酒店的白色卧室里与世长辞。之前，她的许多朋友和恋人都已相继故去，她比皮埃尔·勒韦迪多活了10年，考克多去世也有7年之久了。她的女仆给她穿上白色套装和衬衫，将她的双手掖在亚麻床单里。“她看起来非常纤小，”德雷说，“几乎像一个初生的女婴第一次受洗一样那么小。”丧礼是在玛德莲教堂举行的，这是康朋街附近最宏伟的教堂，以巨大的石柱廊闻名。她的棺椁置于抹大拉的玛利亚圣像的下方，灵柩上覆盖着满满一层白花——山茶花、栀子花、兰花、杜鹃花；有的花扎成十字架形，有的扎成剪刀形状，

想象中的香奈儿与卡尔·拉格斐对话。卡尔·拉格斐插图。
香奈儿问：“你又要拿我的名字搞什么花样？”（上图）
香奈儿问：“你做香奈儿，不腻吗？”卡尔·拉格斐：“不腻；但是对这样的问题，很腻！”（后页图）

C.C: Are you not tired
of Chanel?
KL No, only of the
question...

香奈儿画像，卡尔·拉格斐绘。

左图：1971年1月，香奈儿安葬于瑞士洛桑。
右图：圣罗兰从巴黎玛德莲教堂举行的香奈儿追悼会上离开。

在这些花中仅有一个红色的玫瑰花圈。（迪亚吉列夫，就像米西亚一样，非常善于制作戏剧和神话，他们两人定会赞成这万丛白中的一抹红。）圣罗兰以及其他法国女装设计师如巴尔曼、巴伦西亚加、活希源都到此向她致敬。塞尔吉·里法与让娜·莫罗、萨尔瓦多·达利以及香奈儿的所有模特，穿着精美的女装排成长龙在教堂向香奈儿告别。两星期后，依旧是这些模特身穿象牙色斜纹软呢套装和白色晚礼服出现在香奈儿女士最后一次女装发布会上；许多观众会情不自禁地盯着镜梯顶部的台阶搜寻，因为香奈儿过去常常坐在那里，悄无声息地观察楼下发生的一切。

她没有葬在巴黎，而是依她的遗愿，葬在瑞士洛桑的墓园。墓碑上刻着5只狮子和一个简单的十字架，在她的名字之下，写着出生和死亡日期。墓穴上方开满了轻盈纯洁的白花，冲淡了肃杀之气。“香奈儿不想被埋在石碑下面，”嘉柏丽尔·拉布吕尼说，“她对我说，她不希望有巨石压顶，她想要埋在一个可以移动的地方。”拉布吕尼夫人停顿了一会儿，接着说：“你知道的，如果你想亲近一位已故的人，你永远不会在墓地里找到他们。”

在瑞士，1946年漫长的冬季里，嘉柏丽尔·香奈儿告诉保罗·莫杭，说她像鸟儿一样自由自在。30年后，当莫杭也处于风烛残年的时候，他在他写的《香奈儿

香奈儿的模特们出席了在巴黎举行的香奈儿葬礼。

的态度》一书中记录了一些香奈儿的话。他在序言中写道："这些，都是幽灵写的，超越了死亡的幽灵，疯狂地驰骋……"以下是她对他说的最后一句话："我会是个非常不乖的死人，因为一旦我被埋在地下，我会焦躁不安，只想重返人间，重新开始我的生活。"

在康朋街31号顶楼，冬夜，工作室的灯还在亮着，无数的剪刀裁剪着来年春装的新款式。香奈儿女士的寓所就在工作室的下面，不受干扰。寓所大门紧闭，窗帘低垂，一切在黑暗里寂静无声。但月光总找得到地方照进去，光线从银色的镜子里反射出来，中国乌木漆面屏风上的雕刻依稀可见，客厅里的一个屏风上清晰地雕刻着一只白羽凤凰，身后开满了白色的山茶花。在玻璃门的另一侧，镜梯安静地伫立在那里，台阶上铺着地毯，无人踩踏。当服装设计完工时，巴黎在寒冷的拂晓中醒来。关掉灯光，阴影滑下楼梯，迎来了另一天的清晨。香奈儿精品店的门再次打开，又是新的一天。

“我并未逝去，只是睡着了，我死不了的。”——可可·香奈儿
想象中的香奈儿。卡尔·拉格斐插图。

致谢

借着很多人的帮助，这本书才得以完成。可可·香奈儿的甥孙女嘉柏丽尔·拉布吕尼，以及她的朋友克劳德·德雷都慷慨地分享了她们的回忆和见解。我非常感谢卡尔·拉格斐，他对香奈儿的认知和了解无人可比；也很感谢所有提供了渊博学识和专业知识的香奈儿品牌的工作人员。我尤其感谢玛丽·路易斯·德·克莱蒙特·托奈尔和塞西尔·戈迪特·迪尔斯在巴黎给予我宝贵的智慧，还有乔·艾莉森和朱莉·安妮·多夫在伦敦给了我建议和帮助。巴黎香奈儿音乐学院的玛丽卡·根提、帕特里克·杜塞、玛丽·哈莫林、朱莉·戴迪耶和奥迪尔·巴宾都非常友善而细致地回答我的无数问题；巴黎香奈儿总部的很多其他人也是一样，包括雅克·波奇、阿曼达·哈莱奇、艾尔莎·海兹曼、维罗妮克·佩雷斯和劳伦斯·德拉马雷。我同样要感谢香奈儿伦敦分部的奥利维尔·尼柯雷和他团队的所有成员。

我有幸接触到了格罗夫纳家族的档案，这一点真的无与伦比。在此，我要特别感谢已故的西敏公爵，KG，CB，CVO，OBE，TD，CD，DL[①]，是他使这一切成为可能。安德鲁·莱利和索菲·布里奇斯熟练地带领我参观了剑桥的丘吉尔档案馆。在我们搜寻*Harper's Bazaar* 档案的过程中，丽兹·皮尔恩给予了极大的帮助和协作，我也感谢*Harper's Bazaar* 团队中的所有同事和朋友。尼古拉斯·柯勒律治让我查阅了康泰纳仕集团的档案，在那里，邦妮·罗宾逊也帮助了我。加文·福勒和洛林·古斯比在《每日电讯报》的图书馆提供了很多支持，玛丽·埃文斯图书馆的露西·高斯林也是如此，而马蒂厄·戈法德则为我打开了了解巴黎丽兹酒店历史的大门。詹妮弗·格雷瑟大方地接受我在罗斯霍尔的拜访；就像在萨瑟兰拜访乔治·洛佩斯和莎拉·洛佩斯一样，我在奥巴辛受到了莱蒂西亚修女、露西尔·卡萨迪苏斯、迪迪埃·罗瓦尔和让·路易的欢迎。玛琳·莱达尔经常在巴黎为我提供安逸的款待。

雨果·维克斯是塞西尔·比顿文献的一位独一无二的向导，在很多其他方面也非常厉害。我也感谢莎莉·贝德尔·史密斯分享她对杰奎琳·肯尼迪和肯尼迪政府的详尽了解；感谢吉尔伯特·博克斯关于欧内斯特·博克斯和博克斯家族的历史信息；还要感谢理查德·格里菲思对20世纪30年代欧洲右翼和英国法西斯主义的学术研究。

哈珀·柯林斯出版社的编辑团队为我提供了最周全的服务。感谢卡罗尔·顿金森惊人的耐心和见解，还有维多利亚·麦克基恩、珍妮弗·巴特、帕特里克·巴奇、卡罗琳·霍特布莱克和安娜·吉布森。我同样感谢所有为这个新版本付出努力的哈珀·柯林斯工作人员：佐伊·伯维尔、西米恩·格林纳威、伊莎贝尔·海曼·布朗、莫妮卡·格林、迪恩·罗素、霍莉·凯特和马克·伯兰。我也要感谢查理·雷德梅恩，感谢他的支持；还有埃德·维克多。

维利版权代理公司的莎拉·查芬特和她的团队都一直给予我们无尽的支持、智慧和鼓励。我也非常感谢杰西卡·亚当斯、亚当·菲利普斯、安娜·墨菲、波莉·萨姆森、亚历山德拉·舒尔曼、哈里·温德姆和露西·约曼斯的鼓励和有见地的建议。感谢我的母亲希拉里·布里顿、我的儿子杰米·麦科尔和汤姆·麦科尔：我永远感谢你们所做的一切。

我还要感谢菲利普·阿斯特，一位严谨的评论家，他阅读并修改了手稿的每一份草稿；以及我从愤怒角到马丁角，在追寻可可·香奈儿足迹的意外之旅中遇到的伙伴，如果没有他，我可能就迷路了……在此献上我的吻。

西敏公爵的众多勋章。

贾斯迪妮·皮卡蒂写过五本书，包括广受好评的回忆录《如果灵魂打动了你》；她还为几本时尚摄影集和图书撰写过短篇小说和散文。她曾是《星期日泰晤士报》的记者，*Vogue* 杂志的专题主编，《观察家》杂志的编辑，《每日电讯报》的专栏作家；现在是 *Harper's Bazaar* 和《城里城外》的主编。

后页图：1937年，香奈儿女士在丽兹酒店套房的阳台上。

EAU
DE PARFUM
N°5
CHANEL
PARIS